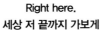

나만의 여행을 찾다보면 빛나는 순간을 발견한다.

잠깐 시간을 좀 멈춰봐.
잠깐 일상을 떠나 인생의 추억을 남겨보자.
후회없는 여행이 되도록
순간이 영원하도록
Dreams come true.

Right here.
세상 저 끝까지 가보게

동남아시아,
한 달 살기에서 체크할 POINT

동남아시아에서 한 달 살기를 하는 대표적인 도시는 치앙마이Chiangmai와 발리의 우붓Ubut이다. 한 달 살기를 하려면 기본적으로 필요한 것이 있다. 전 세계에 많은 도시들이 있지만 유독 동남아시아에서 한 달 살기가 유명하다. 또한 동남아시아에서도 한 달 살기를 많이 하는 도시들이 있다. 그 도시를 알아가면서 한 달 살기에 필요한 내용을 알아보자.

예를 들어 대표적인 한 달 살기 도시인 치앙마이는 공유오피스가 기본적으로 다양하고 인터넷도 빠르고, 집을 사용하면서 한 달 살기를 하는 게스트하우스도 기본적으로 많다. 아침에 늦게 일어나든 일찍 일어나든 식사가 언제나 가능하다. 이 모든 곳이 적은 치앙마이 시내에 몰려있어서 이동이 편리하다. 치앙마이의 상황을 판단하면서 한 달 살기를 하려고 찾는 도시는 어떤 것을 고려해야 하는지 알아야 한다.

Point 1
저렴한 물가

동남아시아로 한 달 살기가 많은 이유는 단연 저렴한 물가일 것이다. 유럽이나 미주, 호주 등으로 한 달 살기를 하려면 동남아시아보다 최소 2배의 여행비용이 필요하다. 물론 먼 거리 때문에 유럽을 선택하기도 하지만, 상대적으로 가까운 거리의 동남아시아에 유럽은 비싼 물가이지만 동남아시아는 저렴한 물가로 전 세계의 장기여행자를 끌어들이고 있다.

Point 2
기후

동남아시아는 기본적으로 덥고 습하다. 너무 더우면 일상생활에 제약을 받는다. 그래서 한 달 살기의 대표적인 도시들은 상대적으로 덜 덥고 습한 고원지대에 위치한 경우가 많다. 치앙마이와 우붓이 한 달 살기로 각광을 받는 기본적인 이유이다. 치앙마이는 덥지만 상대적으로 습하지 않다. 고원지대에 있어서 덜 덥고 처음에 생소한 다른 도시들에 비해 익숙한 느낌도 있다. 발리의 우붓도 마찬가지이다.

Point 3

안전한 치안

치앙마이와 우붓은 범죄율이 낮다. 큰 사고는 대부분 관광객들이 일으킨다. 안전하게 해외에서 지낼 수 있어야 오랜 시간 동안 머물 수 있는 마음가짐을 가지게 된다. 그런데 치앙마이나 우붓은 술 마시고 사고를 내는 것도 대부분은 관광객이다. 그래서 현지인들이 관광객을 조심하는 경향이 강하다.

Point 4
볼거리

아무리 산다지만 기본적으로 볼거리가
없다면 도시에서 지내는 것이 심심하다.
치앙마이와 우붓은 절과 사원이 많아서,
특히 서양인들은 신기한 것들 천지이다.

치앙마이의 절들은 돌이니 나무 등으로
다른 스타일이 많아서 차이를 보려고 방
문하기도 한다. 올드타운Old Town이라는 성
곽으로 둘러싸여 다른 분위기를 보이고
우붓은 논으로 된 풍경과 사원에서 풍기
는 분위기가 정적으로 마음을 진정시켜
준다.

Point 5
서비스 제공

쉬자고 온 도시에서 빨래를 빨기 위해 돌아다녀야 하거나 직접 다 빨래를 해야 한다면 불
편하고 쉬기는 힘들 것이다. 카페의 수준도 다양한 커피스타일이 공존하고 식당에서는 저
렴하게 한 끼 식사가 가능해야 장기여행자는 부담이 덜어진다.
치앙마이는 전 세계음식이 태국스타일과 섞여 퓨전음식도 많다. 장기여행인 한 달 살기를
하려는 많은 사람들은 쉬고, 마음의 편안함을 느끼면서 지내고 싶다. 다른 한 달 살기 서비
스는 사람들이 쉴 수 있는 핵심사항이 된다.

Point 6
의료 서비스

아픈데 병원을 찾기 힘들고 의료 수준이 낮으면 왠지 모르는 불안감이 생기게 된다. 동남아시아에서 가장 서비스의 질이 떨어지는 것이 의료이다.

의료서비스라는 단어도 태국에서 시작되었다고 할 정도로 태국은 의료 서비스가 질이 좋다. 다른 동남아시아 국가인 베트남이나 인도네시아 발리는 해외의 민간 병원이 들어와 있어 의료서비스를 받을 수 있다.

Point 7
외국인을 반기는 친화적인 분위기

태국 정부는 은퇴를 하나의 산업으로 만들었기 때문에 유럽이나 미국 사람들이 많이 살게 되었다. 그래서 그들은 오래 지내면서 자영업을 하는 경우도 생겼다. 영어를 쓰는 것이 당연하게 느껴서인지 영어를 배울 곳도 많고 현지인들도 다른 도시보다 영어에 익숙하다.

Point 7

다양한 배움의 장

한 달만 머문다면 맛집이나 분위기 좋은 카페를 찾아다니면서 지낼 수 있다. 그런데 2달 이상을 머문다면 계속 원하는 장소를 찾아다니면서 지내는 것이 상당히 피곤해지면서 집에 머무는 시간이 많아지게 된다.

이럴 때 마음의 안정을 위해 요가, 명상을 배우거나 영어나 원하는 언어, 쿠킹 클레스 등을 찾아가게 된다. 배움이 있어야 더욱 오래 머물면서 지낼 수 있다.

New normal

뉴 노멀New normal 이란?

흑사병이 창궐하면서 교회의 힘이 약화되면서 중세는 끝이 나고, 르네상스를 주도했던 두 도시, 시에나(왼쪽)와 피렌체(오른쪽)의 경쟁은 피렌체의 승리로 끝이 났다. 뉴 노멀 시대가 도래하면 새로운 시대에 누가 빨리 적응하느냐에 따라 운명을 가르게 된다.

전 세계는 코로나19 전과 후로 나뉜다고 해도 누구나 인정할 만큼 사람들의 생각은 많이 변했다. 이제 코로나 바이러스가 전 세계로 퍼진 상황과 코로나 바이러스를 극복하는 인간의 과정을 새로운 일상으로 받아들여야 하는 뉴 노멀New normal 시대가 왔다.

'뉴 노멀New normal'이란 시대 변화에 따라 과거의 표준이 더 통하지 않고 새로운 가치 표준이 세상의 변화를 주도하는 상태를 뜻하는 단어이다. 2008년 글로벌 금융위기를 겪으면서 세계 최대 채권 운용회사 핌코PIMCO의 최고 경영자 모하마드 엘 에리언Mohamed A. El-Erian이 그의 저서 '새로운 부의 탄생When Markets Collide'에서 저성장, 규제 강화, 소비 위축, 미국 시장의 영향력 감소 등을 위기 이후의 '뉴 노멀New normal' 현상으로 지목하면서 사람들에게 알려졌다.

코로나19는 소비와 생산을 비롯한 모든 경제방식과 사람들의 인식을 재구성하고 있다. 사람 간 접촉을 최소화하는 비대면을 뜻하는 단어인 언택트Untact 문화가 확산하면서 기업, 교육, 의료 업계는 비대면 온라인 서비스를 도입하면서 IT 산업이 급부상하고 있다. 바이러스가 사람간의 접촉을 통해 이루어지므로 사람간의 이동이 제한되면서 항공과 여행은 급제동이 걸리면서 해외로의 이동은 거의 제한되지만 국내 여행을 하면서 스트레스를 풀기도 한다.

소비의 개인화 추세에 따른 제품과 서비스 개발, 협업의 툴, 화상 회의, 넷플릭스 같은 홈 콘텐츠가 우리에게 다가오고 있으며, 문화산업에서도 온라인 콘텐츠 서비스가 성장하고 있다. 기업뿐만 아니라 삶을 살아가는 우리도 언택트Untact에 맞춘 서비스를 활성화하고 뉴 노멀New normal 시대에 대비할 필요가 있다.

11

뉴 노멀(New Normal) 여행

뉴 노멀New Normal 시대를 맞이하여 코로나 19이후 여행이 없어지는 일은 없지만 새로운 여행 트랜드가 나타나 우리의 여행을 바꿀 것이다. 그렇다면 어떤 여행의 형태가 우리에게 다가올 것인가? 생각해 보자.

■ 장기간의 여행이 가능해진다.

바이러스가 퍼지는 것을 막기 위해 재택근무를 할 수 밖에 없는 상황에 기업들은 재택근무를 대규모로 실시했다. 그리고 필요한 분야에서 가능하다는 사실을 알게 되었다. 재택근무가 가능해진다면 근무방식이 유연해질 수 있다. 미국의 실리콘밸리에서는 필요한 분야에서 오랜 시간 떨어져서 일하면서 근무 장소를 태평양 건너 동남아시아의 발리나 치앙마이에서 일하는 사람들도 있다.

이들은 '한 달 살기'라는 장기간의 여행을 하면서 자신이 원하는 대로 일하고 여행도 한다. 또한 동남아시아는 저렴한 물가와 임대가 가능하여 의식주가 저렴하게 해결할 수 있다. 실리콘밸리의 높은 주거 렌트 비용으로 고통을 받지 않지 않는 새로운 방법이 되기도 했다.

■ 자동차 여행으로 떨어져 이동한다.

유럽 여행을 한다면 대한민국에서 유럽까지 비행기를 통해 이동하게 된다. 유럽 내에서는 기차와 버스를 이용해 여행 도시로 이동하는 경우가 대부분이었지만 공항에서 차량을 렌트하여 도시와 도시를 이동하면서 여행하는 것이 더 안전하게 된다.

자동차여행은 쉽게 어디로든 이동할 수 있고 렌터카 비용도 기차보다 저렴하다. 기간이 길면 길수록, 3인 이상일수록 렌터카 비용은 저렴해져 기차나 버스보다 교통비용이 저렴해진다. 가족여행이나 친구간의 여행은 자동차로 여행하는 것이 더 저렴하고 안전하다.

▨ 소도시 여행

여행이 귀한 시절에는 유럽 여행을 떠나면 언제 다시 유럽으로 올지 모르기 때문에 한 번에 유럽 전체를 한 달 이상의 기간으로 떠나 여행루트도 촘촘하게 만들고 비용도 저렴하도록 숙소도 호스텔에서 지내는 것이 일반적이었다. 하지만 여행을 떠나는 빈도가 늘어나면서 유럽을 한 번만 여행하고 모든 것을 다 보고 오겠다는 생각은 달라졌다.

유럽을 여행한다면 유럽의 다양한 음식과 문화를 느껴보기 위해 소도시 여행이 활성화되고 있었는데 뉴 노멀New Normal 시대가 시작한다면 사람들은 대도시보다는 소도시 여행을 선호할 것이다. 특히 유럽은 동유럽의 소도시로 떠나는 여행자가 증가하고 있었다. 그 현상은 앞으로 증가세가 높을 가능성이 있다.

▨ 호캉스를 즐긴다.

타이완이나 동남아시아로 여행을 떠나는 방식도 좋은 호텔이나 리조트로 떠나고 맛있는 음식을 먹고 나이트 라이프를 즐기는 방식으로 달라지고 있다. 이런 여행을 '호캉스'라고 부르면서 젊은 여행자들이 짧은 기간 동안 여행지에서 즐기는 방식으로 시작했지만 이제 는 세대에 구분 없이 호캉스를 즐기고 있다. 유럽에서는 아프리카와 가까운 지중해의 몰타 가 호캉스를 즐기기 좋은 곳으로 유럽여행자들에게 인기를 끌고 있다.

코로나 바이러스로 인해 많은 관광지를 다 보고 돌아오는 여행이 아닌 가고 싶은 관광지 와 맛좋은 음식도 중요하다. 이와 더불어 숙소에서 잠만 자고 나오는 것이 아닌 많은 것을 즐길 수 있는 호텔이나 리조트에 머무는 시간이 길어졌다. 심지어는 리조트에서만 3~4일 을 머물다가 돌아오기도 한다.

Contents

Intro

휴식과 치유의 여행, 한 달 살기

코로나 바이러스가 전 세계를 강타한 후, 세상은 비접촉, 비대면으로 이루어졌고 끝없이 이어질 것만 같았다. 그런데 아주 긴 터널도 끝이 있듯이 터널의 끝을 나왔고, 다시 2019년 이전의 세상으로 이어지고 있다. 회사들은 다시 직원들을 불러들이고, 학교에서도 이전처럼 모든 수업이 이루어진다.

사람들은 자유롭게 이동할 수 없는 세상에서 불편하고 답답함을 느꼈다. 게다가 경기침체가 다가오면서 코로나 때보다 더 힘들 수도 있는 세상에서 힘들어하고 있다. 더욱 사람들과 접촉이 없던 세상에서 살던 시기에서 다시 돌아가려고 하니 쉽지 않은 사람들도 있다. 그들은 역시 나 혼자 일하고 살아가고 싶은 사람들도 있다.

코로나 바이러스 이전과 확실하게 달라진 것은 한 달 살기가 보편화되었다는 것이다. 특히 동남아시아에서 한 달 살기를 하는 것은 저렴한 물가에 안전한 치안이 바탕이 된 도시들에서 살고 싶어 동남아시아 한 달 살기를 하는 사람들은 가파르게 상승하고 있다. 나이를 불문하고 사람들은 한 달 살기를 다양하게 떠나고 있다.

은퇴자들은 대부분 동남아시아로 한 달 살기를 떠난다. 은퇴자들이 좋아하는 한 달 살기 도시들은 다낭이나 호치민, 방콕 등을 좋아한다. 더운 날씨에 언어가 통하지 않아도 쉽게 편의시설을 이용하고 유흥을 즐기면서 의료서비스를 이용하기 좋은 도시들이다.

중년들은 유럽이나 미주지역을 선호하지만 비용의 문제로 동남아시아를 선택하는 경우가 많다. 그들은 지친 일상에서 벗어나 조용히 지내면서 자신을 돌아보려는 성향이 강하다. 발리의 우붓이나 베트남의 달랏, 나트랑, 태국의 끄라비나 방콕이다.

젊은 사람들은 다양한 먹거리와 카페가 중요하다. 저렴한 가격이지만 가격과 질을 모두 따지기 때문에 카페나 편의시설이 중요하다. 현지인들과 접촉하지만 자신의 일상을 공유하는 것보다 SNS로 공유를 하기 때문에 개인적인 삶을 즐기고 싶어 한다.

누구나 동남아시아로 한 달 살기를 떠난다면 중요하게 생각하는 것은 안전한 치안과 생활 편의시설, 저렴한 물가, 다양한 즐길 거리이다. 내가 직접 식사를 만들어먹기 힘들어도 집 밖을 나가면 쉽게 한 끼를 해결할 수 있는 도시가 중요하다.

단기 관광이라면 바다나 볼거리, 즐길 거리 등의 여행자를 사로잡는, 시선을 끄는 것들이 중요하지만 한 달 살기 같은 체류를 하면 사는 것은 식당, 편의점, 약국 등의 생활 편의시설이 기본적으로 중요하다. 어차피 오랜 시간을 지내야 한다면 편의 사설의 편리함을 누리면서 요가, 댄스, 헬스, 자전거 등 건강을 위한 시간을 누리도록 제공하는 것이 중요하다.

여유로운 특권

알람소리가 아닌 새들이 지저귀는 소리에 눈을 떠서 맞는 새로운 아침. 한 달을 살아가기에, 모든 일이 바라는 대로만 흘러가는 날들은 아니더라도 나에게는 이런 작은 아침의 여유로운 특권이 기분을 충만하게 해주고 있다.

곧이어 침대에서 암막커튼을 걷고, 창문을 여니 많은 햇빛이 나의 침대에 쏟아진다. 일어나서 창문까지 걸어가는 것이 길고 멀게만 느껴져서 침대에서 우쭐거렸던 시간들이 후회스럽게 만드는 나를 따뜻하게 반겨주는 햇빛이 비쳐온다. 창문을 열고 하얀 얇은 천의 레이스 커튼만 치고 바람에 흔들리는 커튼을 한참 소파에 앉아서 바라보았다. 바람 때문에 구름의 움직임에 따라서 강해졌다 사라졌다 하는 햇빛, 그리고 살랑 이는 레이스 커튼과 창문을 통해 들려오는 사람들의 깔깔거리는 소리가 나에게 오늘을 거뜬히 충만하게 시작 하지 않으면 안 될 것만큼 생기를 불어주는 고마운 아침을 만들어주었다.

세수를 하고 음악을 따로 틀지 않아도 정겨운 이웃들의 아침을 시작하는 소리를 창문으로 들으니 저절로 쾌활한 기분이 든다. 집골목 입구에 있는 커피전문점으로 발걸음을 옮긴다. 최근에 나는 일상이 그대로 녹아있는 사람들이 지나가는 모습을 즐기고 있다. 회사에 일을 나가는 사람들, 아이 엄마들, 부부들 모두가 하루를 시작하고 혹은 젊은이들을 하루를 시원 한 커피로 하루를 정리하기도 하는 곳이 제주에서는 창 뒤에 앉아 커피를 마시는 장소이다.

제주도의 커피가격에 익숙해진 나에게 커피와 빵 가격은 이제 비싸게 느껴지지는 않는다. 하지만 이런 기분은 아름다운 제주를 가고 나서 한 번씩 겪게 되는 외지인들의 바가지를 느끼면서 와장창 깨지게 된다.

제주에서 살아가는 사람들의 일상을 어쩌면 내가 알 수는 없지만 이 장소들은 일생이 모 두 녹아있다고 할 정도로 많은 시간을 보내는 공간인 것은 사실이다.

문을 열면, 그 이전 새벽부터 지하에서 빵을 만드는 제빵사들은 매우 바쁜 하루를 시작할 것이다. 그렇게 해서 갓 만들어진 빵들을 가장 먼저 먹는 사람들은 일찍이 회사에 가는 사 람들 몫이다. 시간이 없이 바쁜 사람들은 의자에 앉지 않고 재빠르게 커피와 빵만 가지고 순식간에 먹던지, 그냥 들고 자리를 뜬다.

느긋하게 이곳에 들린 사람들은 빵과 커피로 아침식사를 하고 아마도 이른 퇴직을 꿈꿀지도 모르겠다.

사람들의 일상은 그 어느 곳이라도 평범하고 평범하다. 물론 평범할 수 있기에 그 평범함이 특별하다고 할 수도 있겠지만. 한차례 일하는 사람들이 사라지는 시간대에 커피전문점에 오는 사람들이 여유를 즐긴다는 사실도 알게 되었다.

간혹 시끌벅적 사람들이 만드는 살아가는 이야기들과 커피 잔이 받침대에 얹어지고 스푼이 얹어지는 소리들, 커피가루를 털어내는 소리, 그리고는 고소한 커피가 내려지는 향이 풍겨온다. 앉을 겨를도 없이 이곳 사람들은 안부를 묻고 지내 오던 이야기를 이어나간다. 그간 힘들었던 일을 자연스럽게 털어놓으면 모두가 진심으로 걱정을 함께 고민해주고 해결을 하려 노력하는 시간들이 이어지는 모습을 보고 '정'도 느끼게 된다.

이제는 삶의 노련함이 그냥 웃음만 지어도 그 살아온 삶이 저절로 나에게 믿음을 주면 좋겠지만 진짜 다 괜찮아 질 것 같다고 생각하면서 믿게 되기도 한다.

삶을 살아갈수록 조금씩 내 삶을, 그리고 다른 이들의 삶을 관망하게 되고 그럴수록 '살아간다는 것 그 자체'는 매우 놀라운 것이다. 너무 가까이 내 손에 잡히는 사진들이 나와 함께 하는 출발의 날이기도 그들의 삶을 조금씩 알게 되는 시간이기도 하다.

나는 가끔 인생의 이야기를 들을 때에는 매우 묘한 기분이 든다. 사람이 살아간다는 것이 매우 길면서도 너무나 짧게 느껴지고. 가끔씩 들려주는 사람들의 이야기들, 행복했던 이야기들 그 모든 이야기들이 각자의 인생을 가득차고 있을 것이다.

생각해본다. 나는 지금 어디 즈음에 있지? 머리 아프게 생각했던, 큰 고민거리들이 그냥 작은 조각으로 보이기 시작한다. 어차피 지나갈 한 순간으로 여겨지기 시작한다. 그냥 여유롭게 어차피 지나가야할 어려운 강이라면 적어도 웃으면서 가보자라는 생각을 해보았다. 어차피 건널 것이라면 찌푸리나, 걱정하나, 웃으나 매한가지로 건너기만 하면 마는 것. 처음 만난 순간들을 이야기하고 살아온 이야기를 들으면서 나의 어려움을 위로 받고 싶기도 하다.

그냥 그럼에도 살아가는 것. "어차피 살아갈 것이라면 조금이라도 웃고 옆에 있는 사람과 이야기도 도란도란하며 의연하게 가고 싶다"라는 생각이 들었다. 이제 나는 웃음 짓는 얼굴이 훨씬 더 아름답다고 확실히 말할 수 있다. 그 여유로운 따뜻한 얼굴에서 그들이 좋은 삶을 만들어왔다는 것이 느껴지기 때문이다.

달라졌을까?

인생을 살면서 후회하는 행동이나 인생사의 커다란 일을 생각하면 그때 다른 행동을 했다면 선택을 했다면 "나의 인생은 좀 달라졌을까?" 문득 궁금했다. 스스로 나를, 외로운 나를 만들었지만 그런 생각은 없어지지 않았다.

혼자서 한 달 살기를 하면서 지금에 와서 후회를 하면 뭐 하겠니? 다시 그때로 돌아가면 달라졌을까? 한 번 다시, 주위 사람들에게 이해하고 다른 행동을 하고 살았다면, 예전에 그녀에게(그에게) 다시 바라봤다면 그립지는 않을까? 하게 된다.

사람들은 살면서 많은 후회를 하고, 그때로 돌아간다면 달라졌을까? 라는 생각을 하게 되지만 결국 바쁘게 삶에 지쳐가면서 살아가는 것을 후회한다. 또한 욕심에 인생이 나락으로

떨어진 많은 사람들도 물질적인 풍요를 따라가면 좋아질 것이라는 환상에 빠져 살았던 삶을 후회할 수밖에 없다.

그럼 이제와 후회한다고 다시 그때로 돌아간다고 바뀌는 것도 아닌데, 생각을 뭐하러하냐고 묻는다면 "그렇게 자신에게 묻는 질문들이 자신을 찾게 되는 첫걸음일 수도 있다."고 이야기 한다.

후회로 점철된 인생을 떠올린다고 달라지지는 않아도, 이번 생은 처음이라서 망했다! 라고 생각한 인생도 다시 생각해본다. 사람의 인생이 반드시 물질적으로 풍요해도 정신적으로 피폐하다면 그 인생도 결국 실패한 인생이다.

우리는 한 달 살기를 한다고 내 인생이 달라질 것이라는 생각을 하지 않는다. 하지만 자신을 돌아보는 시간이 없다면 언젠가는 다시 걸음을 멈추고 인생을 생각해야 하는 시간은 반드시 돌아온다. 한 달 살기로 너무 넉넉한 자신을 돌아볼 수 있는 시간이 생겼다면 외로운

시간을 가지면서 자신을 돌아봐야 한다. 누구나 자신의 인생은 소중하다. 물질적으로 풍요롭지 않아도 뒤떨어진 나에게도 인생은 소중하다.

1등에게만 인생은 소중하고, 사회에서 물질적으로 성공을 거두었다고 하는 사람의 인생은 소중하지 않다. 실패로 점철되어도 모든 사람의 인생은 소중하고 더 좋아질 수 있다는 희망을 다시 갖게 되는 시간이 필요하다.

한 달 살기를 하면서 전 세계를 다녀보았다. 동남아시아가 저렴한 물가에 살기에 편하다고 한 달 살기의 성지라는 단어까지 써 가면서 오랜 시간을 여행하지만 나는 세상과 단절된 사막에서, 사람이 한명도 지나가지 않는 시골구석에서, 오랜 시간을 보내면서 나에게 질문을 하게 되는 단조로운 일상에서 나에게 물어보면서 시간을 보내고 다시 돌아왔다. 누군가가 한 달 살기를 한다면 자신에게 질문하는 시간을 가져볼 것을 권한다.

울다 지쳐 잠 들어도, 스스로 나를 외롭게 만든다고 해도 ...

다시 그때로 돌아가도 "달라졌을까?"
달라지지 않는다.

하지만 나의 인생은 소중하고 달라질 수 있다는 믿음으로 살 수 있다.

ABOUT
한 달 살기

■ 준비한 만큼 느낀다.

어렵게 결심한 한 달 살기임에도 불구하고 여행자에 대한 별다른 공부나 준비 없이 떠나는 한 달 살기가 의외로 많다. 그러 짐 하나 달랑 들고 "어떻게 되겠지?"하면서 배짱 좋게 떠나는 자의 한 달 살기는 불안하다.

막상 도착하고 나면 어찌해야 될지 난감하고, 남들 가는 대로의 유명 관광지를 보면서 여행과 차이가 없는 한 달 살기를 하면서 정신적으로 헤매기 일쑤이다. 그만큼 보면서 알게 되거나 이해하는 것에 한정이 될 수밖에 없다. 이런 배짱만 남는 한 달 살기로 발길 닿는 대로, 마음 가는 대로 여행을 하는 건지, 한 달 살기를 하는 건지 모르게 된다.

낭만적으로 들리는 방랑 한 달 살기를 들으며 어렵게 떠나온 한 달 살기는 무의미한 고행으로 만들 수도 있다. 대한민국에서의 일상에서 벗어나 한적한 길을 걷거나 발길 닿는 대로 돌아다니는 낭만스러운 일탈도 준비해 온 정보나 마음에 여유를 가지고 낯선 곳에서 느긋하게 지낼 수 있다.

▨ 마음속으로 당당하자.

세계 곳곳에서 살고 있는 디지털 노마드^{Digital Nomad}들의 한 달 살기를 보면 최근의 유행처럼 한 달 살기 뒤에 자극적으로 장기여행을 떠나는 한 달 살기가 많아지고 있다. 한 달 살기를 떠나기 전에 당당한 마음을 가지고 떠나야 한다. 자신을 향한 긍지와 자부심을 가지고 있어야 한다. 스스로의 행동에 대해 책임을 질 줄 알아야 하며 당당해야 한다. 그럴 수 없다면 자기만의 자유를 누리는 것이 더 나을 수 있다.

한 달 살기에서 그저 스쳐 지나갈 수 있는 현지인들을 소중한 인연으로 바꿔주고 당당하게 지내는 당신은 자신도 모르는 자아를 상대방에게 보여줄 수 있다.

■ 만남은 소중히

한 달 살기 동안 낯선 곳에서의 자유와 감미로운 고독, 이국적인 풍경 앞에서 느끼는 감동도 좋지만 현지인과의 만남이 더욱 소중하다. 길을 걷다가 만난 친절한 사람과의 만남, 뚝뚝이나 기차 안에서 만난 이들과의 만남, 낯선 곳에서 헤매다 우연히 도와준 이들과의 만남은 나에게 더욱 소중하다.

여행을 하면서 맺게 되는 이런 우연한 만남과 이별은 하나하나 한 달 살기 동안 가슴 속에 추억이 될 것이다. 아무리 혼자만의 한 달 살기를 즐기는 것을 좋아한다고 하더라도 아무 만남이 없는 한 달 살기가 끝까지 계속되면 지속되기 힘들 것이다.

어떤 이에게는 악몽 같은 장소라는 기억이라도 자신에게 아름답고 가슴 뿌듯한 추억의 장소가 될 수 있는 것도 누구와의 만남을 통해 추억이 쌓이기 때문이다. 누구에게나 당신에게 좋은 동반자로, 인생의 친구가 될 수 있다.

■ 아프면 서럽다.

낯선 곳에서 혼자 한 달 살기 동안 지낸다면 결국 믿을 수 있는 존재는 자기 자신이다. 모든 상황에 대한 판단은 스스로 하고 한 달 살기 동안 건강도 스스로 알아서 잘 관리해야 한다. 아파서 병원에 가고 해외에서 지내면 스스로 손해이다. 그래서 아침에는 일정하게 일어나는 시간을 정해 가벼운 운동을 하거나 산책을 하면서 하루를 시작하는 방법이 좋은 컨디션 유지를 하면서 지낼 수 있다.

동남아시아는 더위로 쉽게 피로해지고 무기력해질 수 있으므로 체력 관리에 더 신경을 써야 한다. 햇볕이 강해 피로가 더 빨리 올 수 있다. 몸 상태가 안 좋다면 무리하게 지속하지 말고 하루 정도는 쉬면서 건강을 챙기는 것이 중요하다.

1주일에 하루는 아무 생각 없이 편히 쉬면서 마음의 여유를 가져 보기도 하고, 자신의 몸을 위해 맛있는 음식으로 영양 보충과 휴식을 취하면서 현명하게 지내는 것이 좋다. 한 달 살기 경비를 아낀다고 부실하게 먹으면서 지내면 몸에 좋지 않다. 다이어트를 하기 위해 한 달 살기를 하는 것은 아니므로 충분한 영양 보충은 필수이다.

■ 편하게 입고 다니자.

한 달 살기를 하면 자신에게 편한 복장으로 다니면서 누군가의 눈치를 보지 않는 것이 좋다. 가끔 무시하며 평소대로 복장을 입고 다니는 경우를 보는 데, 한 달 살기는 자신에게 도움이 되기 위해 한다는 사실을 인지하자.

명품을 입고 다니든지, 화려하게 입고 다니는 것은 불필요하다. 불편하기도 하고 행동의 제약을 받게 된다. 옷이 편해야 한 달 살기 동안 돌아다니기 편해지고 행동도 편해 사고도 유연해진다.

■ 책 읽는 한 달 살기

한 달 살기를 하다보면 의외로 기다리는 시간이나 지루한 시간이 반드시 발생한다. 무료한 시간을 보내는 한 달 살기로 지루하다는 이야기도 많다. 평소에 읽지 못한 책을 가지고 와 지루할 때 카페에서 책을 읽으며 여정을 정리하기도 하고 스마트폰만 보지 말고 책을 읽으며 창밖 풍경을 보고 생각에 골똘하는 순간도 경험해 보자.

한 달 살기를 끝내는 순간이 오면 의외로 인상적인 장면은 책을 읽어서 자신을 채웠던 그 순간이 될 수 있다. 햇살이 따사로이 비치는 카페에 기대어 책을 읽으며 자신을 채운 순간이 모여 한 달 살기를 끝내고 돌아갔을 때 의외로 기억에 남으면서 도움이 되는 순간이 많았던 것으로 기억한다.

긍정적인 마인드

한 달 살기를 하면 예상하지 못한 돌발 상황이 발생한다. 없는 돈 아껴 모아서 한 달 살기를 하려고 왔는데 소매치기를 당하기도 하고 여권을 잃어버리기도 한다. 허망한 생각과 함께 기억하고 싶지 않은 순간이 머리 속을 맴돈다. "바보처럼 왜 이런 일이 발생한 것인가?"라는 자책도 하게 된다.

그만 포기하고 돌아갈 것이 아니라면 혼자 속상해 하고 고민하지 않는 것이 현명하다. 생각이 안 좋은 순간으로 머물러 버리면 자신만 손해이다. 오히려 나중에 친구들에게 이야기할 에피소드가 생겼다고 긍정적인 마인드를 가지고 나쁜 생각을 잊을 수 있는 이벤트를 가지는 것이 좋을 수 있다. 맛집에서 먹고 싶은 음식으로 기분이 좋아지는 것도 추천한다.

당장 힘들겠지만 난관을 잘 극복해 나가 오히려 한 달 살기를 잘 끝내면서 인생의 지혜와 소중한 경험을 얻게 될 수도 있다.

▨ 하고 싶은 테마를 정하자.

한 달 동안 한 도시를 여행한다면 의외로 지루하다. 유럽에는 1주일 정도나 도시에 모든 건물들이 신기해 보인다. 동남아시아의 아름다운 바다나 산도 오래 지속되지 못한다. 그래서 나중에 지루하다고 불평하는 사람도 많다. 별다른 생각 없이 기대만 잔뜩 가지고 한 달 살기를 시작하면 처음의 기대감은 시간이 지나면서 시들해진다. 눈으로 보는 풍경이 아름다워도 순간은 오래 지속되지 못한다.

다양한 관심과 호기심으로 자신이 배우고 싶은 것들을 다른 이들과 함께 배우면 배운다는 기대감과 친구들을 사귈 수 있어서 지루해지지 않는다. 풍경이나 관광지를 보러 다니는 단순한 것보다 자신의 관심거리나 취미, 배우고 싶은 테마를 정해 한 달 살기를 하면 더욱 의미 있을 것이다.

■ 추억을 남기자.

현대인에게 다양한 추억을 남길 수 있는 방법은 많다. 아날로그 방식의 일기나 수첩에 적을 수도 있고 SNS에 떠오르는 생각이나 느낌을 적어 소통할 수도 있다. 자신이 하루에 나눈 대화나 느낀 감동, 만난 사람들과의 느낌이나 에피소드를 적는 것도 좋다. 최근에 활발한 유튜브로 영상을 올려 소통하거나 스케치를 하면서 자신의 느낌을 그릴 수도 있다.

한 달 살기 동안 당신이 느끼는 감정이나 감동, 느끼는 순간의 기록은 동일한 장소나 명소에도 다르다. 그 기록은 당신의 인생에 귀중한 기억으로 남는다. 시간이 지나 가끔 보게 되면 추억을 떠올리는 소중한 순간을 만끽할 수 있다.

인생에서 위기를 겪고 싶은 사람은 없습니다.
하지만 우리는 위기 없이 인생을 살 수도 없죠? 그래서 우리는 꿈을 꿉니다.
꿈은 고통을 없애주는 효능이 있거든요.
한 달 살기를 하면서 자신의 상처를 치유하고 용기를 갖고 싶어요.
인생의 선물을 안겨줄 어딘 가로 떠나려고 합니다!

한 달 살기를 보장하는 Best 4

▨ 믿을 만한 숙소 선택

한 달 살기를 계획하면서 가장 중요하고 걱정하는 것이 숙소 문제이다. 항공권을 찾아서 구입할 때는 1회 경유를 하는 항공권을 찾는다면 가장 저렴한 것을 찾는 것이 중요할 것이다. 그런데 숙소는 다르다. 무조건 저렴하다고 해서 자신에게 좋은 것이 아니다.

항공권 구입은 대부분의 장기 이동에서 거의 비슷한 조건의 항공사들이 경쟁한다. 반대로 숙소는 아파트, 호텔 등의 종류가 다르고, 시내 중심지, 외곽인지 등의 위치가 다르냐에 따라 숙소 가격이 달라진다. 그래서 한 달 살기 예산을 최대한 아껴 숙소를 찾는다고 만족할 수 없는 문제가 발생한다. 무조건 저렴하다는 이유만으로 숙소를 선택하는 것은 지양하는 것이 좋다.

유럽은 특히 숙소가 노후화되었기 때문에 내부의 사진과 리뷰를 확인하는 것이 중요하다. 또한 인적이 드문 곳의 숙소는 치안에 취약할 가능성이 발생한다. 장기 렌트를 하는 경우에 가격이 저렴하다고 무조건 예약하기보다, 2~3일을 예약하고 현지에 도착하여 집이나 아파트를 보고 1달 정도의 기간 동안 머물 숙소를 결정하라고 추천한다. 그것이 어렵다면 숙소의 정보나 이용자 후기 등을 꼼꼼하게 확인하고 숙소를 선택해야 한다.

■ 현지에서 경험할 수 있는 클래스 찾기

유럽에서 한 달 살기를 한다면 도시마다 볼 것들이 많아서 한 동안 도시를 구경만 해도 행복하다. 도시를 보면서 내가 무엇을 해야 할지 결정할 수 있다. 반대로 동남아시아에서 한 달 살기를 한다면 현지에서 들을 수 있는 클래스를 수강하라고 권한다.

치앙마이나 발 리가 한 달 살기의 성지처럼 이야기 하는 것 중에 춤이나 요가, 쿠킹 클레스 같이 배울 수 있는 저렴한 기회가 많기 때문이다. 바다가 가깝다면 서핑이나 카이트 서핑 같은 해양 스포츠를 배워보라고 추천한다. 집중력 있게 배우면서 시간도 빨리 지나가고 무엇을 배우므로 무료하지 않고 친구들을 자연스럽게 사귈 수 있어 낯선 해외에서의 한 달을 알차게 보낼 수 있다.

■ 비상 자금 준비

한 달 살기는 의외로 장기 여행이다. 한 달 살기를 하다보면 의외로 여러 가지 상황이 많이 발생한다. 혹시 모를 상황을 대비해 비상 자금을 준비해 다른 통장에 체크카드로 가지고 있는 것이 좋다. 비상 상황을 대비하여 약 7~8일 정도의 생활비를 준비하고, 해외에서 결제 가능한 신용카드는 추가로 준비하자. 해외에서 난감한 상황에 빠진다면 한 달 살기는 악몽이 될 수도 있다.

■ 여행자보험

한 달 살기를 하면서 도시에만 머물기 때문에 사고가 발생할 가능성이 없다고 판단할 수 있다. 그런데 여행 기간이 길어지면 사고의 발생 위험이 높아지는 것은 당연할 것이다. 동남아시아는 의외로 질병이 많고, 해양스포츠 등을 배우면 상해를 당할 수도 있다. 마지막으로 가끔은 휴대품 도난 등의 상황이 발생할 수 있다.

한 달 살기 마음가짐

한 달 살기를 출발하기 전에 생각해야 할 것이 단기여행과 장기여행과의 차이점이다. 짧은 1주일 이내의 여행은 일상생활에 지장이 많지 않아서 바쁜 생활에 쉬고 싶어 휴양지나 리조트에서 마냥 쉬다가 올 수 있다. 하지만 1달 이상을 여행하려면 일상생활에 지장이 없을 수 없다. 또한 단순히 아무것도 안 하고 지낼 수는 없다. 그러므로 사전에 무엇을 할지, 어떻게 지낼지에 대해 생각을 하고 출발하는 것이 지루하지 않은 자신에게 도움이 되는 한 달 살기가 된다.

▦ 받아들이기

모든 한 달 살기를 하려는 사람들의 환경은 다르다. 한 달 살기에서 똑똑하다고 한 달 살기를 잘하는 것도 아니다. 한 달 살기는 현지의 환경에서 지속적으로 적응하려는 노력이 필요한 긴 여정임을 이해해야 한다.

현지의 환경에 불만을 가지면 가질수록 현지생활에 균형을 맞추지 못하고 심한 압박이 올 수 있다. 대부분의 스트레스는 '자신이 상황을 어떻게 받아들이는가?'가 중요하다. 대한민국에서 생활한 환경을 한 달 살기를 하기 위한 도시에 똑같이 적용하려고 하면 한 달 살기는 재미있지도 적응하기도 쉽지 않다. 이것은 일종의 '강박관념' 같을 수 있다. 스트레스가 내면에서 오는 것임을 이해하면 상황을 대처하는 데 여유를 가지고 잘 대처할 수 있다.

■ 명확한 선 긋기

한 달 살기라고 매일 늦잠을 자고 무료하게 지내는 것은 쉽지 않다. 1주일은 무료하게 늦잠을 자고 술을 마시고 지낼 수 있지만 1달 내내 그렇게 지낼 수는 없다. 자기 자신과 쉬는 시간의 범위에 대해서 틀을 정하고 지키려고 노력하는 것이 중요하다. 예를 들면 7시에는 무조건 기상, 집 근처나 새로운 지역을 살펴보는 것은 10시부터 5시까지만, 야경은 매주 수요일에만, 댄스나 요가 등 배우기와 같은 것이다.

시간에 대한 범위를 정했으면 한 달 살기 동안 SNS에 공유하는 것도 하나의 방법이다. 아니면 비밀 공유 공간에 나와 생각이 비슷한 사람들과 SNS에서 대화하면서 피드백을 받고 지지를 받을 수 있다면 더욱 좋다. 한 달 살기에서 무료한 시간이 발생할 수 있고 긴급한 상황이 발생할 수도 있다. 누군가 나를 위해 도와줘야 하는 예외상황 또는 긴급 상황에 대해 도움을 받을 공간도 중요하다.

■ 느슨한 한 달 살기 생활의 목표를 세우자.

'균형'이란 말은 반대되는 두 힘이 서로 힘겨루기 하는 것을 의미한다. 개인적으로 한 달 살기 동안 무엇을 하고 싶은지에 대해서 스스로 모른다면 끝없는 무료함의 함정에 빠져 허우적댈 가능성이 높다.

한 달 살기도 느슨한 목표달성의 기준이 있어야 무료해지지 않는다. 무엇인가를 끝내야 하는 시점을 모를 가능성이 높고, 마찬가지로 개인적인 관심사나 목표가 구체적으로 정의되지 않으면 시간의 무료함에 밀려 1달이라는 기간에 소홀해질 수밖에 없을 것이다.

개인적인 목표를 구분하고 현실적인 한 달 살기 목표를 세워 제한된 시간 안에 자신만의 우선순위를 가지고 잘 분배하는 것이 꼭 필요하다. 나는 맛있는 음식을 먹으면서 활력을 얻기 때문에, 매주 한 번은 주말여행을 떠나거나 현지 친구를 사귀어 그들과 새로운 식당을 가는 것, 한 달 살기에 목표로 잡고 균형을 맞추려고 노력하는 것이 중요하다.

■ 방해요소의 최소화

24시간을 놀 생각이 아니라면 무엇을 배우는 시간을 어떻게 효율적으로 사용할지 계획을 세워야 한다. 시간을 자신이 원하는 대로 계획하면 안 된다. 어차피 완수할 수 없는 목표이다. 숙소에서 있는 시간과 외부에서 지내는 시간을 조화를 이루도록 해야 한다.

집에서는 노트북을 사용하지 말고 카페나 밖에서 사진 편집, 글쓰기 등 개인적인 일에 집중할 수 있도록 한다. 그렇지 않으면 숙소에서 2~3일을 지내기도 하기 때문에 한 달 살기를 하는 것인지, 해외에서 무료하게 시간 낭비를 하는 것인지 모를 수도 있다. 가끔씩 무료해진다고 생각한다면 아이쇼핑이나 시장 구경을 하면서 현지 사람들은 어떻게 살아가는지 관찰해 보는 것도 좋은 방법이다.

■ 도움을 구하라.

한 달 살기를 하면서 모든 순간을 혼자 지내려고 하면 외롭게 된다. 모든 것을 혼자 처리하려고 할 필요도 없고 완벽해지려고 할 필요도 없다. 내가 현지인을 사귀든, 현지에 있는 한국인을 사귀든 누군가와 사귀면서 새로운 활력을 받으면서 그들의 도움이 필요하다는 것을 인정하는 것이 편리하다.

사소한 것에 도움을 받으면서 배우기도 하고 도움을 주는 존재가 될 수 있기 때문에 혼자서 지내면서 고립되어 한 달 살기를 하는 것은 추천하지 않는다. 다른 사람들에게 도움을 청할 수 있도록 연습하는 것이 내가 한 달 살기에서 배운 교훈 중에 가장 가치 있는 것이었다.

■ 충분한 식사와 수면시간을 확보하라

스트레스는 뇌로부터 오는 것이기 때문에, 뇌를 최적의 상태로 유지할 필요가 있는데 가장 좋은 방법은 잘 먹고, 잘 자는 것이다.
내일 일하러 가지 않는다고 무작정 밤을 새거나 늦게까지 놀러 다니면 의외로 스트레스가 된다.

잠자는 시간을 일정하게 유지하고, 적당한 운동과 충분한 식사가 효과적이다. 매일 8시간 정도의 수면시간을 유지하는 것은 다음 날 일정뿐 아니라 한 달 살기를 하다보면 발생하는 크고 작은 돌발 상황을 수월하게 해낼 수 있도록 도와준다.

🟦 되돌아보는 시간 가지기

자신의 지난 인생에 대해 생각해보면 의외로 제대로 떠올릴 수 없을 때가 많다. 이런 이유는 시간을 균형 있게 보내지 못했기 때문이다. 단순히 시간을 하루, 일주일, 한 달 이렇게 흘러가는 대로 두기보다는 기억에 남을만한 순간들을 남기고 시간을 감사하게 여기며 살면 후회는 적어진다.

한 달 살기에서 무작정 아무것도 안 하는 생활보다는 자신을 위한 생활을 해야 하는 데 가장 좋은 방법은 글쓰기와 일기 쓰기다. 사진과 동영상을 이용해 남기는 것도 좋다. 언젠가 다시 한 달 살기를 추억할 날이 오게 된다. 그때 예전 추억들을 되돌아볼 때, 흐뭇한 웃음을 짓게 만들 것이다.

동남아시아
한 달 살기

솔직한 한 달 살기

요즈음, 마음에 꼭 드는 여행지를 발견하면 자꾸 '한 달만 살아보고 싶다'는 이야기를 많이 듣는다. 그만큼 한 달 살기로 오랜 시간 동안 해외에서 여유롭게 머물고 싶어 하기 때문이다. 직장생활이든 학교생활이든 일상에서 한 발짝 떨어져 새로운 곳에서 여유로운 일상을 꿈꾸기 때문일 것이다.

최근에는 한 달, 혹은 그 이상의 기간 동안 여행지에 머물며 현지인처럼 일상을 즐기는 '한 달 살기'가 여행의 새로운 트렌드로 자리잡아가고 있다. 천천히 흘러가는 시간 속에서 진정한 여유를 만끽하려고 한다. 그러면서 한 달 동안 생활해야 하므로 저렴한 물가와 주위

에 다양한 즐길 거리가 있는 동유럽의 많은 도시들이 한 달 살기의 주요 지역으로 주목 받고 있다. 한 달 살기의 가장 큰 장점은 짧은 여행에서는 느낄 수 없었던 색다른 매력을 발견할 수 있다는 것이다.

사실 한 달 살기로 책을 쓰겠다는 생각을 몇 년 전부터 했지만 마음이 따라가지 못했다. 우리의 일반적인 여행이 짧은 기간 동안 자신이 가진 금전 안에서 최대한 관광지를 보면서 많은 경험을 하는 것을 하는 것이 자유여행의 패턴이었다. 하지만 한 달 살기는 확실한 '소확행'을 실천하는 행복을 추구하는 것처럼 보였다. 많은 것을 보지 않아도 느리게 현지의 생활을 알아가는 스스로 만족을 원하는 여행이므로 좋아 보였다. 내가 원하는 장소에서 하루하루를 즐기면서 살아가는 문화와 경험을 즐기는 것은 좋은 여행방식이다.

하지만 많은 도시에서 한 달 살기를 해본 결과 한 달 살기라는 장기 여행의 주제만 있어서 일반적으로 하는 여행은 그대로 두고 시간만 장기로 늘린 여행이 아닌 것인지 의문이 들었다. 현지인들이 가는 식당을 가는 것이 아니고 블로그에 나온 맛집을 찾아가서 사진을 찍고 SNS에 올리는 것은 의문을 가지게 만들었다. 현지인처럼 살아가는 것이 아니라 풍족하게 살고 싶은 것이 한 달 살기인가라는 생각이 강하게 들었다.

현지인과의 교감은 없고 맛집 탐방과 SNS에 자랑하듯이 올리는
여행의 새로운 패턴인가, 그냥 새로운 장기 여행을 하는 여행자일 뿐이 아닌가?

현지인들의 생활을 직접 그들과 살아가겠다고 마음을 먹고 살아도 현지인이 되기는 힘들다. 여행과 현지에서의 삶은 다르기 때문이다. 단순히 한 달 살기를 하겠다고 해서 그들을 알 수도 없는 것은 동일할 수도 있다. 그래서 한 달 살기가 끝이 나면 언제든 돌아갈 수 있다는 것은 생활이 아닌 여행자만의 대단한 기회이다. 그래서 한동안 한 달 살기가 마치 현지인의 문화를 배운다는 것은 거짓말로 느껴졌다.

시간이 지나면서 다시 생각을 해보았다. 어떻게 여행을 하든지 각자의 여행이 스스로에게 행복한 생각을 가지게 한다면 그 여행은 성공한 것이다. 배낭을 들고 현지인들과 교감을 나누면서 배워가고 느낀다고 한 달 살기가 패키지여행이나 관광지를 돌아다니는 여행보

다 우월하지도 않다. 한 달 살기를 즐기는 주체인 자신이 행복감을 느끼는 것이 핵심이라고 결론에 도달했다.

요즈음은 휴식, 모험, 현지인 사귀기, 현지 문화체험 등으로 하나의 여행 주제를 정하고 여행지를 선정하여 해외에서 한 달 살기를 해보면 좋다. 맛집에서 사진 찍는 것을 즐기는 것으로도 한 달 살기는 좋은 선택이 된다. 일상적인 삶에서 벗어나 낯선 여행지에서 오랫동안 소소하게 행복을 느낄 수 있는 한 달 동안 여행을 즐기면서 자신을 돌아보는 것이 한 달 살기의 핵심인 것 같다.

떠나기 전에 자신에게 물어보자!

한 달 살기 여행을 떠나야겠다는 마음이 의외로 간절한 사람들이 많다. 그 마음만 있다면 앞으로의 여행 준비는 그리 어렵지 않다. 천천히 따라가면서 생각해 보고 실행에 옮겨보자.

내가 장기간 떠나려는 목적은 무엇인가?

여행을 떠나면서 배낭여행을 갈 것인지, 패키지여행을 떠날 것인지 결정하는 것은 중요하다. 하물며 장기간 한 달을 해외에서 생활하기 위해서는 목적이 무엇인지 생각해 보는 것이 중요하다. 일을 함에 있어서도 목적을 정하는 것이 계획을 세우는데 가장 기초가 될 것이다.

한 달 살기도 어떤 목적으로 여행을 가는지 분명히 결정해야 질문에 대한 답을 찾을 수 있다. 아무리 아무 것도 하지 않고 지내고 싶다고 할지라도 1주일 이상 아무것도 하지 않고 집에서만 머물 수도 없는 일이다.

동남아시아는 휴양, 다양한 엑티비티, 무엇이든 배우기(어학, 요가, 요리 등), 나의 로망여행지에서 살아보기, 내 아이와 함께 해외에서 보내보기 등등 다양하다.

목표를 과다하게 설정하지 않기

자신이 해외에서 산다고 한 달 동안 어학을 목표로 하기에는 다소 무리가 있다. 무언가 성과를 얻기에는 짧은 시간이기 때문이다.

1주일은 해외에서 사는 것에 익숙해지고 2~3주에 현지에 적응을 하고 4주차에는 돌아올 준비를 하기 때문에 4주 동안이 아니고 2주 정도이다. 하지만 해외에서 좋은 경험을 해볼 수 있고, 친구를 만들 수 있다. 이렇듯 한 달 살기도 다양한 목적이 있으므로 목적을 생각하면 한 달 살기 준비의 반은 결정되었다고 생각할 수도 있다.

여행지와 여행 시기 정하기

한 달 살기의 목적이 결정되면 가고 싶은 한 달 살기 여행지와 여행 시기를 정해야 한다. 목적에 부합하는 여행지를 선정하고 나서 여행지의 날씨와 자신의 시간을 고려해 여행 시기를 결정한다. 여행지도 성수기와 비수기가 있기에 한 달 살기에서는 여행지와 여행시기의 틀이 결정되어야 세부적인 예산을 정할 수 있다.

한 달 살기를 선정할 때 유럽 국가 중에서 대부분은 안전하고 볼거리가 많은 도시를 선택한다. 예산을 고려하면 항공권 비용과 숙소, 생활비가 크게 부담이 되지 않는 동유럽의 폴란드, 체코, 헝가리 부다페스트 등이다.

한 달 살기의 예산정하기

누구나 여행을 하면 예산이 가장 중요하지만 한 달 살기는 오랜 기간을 여행하는 거라 특히 예산의 사용이 중요하다. 돈이 있어야 장기간 문제가 없이 먹고 자고 한 달 살기를 할 수 있기 때문이다.

한 달 살기는 한 달 동안 한 장소에서 체류하므로 자신이 가진 적정한 예산을 확인하고, 그 예산 안에서 숙소와 한 달 동안의 의식주를 해결해야 한다. 여행의 목적이 정해지면 여행을 할 예산을 결정하는 것은 의외로 어렵지 않다. 또한 여행에서는 항상 변수가 존재하므로 반드시 비상금도 따로 준비를 해 두어야 만약의 상황에 대비를 할 수 있다. 대부분의 사람들이 한 달 살기 이후의 삶도 있기에 자신이 가지고 있는 예산을 초과해서 무리한 계획을 세우지 않는 것이 중요하다.

잠 못 드는 밤~~~

하루를 마칠 수 있는 어둠이 얼마나 소중한지 알게 되었어요.

맛있는 음식도 매일 먹으면 지겹고 사랑도 때로는 지겨울 때가 있습니다.

사랑이 소중하다는 사실은 사랑이 떠나간 후 알게 되어 울고 있네요.

말로 아무리 이야기해도 직접 느끼지 않으면

알 수 없는 게 인생이 아닐까요?

한 달 살기는 삶의 미니멀리즘이다.

요즈음 한 달 살기가 늘어나면서 뜨는 여행의 방식이 아니라 하나의 여행 트렌드로 자리를 잡고 있다. 한 달 살기는 다시 말해 장기여행을 한 도시에서 머물면서 새로운 곳에서 삶을 살아보는 것이다. 삶에 지치거나 지루해지고 권태로울 때 새로운 곳에서 쉽게 다시 삶을 살아보는 것이다. 즉 지금까지의 인생을 돌아보면서 작게 자신을 돌아보고 한 달 후 일상으로 돌아와 인생을 잘 살아보려는 행동의 방식일 수 있다.

삶을 작게 만들어 새로 살아보고 일상에서 필요한 것도 한 달만 살기 위해 짐을 줄여야 하며, 새로운 곳에서 새로운 사람들과의 만남을 통해서 작게나마 자신을 돌아보는 미니멀리즘인 곳이다. 집 안의 불필요한 짐을 줄이고 단조롭게 만드는 미니멀리즘이 여행으로 들어와 새로운 여행이 아닌 작은 삶을 떼어내 새로운 장소로 옮겨와 살아보면서 현재 익숙해진 삶을 돌아보게 된다.

 다른 사람들과 만나고 새로운 일상이 펼쳐지면서 새로운 일들이 생겨나고 새로운 일들은 예전과 다르게 어떻다는 생각을 하게 되면 왜 그때는 그렇게 행동을 했을 지 생각을 해보게 된다. 한 달 살기에서는 일을 하지 않으니 자신을 새로운 삶에서 생각해보는 시간이 늘어나게 된다.

새로운 음식도 매일 먹어야 하므로 내가 매일 먹는 음식과 크게 동떨어지기보다 비슷한 곳이 편안하다. 또한 원하는 음식들을 쉽고 간편하게 먹을 수 있는 곳이 더 선호될 수 있다.

삶을 단조롭게 살아가기 위해서 바쁘게 돌아가는 대도시보다 소도시를 선호하게 되고 현대적인 도시보다는 옛 정취가 남아있는 그늘한 분위기의 도시를 선호하게 된다. 그러면서도 쉽게 맛있는 음식을 다양하게 먹을 수 있는 식도락이 있는 도시를 선호하게 된다.
그렇게 한 달 살기에서 가장 핫하게 선택된 도시는 제주도가 생각나게 된다.

경험의 시대

소유보다 경험이 중요해졌다. '라이프 스트리머Life Streamer'라고 하여 인생도 그렇게 산다. 스트리밍 할 수 있는 나의 경험이 중요하다. 삶의 가치를 소유에 두는 것이 아니라 경험에 두기 때문이다.

예전의 여행은 한번 나가서 누구에게 자랑하는 도구 중의 하나였다. 그런데 세상은 바뀌어 원하기만 하면 누구나 여행을 떠날 수 있는 세상이 되었다. 여행도 풍요 속에서 어디를 갈지 고를 것인가가 굉장히 중요한 세상이 되었다. 나의 선택이 중요해지고 내가 어떤 가치관을 가지고 여행을 떠나느냐가 중요해졌다.

개개인의 욕구를 충족시켜주기 위해서는 개개인을 위한 맞춤형 기술이 주가 되고, 사람들은 개개인에게 최적화된 형태로 첨단기술과 개인이 하고 싶은 경험이 연결될 것이다. 경험에서 가장 하고 싶어 하는 것은 여행이다. 그러므로 여행을 도와주는 각종 여행의 기술과 정보가 늘어나고 생활화 될 것이다.

세상을 둘러싼 이야기, 공간, 느낌, 경험, 당신이 여행하는 곳에 관한 경험을 제공한다. 당신이 여행지를 돌아다닐 때 자신이 아는 것들에 대한 것만 보이는 경향이 있다. 그런데 가

끔씩 새로운 것들이 보이기 시작한다. 이때부터 내 안의 호기심이 발동되면서 나 안의 호기심을 발산시키면서 여행이 재미있고 다시 일상으로 돌아올 나를 달라지게 만든다. 나를 찾아가는 공간이 바뀌면 내가 달라진다. 내가 새로운 공간에 적응해야 하기 때문이다. 여행은 새로운 공간으로 나를 이동하여 새로운 경험을 느끼게 해준다. 그러면서 우연한 만남을 기대하게 하는 만들어주는 것이 여행이다.

당신이 만약 여행지를 가면 현지인들을 볼 수 있고 단지 보는 것만으로도 그들의 취향이 당신의 취향과 같을지 다를지를 생각할 수 있다. 세계는 서로 조화되고 당신이 그걸 봤을 때 "나는 이곳을 여행하고 싶어 아니면 다른 여행지를 가고 싶어"라고 생각할 수 있다. 여행지에 가면 세상을 알고 싶고 이야기를 알고 싶은 유혹에 빠지는 마음이 더 강해진다. 우리는 적절한 때에 적절한 여행지를 가서 볼 필요가 있다. 만약 적절한 시기에 적절한 여행지를 만난다면 사람의 인생이 달라질 수도 있다.

여행지에서는 누구든 세상에 깊이 빠져들게 될 것이다. 전 세계 모든 여행지는 사람과 문화를 공유하는 기능이 있다. 누구나 여행지를 갈 수 있다. 막을 수가 없다. 누구나 와서 어떤 여행지든 느끼고 갈 수 있다는 것, 여행하고 나서 자신의 생각을 바꿀 수 있다는 것이 중요하다. 그래서 여행은 건강하게 살아가도록 유지하는 데 필수적이다. 여행지는 여행자에게 나눠주는 로컬만의 문화가 핵심이다.

동남아시아 한 달 살기 잘하는 방법

1. 도착하면 관광안내소(Information Center)를 가자.

어느 도시가 되도 도착하면 해당 도시
의 지도를 얻기 위해 관광안내소를 찾
는 것이 좋다.

환전소를 잘 몰라도 문의하면 친절하
게 알려준다. 방문기간에 이벤트나 변
화, 각종 할인쿠폰이 관광안내소에 비
치되어 있을 수 있다.

2. 심(Sim)카드나 무제한 데이터를 활용하자.

공항에서 시내로 이동을 할 때 자신의 위치를 알고 이동하는 것이 편리하다. 자신이 예약
한 숙소를 찾아가는 경우에도 구글맵이 있으면 쉽게 숙소도 찾을 수 있어서 스마트폰의 필
요한 정보를 활용하려면 데이터가 필요하다. 동유럽의 각 나라에서 심카드를 사용하는 것
은 매우 쉽다.
심카드를 사용하는 방법은 쉽다. 매장에 가서 스마트폰을 보여주고 사용하려고 하는 날짜
를 선택하면 매장의 직원이 알아서 다 갈아 끼우고 문자도 확인하여 이상이 없으면 돈을
받는다.

3. 해당 국가의 화폐로 환전해야 한다.

태국의 치앙마이, 인도네시아의 발리, 베트남의 호이안 등의 한 달 살기를 위해 이동하는 국가들이 동남아시아 국가라면 대한민국에서 달러로 환전하여 해당 국가에서 다시 태국의 '바트', 인도네시아의 '루피아', 베트남의 '동'으로 환전하는 것이 유리하다.

4. 숙소까지 이동하는 정보를 알고 출발하자.

한 달 살기를 위해 도착하는 도시에서 최소 3~5일의 숙소에 대한 예약을 하고 출발해야 한다. 그렇게 해당 도시에 도착하면 유럽은 버스를 타고 이동하는 경우가 많지만 짐이 많다면 택시를 이용하는 것을 추천한다. 그런데 동남아시아의 대부분의 한 달 살기 도시들은 택시나 차량공유 서비스인 그랩^{Grab}인도네시아는 고젝$^{Go\ Jek}$을 이용해 숙소까지 이동하는 것이 좋다.

동남아시아 한 달 살기 비용

동남아시아는 한 달 살기로 가장 인기를 끄는 곳으로 유럽에 비하면 물가가 매우 저렴하다. 물론 저렴하기는 하지만 '너무 싸다'는 생각은 금물이다. 저렴하다는 생각만으로 한 달 살기를 왔다면 동남아시아에서의 한 달 동안 실망할 가능성이 높다.

여행을 계획하고 실행에 옮기면 가장 많이 돈이 들어가는 부분은 항공권과 숙소비용이다. 또한 여행기간 동안 사용할 식비와 뚜뚜이나 그랩Grab 같은 차량공유서비스로 사용하는 시내교통의 비용이 가장 많다. 동남아시아에서 한 달 살기를 많이 하는 도시는 태국의 치앙마이, 방콕, 끄라비, 인도네시아의 발리, 베트남의 호이안, 라오스의 루앙프라방 등으로 이 도시들을 기반으로 한 달 살기의 비용을 파악했다.

항목	내용	경비
항공권	동남아시아로 이동하는 항공권이 필요하다. 항공사, 조건, 시기에 따라 다양한 가격이 나온다. 동남아시아 중에서는 베트남이 가장 가깝고 노선이 많아서 저렴하고 인도네시아가 가장 거리가 멀어서 항공비용이 비싸다.	약 29~100만 원
숙소	한 달 살기는 대부분 콘도나 아파트 같은 혼자서 지낼 수 있는 숙소가 필요하다. 숙소들을 부킹닷컴이나 에어비앤비 등의 사이트에서 찾을 수 있지만 현지에서 찾으면 더 저렴하고 직접 보고 찾을 수 있어서 확실하다.	한 달 약 250,000~ 1,300,000원
식비	아파트나 콘도 같은 숙소를 이용하려는 이유는 식사를 숙소에서 만들어 먹으려는 하기 때문이다. 대형마트나 현지의 로컬시장에서 장을 보면 물가는 저렴하다는 것을 알 수 있다. 외식물가는 나라마다 다르지만 대한민국 음식은 조금 저렴한 편이다.	한 달 약 300,000~700,000원
교통비	동남아시아의 각 도시들은 시내교통이 서울처럼 편리하지 않다. 대부분 뚜뚜이나 그랩Grab 같은 차량공유서비스를 많이 이용하고 있다. 또한 주말에 근교를 여행하려면 추가 교통비가 필요하다. 물론 오토바이를 이용하면 더 저렴하게 이용할 수 있지만 장기간 머무르지 않는다면 추천하지 않는다.	교통비 50,000~200,000원
TOTAL		100~170만 원

한 달 살기를 잘 하는 방법은 있을까요? 라고들 물어봅니다.
하지만 어떻게 방법이 있을 수 있겠어요!
다만 자신만의 방법으로 한 달 살기에 대해 이야기를 나눕니다.
자신이 원하는 방식으로 한 달을 지내보세요.
결국 자신의 이야기를 쓰면 됩니다.

한 달 살기에
꼭 필요한
INFO

한 달 살기 밑그림 그리기

여행을 넘어 한 달 살기를 떠나고 싶어 준비를 하려는 장기여행자가 많아지고 있다. 여행이 일반화되기도 했지만 아직도 여행을 두려워하는 분들이 많다. 한 달 살기도 가까운 동남아시아에서 시작해 유럽의 한 달 살기도 급증하고 있다. 몇 년 전부터 늘어난 이탈리아의 베로나, 스페인의 세비야, 그라나다, 체코의 프라하를 비롯해 크로아티아의 자다르를 지나 헝가리 부다페스트로 눈길을 돌리고 있다. 그러나 어떻게 한 달 살기를 해야 할지부터 걱정을 하게 된다. 아직 정확한 자료가 부족하기 때문이다. 지금부터 한 달 살기를 쉽게 떠날 수 있도록 한눈에 정리해보자. 한 달 살기준비는 절대 어렵지 않다. 단지 귀찮아 하지만 않으면 된다. 평소에 원하는 한 달 살기를 떠나기로 결정했다면, 준비를 꼼꼼하게 하는 것이 중요하다.

일단 관심이 있는 도시를 결정하고 항공권부터 알아보고, 자신의 한 달 살기 일정을 짜야 한다. 먼저 어떻게 여행을 할지부터 결정해야 한다. 아무것도 모르겠고 준비를 하기 싫다면 가까운 동남아시아의 치앙마이로 가는 것이 좋다. 치앙마이에는 상당히 많은 한 달 살기를 원하는 사람들을 위해 도움을 받기 쉽기 때문이다. 한 달 살기라고 이것저것 많은 것을 보려고 하는 데 힘만 들고 남는 게 없을 수 있다. 한 달 살기는 보는 것보다 느끼고 장기간 도시에 머무르면서 잊지 못할 추억을 만드는 것이 더 중요하다.

다음을 보고 전체적인 여행의 밑그림을 그려보자.

1	한 달 살기 도시는? (여행의 형태 결정)	7	얼마나 쓸까? (여행경비 산출하기)
2	나의 가능한 한 달 살기, 비용은? (여행 기간 & 예산 짜기)	8	현지어를 알면 편리한데? (간단한 언어 익히기)
3	항공권부터 알아보자. (항공권티켓 /성수기여행은 빨리 구입)	9	유로? 달러는 사용 불가능? (환전하기)
4	장기간 머무를 숙박부터 알아보자! (숙소의 예약가능 확인)	10	왜 이리 필요한 게 많지? (여행가방싸기)
5	보고 싶고 먹고 싶은 게 많아요? (여행지 정보 수집)	11	11. 인천공항으로 이동
6	도시에서 하고 싶은 리스트는 필수! (여행 일정 짜기)	12	12. 드디어 여행지로 출발!

결정을 했으면 일단 항공권을 구하는 것이 가장 중요하다. 전체 한 달 살기 경비에서 항공료와 숙박이 차지하는 비중이 가장 크지만 너무 몰라서 낭패를 보는 경우가 많다. 평일이 저렴하고 주말은 비쌀 수밖에 없다. 항공료, 숙박, 현지경비 등 사전에 확인을 하고 출발하는 것이 문제를 발생시키지 않는 방법이다.

한 달 살기 유럽 VS 동남아시아

한 달 살기는 아직 이동 시간이 짧고 저렴한 물가로 인해 동남아시아로 떠나는 여행자가 더 많다. 유럽은 비싸다고 하는 선입견 때문에 한 달 살기로 떠나는 것을 주저하는 경우도 많다. 하지만 동유럽이나 조지아, 포르투갈, 스페인 남부 등의 국가는 동남아보다 약간 비싼 수준 정도이다. 그래서 미리 선입견으로 도시를 정하지 말고 한 달 살기를 하면 좋을 것 같다. 유럽은 이국적인 정취로 한 달 살기를 지내는 시간이 동남아시아보다 수월한 장점이 있다.

중요한 물가

한 달 살기에서 가장 중요한 결정을 짓는 요소는 직접적으로 '돈Money'이다. 체류기간이 1달 이나 되는 긴 시간이기 때문에 한 달 살기 비용은 꽤 비싸다는 인식이 있다. 장바구니 물가, 항공비용, 숙소비용이 적정선을 유지해야 한다.

동남아시아가 유럽보다 저렴하다고 생각할 수 있는 것은 가까운 거리이므로 항공비가 상대적으로 저렴하고, 동남아시아의 숙소도 유럽보다 저렴하게 구하기가 쉬울 수 있다. 동남아시아의 치앙마이는 30~50만 원대의 숙소가 쉽게 찾을 수 있는데, 유럽의 도시들은 50만원대의 숙소는 찾기가

어렵다. 저렴한 조지아의 트빌리시를 빼고, 포르투갈의 리스본도 50만 원 이상이다. 그러나 폴란드의 크라쿠프, 헝가리의 부다페스트 등의 아파트 같은 숙소는 40~60만 원대로 구할 수 있다. 동남아시아보다 조금 비싸다고 할 수 있지만 의외로 숙소비용이 비싸지 않음으로 미리 주저할 필요는 없다.

동남아시아도 마음에 드는 아파트나 콘도 등의 숙소가 저렴한 곳은 저렴한 이유가 있다. 숙소를 찾기 위해서는 미리 확인할 사항이 있다. 대형마트의 장바구니 물가는 유럽이나 동남아시아나 차이가 별로 없다. 동남아시아는 무조건 마트의 상품들도 저렴하다고 생각할 수 있지만 수입하는 제품들은 동남아시아 국가에서 대한민국보다 비싸기도 하다. 시장이 마트보다 저렴하므로 1주일에 한 번 정도는 시장에서 필요한 먹거리를 구입하라고 추천한다.

▨ 안전

어느 도시에서 한 달 살기를 해도 돈보다 중요한 것은 치안일 것이다. 대부분의 한 달 살기 성지로 인기를 끄는 도시들은 안전한 도시들이 많다.

도시가 안전해도 숙소 근처가 구석진 장소에 있어서 밤에 어둡고 찾기가 힘들다면 숙소에서 나가기가 힘들어 감옥 같은 곳으로 변할 수도 있다. 밤에 환하게 켜져 있는 가로등이나 인근의 상점(편의점)이 몇 시까지 영업하는 지도 중요하다

▨ 인터넷

현대 여행에서 인터넷이 어느 정도로 빠르게 사용할 수 있느냐가 중요하다. 숙소에서 저녁 이후로 SNS의 사용이 많아서 인터넷이 빠른지 확인하고, 인터넷 사용료가 따로 청구되는 지 확인할 필요가 있다. 유럽 국가들이 동남아시아보다 인터넷 속도가 느린 경우가 많음으로 유럽의 숙소는 사전에 인터넷이 느린지 빠른지 리뷰를 보고 확인하도록 하자.

▨ 인근의 레스토랑이나 한인 마트

동남아시아에서 한 달 살기를 하면 대한민국의 라면이나 고추장, 간장 등을 구하는 것은 어렵지 않다. 그런데 유럽이라면 이야기가 달라진다. 동유럽의 많은 도시는 아직도 한인 마트가 없는 경우가 대부분이라 사전에 필요한 한식 재료는 가지고 가는 것이 좋다. 하지만 인근에 한인 마트가 없다면 아시아 마트를 찾아서 쌀이나 식자재를 구하는 것이 필요하다.

인근의 카페나 레스토랑도 추가로 확인하여 저렴하게 즐길 수 있는 나만의 아지트 같은 곳이 한 달 살기에서 마음이 우울할 때 감정을 조절할 수 있는 장소가 된다. 자주 가는 카페나 레스토랑에서 단골이 되어 직원이나 주인과 이야기하면서 친구를 사귈 수 있기 때문이다. 그렇게 친구를 사귀기 쉬운 곳은 유럽보다는 동남아시아가 더 좋다. K-POP이 인기를 끌고 있는 동남아시아는 한국인에 대해 우호적이기 때문이다.

■ 다양한 클래스, 전시회

동남아시아는 박물관이나 미술관이 적어서 방문하는 경우는 드물다. 상대적으로 유럽은 다양한 전시회가 많고 박물관에서 볼 것들이 풍부하다. 그에 반해 동남아시아는 쿠킹 클래스나 요가 클래스가 많다. 또한 어학을 배우는 학원들의 비용이 유럽보다 훨씬 저렴하기 때문에 한 달 살기가 많은 도시들은 다양한 클래스나 전시회, 박물관을 사전에 확인하고 출발하는 것이 한 달 살기 동안 재미있는 시간을 보내게 된다.

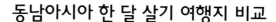

동남아시아 한 달 살기 여행지 비교

동남아시아에서 한 달 살기의 성지로 누구나 생각하는 대표적인 곳은 태국의 치앙마이와 인도네시아의 발리이다. 치앙마이Chiangmai가 태국 북부의 내륙의 고산지대에 위치해 선선한 기온과 자연 속에서 지낼 수 있다. 이와 반대로 인도네시아의 발리Bali는 섬이라는 특징에 맞는 바다의 다양한 해양 스포츠와 우붓Ubud이라는 내륙의 자연에서 즐기는 다양한 즐길 거리가 많다는 장점이 있다.

더욱 깨끗한 도시 분위기와 시설을 즐기면서 머물고 싶은 한 달 살기를 위한 곳으로 미국령 괌에서 지냈지만 최근에는 말레이시아의 신도시로 만들어지는 조호바루가 부상하고 있다.

▨ 치앙마이(90일 무비자)

대한민국의 한 달 살기를 트렌드로 이끈, 치앙마이는 태국 북부의 이국적인 분위기와 저렴한 물가로 사랑을 받는 대표적인 도시이다. 치앙마이는 태국 북부 고산지대에 위치하여 다른 지역에 비해 쾌적한 날씨를 자랑한다. 뿐만 아니라, 물가가 저렴하여 비교적 적은 예산으로 숙소와 매일 먹는 식사까지 해결이 가능한 장점이 있다.

태국 커피 문화의 중심지로 주목 받고 있는 치앙마이에는 다양한 분위기의 카페들이 곳곳에 위치해 있다. 또한 대부분의 카페에서 빠른 와이파이를 제공하고 있으므로 디지털 노마드들이 더욱 편리하게 지낼 수 있다.

발리(30일 무비자)

치앙마이가 인도차이나 반도의 내륙에 위치해
있어서 바다 근처에서 지내고 싶은 한 달 살기
여행자들은 바다와 내륙의 자연 속에서 휴식
을 만끽할 수 있는 인도네시아 발리는 정반대
의 한 달 살기 성지이다.

인기 있는 신혼 여행지로 손꼽히는 발리이지
만 최근에는 한 달 살기의 성지로 다시 인기를
끌고 있다. 유럽의 여행자들이 오랜 시간 동안

지내는 발리의 우붓은 다른 곳에 비해 현지인들의 삶이 비교적 잘 보존되어 있고 저렴한
숙소로 인기를 끌고 있다.

발리는 해양스포츠의 천국답게 서핑하기 좋은 장소들이 많다. 꾸따와 레기안 비치에서는
초급자들이 서핑을 배우고 누사두아 비치에서는 중급 이상의 서퍼들이 즐긴다. 다양한 레
벨의 서핑클래스가 열리고 서퍼들이 오랜 기간 동안 머물기 때문에 누구나 쉽게 배울 수
있다. 요가는 우붓에서 많은 서양인들이 배우는 다양한 클래스가 열리므로 1달 동안 새로
운 즐거움을 찾을 수 있다.

발리는 30일 동안 무비자 체류가 가능하여 한 달 살기를 계획하고 있다면 따로 비자를 발
급받지 않아도 되지만 30일 초과 시 벌금이 부과되어 치앙마이와 비교가 된다. 한 달 이상
머무를 계획이라면 관광 비자를 만들어야 한다는 점을 참고해야 한다.

조호 바루(Johor Bahru)

말레이시아의 남부에 있는 조호 바루^{Johor Bahru}
는 최근 2~3년 동안 인기를 끌고 있다. 새로운
신도시가 만들어진 조호 바루Johor Bahru에는
말레이시아가 2035년까지 새로운 도시를 만들
겠다는 장기 비전으로 이끌어가고 있다. 게다
가 중진국인 말레이시아에서 저렴하게 대한민

국과 비슷한 시설을 가지고 있는 것이 다른 도시와 차이가 있다. 깨끗하게 만들어진 콘도
와 집들이 즐비하고 다양한 해양스포츠와 골프와 테니스 등의 스포츠를 배울 수 있다. 근
처에는 싱가포르가 있어서 주말에 놀러가는 재미도 있다.

다양한 국제학교가 개교를 하면서 자녀와 함께 저렴하게 지내고 싶은 부모들이 괌을 대신
하는 대안으로 찾고 있다. 새로 지은 콘도와 집들이 대규모로 지어지고 있어서 좋은 시설
을 저렴하게 찾을 수 있는 장점이 있다.

괌(Guam) 45일 무비자 / ESTA 90일 무비자

에메랄드 빛 바다와 맑은 하늘을 만끽할 수 있는 미국령 괌은 섬이다. 곳곳에 아름다운 해
변이 있어 카약킹, 스노쿨링 등 다양한 해양 스포츠를 즐기며 휴식을 취할 수 있다. 영어
를 사용하는 지역이기 때문에 영어 공부를 위해 자녀와 한 달 간 지내기도 한다.
괌은 북동무역풍이 불어 인근 섬에서 오는 쓰레기들이 쌓이는 것을 방지해 준다. 발리만
해도 겨울에는 서쪽이 비치로 많은 쓰레기들이 해안을 점령하고 있는 것을 볼 수 있지만
괌은 다르다. 세계에서 가장 공기가 좋은 곳 중 하나로 손꼽힌다.

끄라비(Krabi)

끄라비는 유럽의 장기 여행자들이 가장 좋아하는 도시 중에 하나이다. 에메랄드 빛 바다와 이국적인 풍경을 다른 곳에서는 쉽게 볼 수 없다. 옛 인류들이 살았던 동굴, 불교와 이슬람의 문화가 혼재되어 있어 색다른 문화를 느껴볼 수 있다. 또한 여러 문화가 혼합되어 있는 만큼, 즐길 수 있는 먹거리도 다양하다.

태국의 전통 먹거리부터 이슬람 음식, 다양한 문화의 음식 등을 다양하게 즐겨볼 수 있다. 여유롭게 프라낭 해변에서 조용히 살아보는 것도 한 달 살기의 색다른 묘미일 것이다.

호이안(Hoi An)

오랜 전통을 살리는 노란 색 골목에 개성이 가득한 골목골목마다 착하고 순한 호이안 사람들과 관광객이 어울린다. 베트남의 다른 도시에서는 못 보는 호이안Hoi An의 장면들은 베트남다운 도시로 손꼽힌다. 호이안Hoi An은 17~19세기에 걸쳐 동남아시아에서 가장 중요한 항구 중 하나였던 곳이다. 이런 옛 분위기가 한 달 살기를 하는 장기여행자가 가장 좋아하는 것이다. 호이안의 일부분은 100년 전이나 지금이나 같은 모습을 보여주고 있다. 호이안Hoi An은 베트남 중부에서 중국인들이 처음으로 정착한 도시이기도 하다.

유네스코 세계 문화유산으로 등재된 호이안Hoi An의 유서 깊은 올드 타운에서 쇼핑을 즐기고 문화 유적지를 둘러보며 강변에 자리한 레스토랑에서 저녁식사를 즐기면서 옛 시절로 떠나는 경험을 할 수 있다. 호이안Hoi An의 아주 오래된 심장부로 여행을 떠난다. 좁은 도로를 거닐다가 사원과 유서 깊은 주택을 방문하고, 다양한 전통 음식을 맛봐도 좋다.

한 달 살기 무엇을 준비할까?

한 달 살기는 생각보다 긴 시간이다. 2~3일은 그냥 아무것도 안 하고 쉴 수도 있지만 그 이후에는 마냥 먹고 쉬는 것도 쉽지 않다. 그래서 한 달 살기를 하려는 도시는 휴양뿐 아니라 다양한 액티비티, 아름다운 풍경(자연, 건축물 등)가 중요하다. 또한 저렴한 물가로 상대적인 부담이 적어야 매력적인 한 달 살기 장소가 된다.

그래서 한 달 살기로 유명한 발리나, 치앙마이, 호이안, 프라하, 트빌리시, 세비야, 크라쿠프 등은 실제로 친절하고 다정한 사람들, 어느 곳과 견주어도 손색없는 천혜의 자연환경이나 감탄할만한 건축물, 이색적이고 맛있는 음식들, 저렴한 물가가 생각나는 도시이다. 게다가 감성이 넘치다 못해 카페와 레스토랑에서 슬로우 라이프를 즐길 수 있는 천국 같은 곳이다.

■ 나를 찾아 떠나다.

무엇보다도 내일을 위해 열심히 달렸던 자신에게 인생은 어느 정도 즐겨야 한다는 것을 다시 깨닫게 해주었다. 마음속에 숨어있던, 내가 그동안 지나쳤던 생각들이 스물 스물 머리속에서 자연스럽게 튀어나왔다. 나와 관련된 사람들이나 환경들이 소중했고 감사했다.

한 달 살기에서 더욱 추억에 남을 수 있는 것은 현지인들과 교감을 나누는 것이다. 현지의 사람들과 소소한 행복을 느끼며 현지문화를 경험하고 나를 휘감은 시선 속에서 벗어나 오직 나만을 생각하며, 자유를 느끼고 싶은 사람들에게 한 달 살기를 추천할 만하다.

■ 한 달 살기 예산 짜기

전 세계 어느 나라, 어느 도시나 마찬가지겠지만 한 달 살기 예산이 어느 정도인지 미리 예상해보는 것이 중요하다. 물가는 같은 도시여도 천차만별이라 숙소, 먹거리, 쇼핑 등 개인차에 따라 다르게 된다. 한 달 살기 동안 필요한 예산을 개인의 소비형태나 숙소타입에 따라 적정하게 정하는 것이 좋다.

1. 항공권

어디를 가든 항공은 경유와 직항이 있다. 경유를 하는 항공은 저렴하지만 동남아시아 국가는 저가항공인 에어아시아, 비엣젯, 뱀부 항공 등이 있고, 직항에는 대한항공, 아시아나 항공이 있다. 동남아시아는 베트남이나 치앙마이가 4시간 30분에서 인도네시아 발리의 7시간까지 소요된다. 유럽으로 이동하려면 저가항공은 경유를 이용하면 항공비용을 많이 줄일 수 있다.

대략 직항이 12시간이지만 경유를 하면 20시간까지 이동시간이 길어진다.

동남아시아 항공권을 구매할 때 평균적인 금액은 30(베트남)~90(발리)만 원 사이로 형성되어 있다. 유럽도 60~150까지 천차만별이다. 가을에 이동하는 유럽항공권은 40~50만 원대도 가끔씩 구할 수 있다. 항공권 가격은 시기에 따라 차이가 크고, 성수기, 명절 때는 최고 가격이지만 한 달 살기를 위해 미리 예약한다면 항공비용을 줄일 수 있을 것이다. 일정이 정해진다면 빨리 항공권을 구매하는 것이 좋다.

2. 식비

동남아시아에서 현지 음식은 보통 1,000 - 4,000원정도면 충분하다. 그렇지만 유명 맛집은 10,000~30,000원정도이다. 상대적으로 저렴하다고 느끼지 못하게 된다. 그러므로 동남아시아라고 무조건 저렴하다는 인식은 없어야 한다. 유럽에서도 상대적으로 물가가 비싼 북유럽이 아니라면 동유럽과 포르투갈은 상대적으로 물가가 저렴한 편이다. 유럽의 물가가 비싸도 마트에서 장을 봐와서 숙소에서 요리해 먹는다면 식비는 동남아시아와 차이를 느끼지 못할 정도이므로 개인적으로 어떻게 식비를 사용하는지에 따라 다르다.

3. 숙소

숙소를 구할 때 싸고 좋은 집을 이야기하지만 싸고 좋은 집은 없다. 집의 렌트 비용이 저렴하면 저렴한 이유가 있고, 비싸다면 비싼 이유가 있다. 자신의 숙소비용이 저렴하게 얼마부터 비싼 가격으로 어디까지는 내가 감당할 수 있을지 사전에 결정하고 머물 숙소를 결정해야 한다. 치앙마이나 발리, 호이안 같은 동남아시아는 상대적으로 정보가 많아서 숙소에 대해 사전에 검색으로 주소와 전화번호 등을 미리 확인해 둘 수 있지만 유럽은 사전에 숙소를 구하기가 쉽지 않다. 에어비앤비로 몇 개의 숙소를 알아두고 찾아보는 것도 좋은 방법이다.

필자의 Tip

1. 주로 2~3일을 유스호스텔로 구하고 첫날에 호스텔 직원과 이야기를 하면서 대략의 감을 잡는다.
2. 현지에서 숙소를 구하는 홈페이지를 알아놓고 검색하여 몇 개를 결정하고 나서 다시 직원에게 물어본다.
3. 직원은 좋고 나쁜지를 알려주면 다시 결정을 하고 전화를 걸어 직접 방문하였다.
4. 영어나 현지 언어로 이야기하기 힘든 경우에도 호스텔 직원이 전화로 통화를 미리 하고 찾아가면 편리하다.

주의사항

1. 사진은 화려하다?

숙소는 게스트하우스, 풀 빌라, 에어비앤비, 홈스테이, 호텔 리조트 등으로 다양한데 한 달 살기를 할 경우 에어비앤비나 홈스테이를 추천한다는 것이 대부분의 한 달 살기 정보이다. 그러나 이렇게 단순하게 생각한다면 문제가 발생하는 경우가 많다. 숙소는 처음부터 미리 숙소를 1달 동안 예약하고 가면 안 된다. 사진으로 보는 것과 직접 보고 머무는 것은 차이가 크다.

2. 원하는 숙소

처음에는 2~3일의 숙소를 예약하고 가서, 현지의 집을 렌트해주는 홈페이지에서 보고 직접 보고 결정하는 것이 안전하다. 특히 치앙마이에는 다양한 콘도가 있고 물이 잘 나오는지, 친절한 경비가 있는지 등 다양하게 파악해야 한다.

3. 집을 구입한다고 생각하고 알아보자.

한마디로 새로운 집을 보고 들어가서 산다고 생각하면 무엇을 알아봐야 하는 지 알 수 있다. 집 내부도 중요하지만 집이 있는 동네의 환경, 집 주인, 콘도나 아파트라면 경비가 친절한 지, 옆 집은 시끄럽지는 않은 지 등등 봐야할 것들이 많다.

4. 에어비앤비는 상대적으로 비싸다.

에어비앤비 사이트를 통해 미리 금액을 알아볼 수도 있지만 현지에서 직접 주인과 가격 협의를 할 때와 가격의 차이가 발생하는 것이 대부분이다.

인터넷과 심카드

현지에서는 현지 유심을 사서 이용한다. 숙소 중에는 현지 인터넷이 숙소비용에 포함된 경우도 있지만 안 되어 있기도 하다. 그런데 인터넷 설치를 예약하고 설치까지 유럽은 상당한 시간이 소요된다. 그래서 사전에 인터넷이 있어야 편리하지만 동남아시아의 콘도나 아파트는 인터넷을 추가비용을 내고 설치해야 하는 경우에 추가비용이 발생한다.

심^{Sim}카드는 공항에 도착하자마자 심^{Sim}카드의 1달 정도 사용하겠다고 이야기를 하면 심^{Sim}카드 판매하는 직원이 추천을 해준다. 이 중에서 구입하여 사용하면 된다. 유심 가격은 상점마다 다르지만 동네마다 있는 상점에서 구입하는 것이 가장 저렴하다. 그렇지만 심^{Sim}카드 없이 숙소를 찾거나 전화를 하기가 힘들어서 공항에서 구입하는 것을 추천한다. 유럽은 공항이나 시내의 가격차이가 없는 경우가 많아서 어디서 구입하든 상관없다.

대략적 예산

한 달 살기는 사전에 자신이 사용할 수 있는 대략적 예산을 정해 비용을 확인하고 출발해야 한다. 그래야 돌아와서 비용에 대해 통제가 가능하다. 통제가 불가능해져버리면 돌아와서 후회만 남은 한 달 살기로 변할 수 있으므로 반드시 확인하는 습관을 갖추도록 하자.

숙소	식비	교통비	통신비	기타(비상금 · 쇼핑)	총예상 금액
2~100만 원	40~60만 원	15~30만 원	2~5만 원	30~60만 원	100~200만 원

■ 사전 준비 사항

해외로 여행을 가기 위해서는 사전에 준비를 할 사항들이 있다. 더군다나 한 달 살기 같은 긴 기간의 여행은 확실하게 준비를 하는 것이 해외에서 발생하는 문제들에 대비할 수 있다.

환전

환전은 한국에서 유럽이 아니라면 50$, 100$ 짜리 지폐로 환전해가는 것이 좋다. 동남아시아는 현지에서 달러를 베트남의 동Dong이나 인도네시아의 루피아, 태국의 바트(B)로 환전하는 것이 환전률이 좋고, 100달러는 현지에서 가장 높은 환율로 바꿀 수 있다.

일부 금액은 어디든 곳곳에 ATM 기기가 많이 있기 때문에 현지에서 체크카드로 출금을 하는 것도 좋다. 간혹 체크카드가 복제되는 경우도 있다고 하지만 칩이 있는 경우에는 불가능하다. 대형 마트 주변이나 은행 주변에 있는 ATM기기는 안전한 편이다.

여행자 보험

여행을 가기 전 반드시! 들어야 하는 것이 여행자 보험이다. 아무 일 없을 것이고 다치지 않을 것이라는 생각은 착각. 언제, 어디서 무슨 일이 생길지 모르고 현지 병원비는 높은 편으로 작은 상처로 병원을 가더라도 치료비가 한화로 15~20만 원 정도 나온다. 물건을 잃어버렸을 경우에도 보험처리를 할 수 있기 때문에 여행 전에 공항에서라도 여행자보험을 꼭 들고 오자.

예방접종

유럽으로 한 달 살기를 하려면 예방접종이 필요하지 않다. 하지만 동남아시아에서 한 달 살기를 하기 위해서는 예방접종이 필요할 수 있다. 몸에 상처가 나거나 음식을 잘못 먹어 바이러스에 감염이 될 가능성이 있다. 그러나 성인이라면 큰 걱정이 불필요할 수도 있다. 반면에 자녀와 함께 떠난다면 사전에 파상풍, 장티푸스 등 해외여행 전, 필요한 예방접종을 하고 오면 더욱 안심하고 안전한 여행을 할 수 있다.

사전에 숙소 정보 구하기

한 달 살기를 준비할 때 가장 많이 고민되는 부분은 누가 뭐라고 해도 숙소이다. 아무래도 한 달 이상의 기간을 사는 것처럼 머물러야 한다는 점에서 단순히 숙소의 개념보다는 개인의 한 달 살기에 깊숙이 영향을 미칠 수 있다. 숙소는 큰 문제없이 '비 안 새고 잠만 잘 자면 된다.'라고 생각하면 상관없지만 오랜 기간을 머물러야 하는 숙소는 중요하다.

개념잡기

숙소 위치
숙소를 정하기 전에 도시의 중심에 머무를지, 외곽에서 집이나 아파트를 구할지부터 생각해보자. 한마디로 한 달 살기를 계획한 당신이 무엇을 하고 싶은지부터 생각을 시작해 보자. 도시의 구석구석을 탐방하고 싶은지, 바다나 자연의 풍경이 보이는 곳에서 아무것도 안하고 멍 때리거나 책을 읽는 것만으로 만족스러울지 결정해야 한다.

사전에 몇 개의 숙소 정보 구하기
한 달 살기를 할 도시를 결정하면 숙소의 비용이 어느 정도에 구할 수 있을 지와 이전에 머물렀던 리뷰(Review)를 보면서 사전에 확인할 사항과 비용을 확인하고 정보를 체크해야 한다. 그래야 비용이 생각하는 것보다 많이 차이가 없다. 비용의 차이가 크면 클수록 한 달 살기 처음부터 어렵게 시작하게 된다.

세부적으로 확인할 사항

■ 나의 여행스타일에 맞는 숙소형태를 결정하자.

지금 여행을 하면서 느끼는 숙소의 종류는 참으로 다양하다. 호텔, 민박, 호스텔, 게스트하우스가 대세를 이루던 2000년대 중반까지의 여행에서 최근에는 에어비앤비Airbnb나 부킹닷컴, 호텔스닷컴 등까지 더해지면서 한 달 살기를 하는 장기여행자를 위한 숙소의 폭이 넓어졌다.

숙박을 할 수 있는 도시로의 장기 여행자라면 에어비앤비Airbnb보다 더 저렴한 가격에 방이나 원룸(스튜디오)을 빌려서 거실과 주방을 나누어서 사용하기도 한다. 방학 시즌에 맞추게 되면 방학동안 해당 도시로 역으로 여행하는 현지 거주자들의 집을 1~2달 동안 빌려서 사용할 수도 있다. 그러므로 자신의 한 달 살기를 위한 스타일과 목적을 고려해 먼저 숙소형태를 결정하는 것이 좋다.
무조건 수영장이 딸린 콘도 같은 건물에 원룸으로 한 달 이상을 렌트하는 것만이 좋은 방법은 아니다. 혼자서 지내는 '나 홀로 여행'에 저렴한 배낭여행으로 한 달을 살겠다면 호스텔이나 게스트하우스에서 한 달 동안 지내는 것이 나을 수도 있다. 최근에는 아파트인데 혼자서 지내는 작은 원룸 형태의 아파트에 주방을 공유할 수 있는 곳을 예약하면 장기 투숙 할인도 받고 식비를 아낄 수 있도록 제공하는 곳도 생겨났다. 아이가 있는 가족이 여행하는 것이라면 안전을 최우선으로 장기할인 혜택을 주는 콘도를 선택하면 낫다.

■ 한 달 살기 도시를 선정하자.

어떤 숙소에서 지낼 지 결정했다면 한 달 살기 하고자 하는 근처와 도시의 관광지를 살펴
보는 것이 좋다. 자신의 취향을 고려하여 도시의 중심에서 머물지, 한가로운 외곽에서 머
물면서 대중교통을 이용해 이동할지 결정한다.

■ 숙소에 대한 이해

한 달 살기라면 숙소예약이 의외로 쉽지 않다. 짧은 자유여행이라면 숙소에 대한 선택권이 크지만 한 달 살기는 숙소 선택이 난감해질 때가 많다. 숙소의 전체적인 이해를 해보자.

1. 숙소의 위치
도시의 어느 곳에 숙소를 정해야 할지 고민하게 된다. 시내에 주요 관광지가 몰려있기 때문에 숙소의 위치가 도심에서 멀어지면 숙소의 비용이 저렴해도 교통비로 총 여행비용이 올라가게 될 수도 있다. 따라서 숙소의 위치가 중요하다. 그러나 도시의 중심지에 있는 숙소를 정하고 싶어도 숙박비를 생각해야 한다.
한 달 살기를 오는 사람들은 어디가 중심인지 파악이 쉽지 않다. 그래서 3~5일 정도의 숙소를 예약하고 나서 도착하여 숙소를 정하는 것도 좋은 방법이다. 시내에서 떨어져 있다면 도심과 숙소 사이를 이동하는 데 시간이 많이 소요되어 좋은 선택이 아니라고 생각한다.

2. 숙소예약 앱의 리뷰를 확인하라.
숙소는 몇 년 전만해도 호텔과 호스텔이 전부였다. 하지만 에어비앤비나 부킹닷컴 등을 이용한 아파트도 있고 다양한 숙박 예약 어플도 생겨났다. 가장 먼저 고려해야 하는 것은 자신의 여행비용이다. 항공권을 예약하고 남은 여행경비가 200만 원 정도라면 반드시 100만 원 이내의 숙소를 정해야 한다. 자신의 경비에서 숙박비는 50% 이내로 숙소를 확인해야 한 달 살기 동안 지내면서 돈 걱정 없이 지낼 수 있다.

3. 내부 사진을 꼭 확인

숙소의 비용은 우리나라보다 저렴하지만 시설이 좋지않은 경우가 많다. 오래된 건물에 들어선 숙소가 아니지만 관리가 잘못된 아파트(콘도)들이 의외로 많다. 반드시 룸 내부의 사진을 확인하고 선택하는 것이 좋다.

4. 에어비앤비나 부킹닷컴을 이용해 아파트를 이용

시내에서 얼마나 떨어져 있는지를 확인하고 숙소에 도착해 어떻게 주인과 만날 수 있는지 전화번호와 아파트에 도착할 수 있는 방법을 정확히 알고 출발해야 한다. 아파트에 도착했어도 주인과 만나지 못해 아파트(콘도)에 들어가지 못하고 1~2시간만 기다려도 화도 나고 기운도 빠지기 때문에 여행이 처음부터 쉽지 않아진다.

> **알아두면 좋은 동유럽 이용 팁(Tip)**
>
> **1. 미리 예약해도 싸지 않다.**
> 일정이 확정되고 아파트에서 머물겠다고 생각했다면 먼저 예약해야 한다. 여행일정에 임박해서 예약하면 같은 기간, 같은 객실이어도 비싼 가격으로 예약을 할 수 밖에 없다. 하지만 성수기가 아닌 비성수기라면 여행일정에 임박해서 숙소예약을 많이 하는 특성을 아는 숙박업소의 주인들이 일찍 예약한다고 미리 저렴하게 숙소를 내놓지는 않는다.
>
> **2. 후기를 참고하자.**
> 아파트의 선택이 고민스럽다면 숙박예약 사이트에 나온 후기를 잘 읽어본다. 특히 한국인은 까다로운 편이기에 후기도 적나라하게 평을 해놓는 편이라서 숙소의 장, 단점을 파악하기가 쉽다. 실제로 그곳에 머문 여행자의 후기에는 당해낼 수 없다.
>
> **3. 미리 예약해도 무료 취소기간을 확인해야 한다.**
> 미리 숙소를 예약하고 있다가 나의 한 달 살기 여행이 취소되든지, 다른 숙소로 바꾸고 싶을 때에 무료 취소가 아니면 환불 수수료를 내야 한다. 그러면 아무리 할인을 받고 저렴하게 숙소를 구해도 절대 저렴하지 않으니 미리 확인하는 습관을 가져야 한다.

숙소 예약 사이트

부킹닷컴(Booking.com)

에어비앤비와 같이 전 세계에서 가장 많이 이용하는 숙박 예약 사이트이다. 동유럽에도 많은 숙박이 올라와 있다.

Booking.com
부킹닷컴
www.booking.com

에어비앤비(Airbnb)

전 세계 사람들이 집주인이 되어 숙소를 올리고 여행자는 손님이 되어 자신에게 맞는 집을 골라 숙박을 해결한다. 어디를 가나 비슷한 호텔이 아닌 현지인의 집에서 숙박을 하도록 하여 여행자들이 선호하는 숙박 공유 서비스가 되었다.

airbnb
에어비앤비
www.airbnb.co.kr

■ 숙소 근처를 알아본다.

지도를 보면서 자신이 한 달 동안 있어야 할 지역의 위치를 파악해 본다. 관광지의 위치, 자신이 생활을 할 곳의 맛집이나 커피숍 등을 최소 몇 곳만이라도 알고 있는 것이 필요하다.

숙소 확인 사항

한 달 살기 동안 자신이 머무를 숙소는 아파트나 콘도, 게스트하우스나 홈스테이의 일부 공간, 집 전체 렌트 등으로 여러 가지 형태가 있다. 그런데 사전에 확인할 사항이 꼭 있다. 단순하게 집 내부가 예쁘다고 계약을 하게 되면 머무르면서 지내기가 힘들어지는 요소들이 있다.

관리비와 전기세, 수도세

콘도나 아파트에서 1달 이상으로 계약을 하면 숙소비용만 생각하지만 추가로 확인할 사항이 있다. 관리비와 전기세, 수도세를 확인해야 한다. 평균적으로 어느 정도의 비용이 1달 동안 청구되는 지 미리 물어보고 확인해야 한다. 반드시 사전에 사진을 찍어서 1달 후에 분쟁이 발생할 때 사진으로 확인해주면 쉽게 해결이 된다.

침구제공

동남아시아든 유럽이든 침구를 제공하는 지 제공하지 않는지 확인해주어야 한다. 동남아시아는 침구류를 제공해도 찝찝하다고 생각해 새로 구입하여 1달 동안 머무르는 여행자가 있다. 대형마트에서 침구류를 구입해도 저렴하기 때문에 부담이 적다. 그러나 유럽은 상대적으로 침구를 제공한다면 그대로 사용하는 경우가 많다. 그런데 침구류를 제공하지 않으면 새로 구입하는 데에 부담이 동남아시아보다 크다.

옷거리, 문 파손, 벽에 못 박힌 개수 확인하기

대한민국에서는 단기간 머무르는 숙소에서 확인하는 경우는 적지만 해외에서는 벽에 못이 박힌 개수를 확인해야 한다. 그 개수를 계약서에 적기도 하기 때문에 신중해야 한다. 추가적으로 못을 박는 경우는 거의 없지만 못이 떨어지는 경우에 1달 후에 추가비용을 청구하기도 한다. 옷거리가 숙소에 있다면 잃어버리거나 파손시키지 않는 것이 좋다. 파손이 되면 1달 후에 보증금에서 빼고 환급된다.

보증금 환급

단기간의 계약이므로 사전에 보증금을 요구하는 경우도 있다. 보증금이 있으면 1달의 비용이 줄어들고, 보증금이 없으면 1달 숙소비용이 많아진다. 보증금이 있는 이유는 1달 후에 숙소의 상태에 따라 보증금에서 빠지고 환급해 주기도 하기 때문이다. 숙소가 파손되었다면 보증금에서 환급되는 금액은 적어진다는 사실을 계약서에서 확인하자.

체크아웃을 정확하게 알려주어야 한다.

1달 정도의 기간을 숙소를 정하고 머무르기 때문에 체크아웃을 알려주어야 한다고 계약서에 명기하기도 한다. 3개월 이상을 머무르는 여행자는 계약이 체크아웃을 알려주는 기간이 2주 전인지, 3주 전인지가 정해진다.

그런데 1달이라면 체크아웃을 알려주는 기간은 삭제하고 무조건 빠지게 되니 보증금 환급일을 명시하는 것이 좋다. 그리고 사전에 10일 전에는 집주인에게 알려주면서 확인을 하는 것이 분쟁을 줄일 수 있다.

동남아시아의 콘도나 아파트는 알림판이나 알림문자를 확인한다.

유럽은 아니지만 동남아시아의 한 달 살기 성지로 알려진 치앙마이는 많은 콘도에 장기 투숙자가 많기 때문에 사전에 직접적으로 알려주지 않고 확인사항을 알림판이나 문자로 알려준다. 그럴 때에 영어로 적혀있어서 확인을 하지 않고 지나가는데 나중에 문제가 발생하기도 하므로 반드시 확인하는 습관을 기르도록 하자.

숙소 인근의 소음에 대해 확인한다.

동남아시아의 콘도나 아파트는 방음장치가 안 된 경우가 많다. 그래서 잠자리가 민감한 사람들은 야간에 물내려가는 소리에 깨거나 옆집의 소음이 커서 깨는 경우가 있다. 계약을 끝내고 난 뒤에 소음으로 인해 밤에 잠을 못자서 고생하는 한 달 살기는 피곤이 증가하여 성격이 까칠해지는 요소가 된다. 유럽도 의외로 집과 집사이가 붙어 있어서 소음이 발생하면 생활에 지장이 발생하므로 사전에 질문을 해서 확인을 하는 것이 좋다.

한 달 살기 짐 쌀 때 생각해보기

한 달 살기를 생각하면 짐이 아주 많이 필요할 거라고 예상하지만 사실 1주일을 가나 한 달을 가나 필요한 건 비슷하다. 짐을 최대한 줄이는 것이 관건이다. 한 달을 살고 돌아올 땐 짐이 두 배가 될 것이기 때문이다.

전 세계 어디를 가든 아름다운 현지만의 의류나 소품이 정말 많다. 쇼핑을 안 하겠다고 다짐할 필요도 없다. 현지에서 시장이나 마트에서 쇼핑을 하는 것은 현지의 문화를 알 수 있는 좋은 방법이다. 현지에서 생활하며 필요한 것들은 대부분 구매가 가능하니 짐은 최소한으로 챙기고 캐리어 안에는 한국 음식을 가득 채워오는 것을 권장한다. 세면도구 또한 마트에 모두 있기 때문에 대용량을 준비해가지 않아도 된다.

의류

동남아시아로 떠나려고 한다면 보통 여름옷을 준비해서 출발하면 된다. 많이 가지고 갈 필요도 없다. 현지에서 여름 의류를 판매하는 곳이 많기 때문에 옷은 가볍게 준비하는 것이 좋다. 운동을 하기 위한 복장이나 운동화는 챙겨오는 것이 더 편리하다. 슬리퍼나 여름 티셔츠 등의 의류는 동남아시아가 더 저렴하다.

저녁이 되면 선선한 날도 있기에 가벼운 긴 팔을 챙겨오는 것이 좋다. 산악 지방으로 가면 고도가 높고 비가 오면 간혹 한기가 느껴지니 긴 팔은 필수다. 개인만이 사용하는 필요한 의류는 현지에도 판매하겠지만 한국에서 판매하는 것이 안심된다면 미리 준비해가는 것이 마음에 안정을 느낄 수 있다.

상비약

동남아시아로 한 달 살기를 할 때에 모기가 많은 편이니 대한민국에서 쉽게 살 수 있는 모기 밴드, 모기 퇴치제, 물린 후 바르는 약을 챙기는 것이 좋다. 더운 날씨에 잦은 물놀이를 하다 보면 상처가 나기 쉽다. 상처 난 후에 물에 들어가면 염증이 생길 수 있기에 물이 들어가지 않도록 관리를 해주어야 하는데, 약국에서 방수밴드를 찾기가 쉽지 않다. 방수밴드, 메디폼이나 듀오덤을 구매해 오면 편리하다.

동남아시아도 필요하지만 특히 유럽이라면 감기약, 소화제 등의 기본적인 상비약이 필요하다. 약품도 개인마다 사용하는 종류가 다양하므로 개인이 주로 사용하는 약이 있다면 사전에 준비하도록 하자.

식재료

유럽으로 한 달 살기를 떠나려면 사전에 식사를 하기 위해 필요한 밑반찬을 준비하면 편리하다. 그러나 동남아시아로 떠나려고 한다면 쉽게 한식 밑반찬을 찾을 수 있어서 준비할 필요는 없다.

해외 어디를 가든 우리는 한국 음식이 그리워질 때가 상당히 많다. 한국식당도 있고, 한식 재료를 판매하는 마트도 있지만, 많지 않고 금액대가 높은 편이 대부분이다. 동남아시아도 베트남에 있는 롯데마트에서 구입이 쉽게 가능하지만 다른 발리나 말레이시아 등도 쉽지는 않기 때문에 미리 준비했다면 꼭 도움을 받는다.

락앤락 & 봉지집게

처음에는 동남아시아에 만 모기, 개미 등의 작은 곤충들이 많다고 생각했 다. 하지만 오래된 건물이 대부분인 유럽에서도 의외로 개미들이 많다는 사실을 오래 머물면서 알게 되었다. 음식을 먹다가 남기면 관리를 잘해야 한다. 잘못하면 개미들이 음식 안으로 들어올 수 있기 때문에 락앤락으로 관리를 하거나 봉지 집게로 처리를 해도 유용하게 사용할 수 있다.

소주

인도네시아의 발리나 족자카르타, 말레이시아는 이슬람 국가이므로 주류를 판매하는 곳이 찾기 쉽지 않고 비싸다. 개인이 주류를 좋아한다면 소주를 준비할 것을 추천한다. 한국 소주가 어디든 높은 금액에 판매되기 때문에 술을 좋아한다면 소주를 챙겨오라고 추천한다.

선^{Sun}제품

한 달 살기를 하면 어디든 의외로 밖에서 활동하는 경우가 많아 뜨거운 햇볕에 매일 그을리기 십상이다. 때문에 알로에젤이나 마스크팩이 도움을 준다. 전 세계 어디든 현지에서도 판매하지만 동남아시아보다도 대한민국에서 구입하는 것이 더 저렴한 편이다. 선크림도 마찬가지다. 대부분 지역에서 선크림을 팔지만 금액대가 저렴하지 않다.

여행 준비물

1. 여권
여권은 반드시 필요한 준비물이다. 의외로 여권을 놓치고 당황하는 여행자도 있으니 주의하자. 유효기간이 6개월 미만이면 미리 갱신하여야 문제가 발생하지 않는다.

2. 환전
유로를 현금으로 준비하는 것이 가장 효율적이다. 예전에는 은행에 잘 아는 누군가에게 부탁해 환전을 하면 환전수수료가 저렴하다고 했지만 요즈음은 인터넷 상에 '환전우대권'이 많으므로 이것을 이용해 환전수수료를 줄여 환전하면 된다.

3. 여행자보험
물건을 도난당하거나 잃어버리든지 몸이 아플 때 보상 받을 수 있는 방법은 여행자보험에 가입해 활용하는 것이다. 아플 때는 병원에서 치료를 받고 나서 의사의 진단서와 약을 구입한 영수증을 챙겨서 돌아와 보상 받을 수 있다. 도난이나 타인의 물품을 파손 시킨 경우에는 경찰서에 가서 신고를 하고 '폴리스리포트'를 받아와 귀국 후에 보험회사에 절차를 밟아 청구하면 된다. 보험은 인터넷으로 가입하면 1만원 내외의 비용으로 가입이 가능하며 자세한 보상 절차는 보험사의 약관에 나와 있다.

4. 여행 짐 싸기
짧지 않은 일정으로 다녀오는 동유럽 여행은 간편하게 싸야 여행에서 고생을 하지 않는다. 돌아올 때는 면세점에서 구입한 물건이 생겨 짐이 늘어나므로 가방의 60~70%만 채워가는 것이 좋다. 주요물품은 가이드북, 카메라(충전기), 세면도구(숙소에 비치되어 있지만 일부 호텔에는 없는 경우도 있음), 수건(해변을 이용할 때는 큰 비치용이 좋음), 속옷, 상하의 1벌, 신발(운동화가 좋음)

5. 한국음식

고추장/쌈장

각종 캔류

즉석밥

라면

6. 준비물 체크리스트

분야	품목	개수	체크(V)
생활용품	수건(수영장이나 바냐 이용시 필요)		
	썬크림		
	치약(2개)		
	칫솔(2개)		
	샴푸, 린스, 바디샴푸		
	숟가락, 젓가락		
	카메라		
	메모리		
	두통약		
	방수자켓(우산은 바람이 많이 불어 유용하지 않음)		
	트레킹화(방수)		
	슬리퍼		
	멀티어뎁터		
	패딩점퍼(겨울)		
식량	쌀		
	커피믹스		
	라면		
	깻잎, 캔 등		
	고추장, 쌈장		
	김		
	포장 김치		
	즉석 자장, 카레		
약품	감기약, 소화제, 지사제		
	진통제		
	대일밴드		
	감기약		

여권 분실 및 소지품 도난 시 해결 방법

여행에서 도난이나 분실과 같은 어려움에 봉착하면 당황스러워지게 마련이다. 여행의 즐거움은 커녕 여행을 끝내고 집으로 돌아가고 싶은 생각만 든다. 따라서 생각지 못한 도난이나 분실의 우려에 미리 조심해야 한다. 방심하면 지갑, 가방, 카메라 등이 없어지기도 하고 최악의 경우 여권이 없어지기도 한다.

이때 당황하지 않고, 대처해야 여행이 중단되는 일이 없다. 해외에서 분실 및 도난 시 어떻게 해야 할지를 미리 알고 간다면 여행을 잘 마무리할 수 있다. 너무 어렵게 생각하지 말고 해결방법을 알아보자.

여권 분실 시 해결 방법

여권은 외국에서 신분을 증명하는 신분증이다. 그래서 여권을 분실하면 다른 나라로 이동할 수 없을뿐더러 비행기를 탈 수도 없다. 여권을 잃어버렸다고 당황하지 말자. 절차에 따라 여권을 재발급받으면 된다. 먼저 여행 중에 분실을 대비하여 여권 복사본과 여권용 사진 2장을 준비물로 꼭 챙기자.

여권을 분실했을 때에는 가까운 경찰서로 가서 폴리스 리포트Police Report를 발급받은 후 대사관 여권과에서 여권을 재발급 받으면 된다. 이때 여권용 사진과 폴리스 리포트, 여권 사본을 제시해야 한다.

재발급은 보통 1~2일 정도 걸린다. 다음 날 다른 나라로 이동해야 하면 계속 부탁해서 여권을 받아야 한다. 부탁하면 대부분 도와준다. 나 역시 여권을 잃어버려서 사정을 이야기했더니, 특별히 해준다며 반나절만에 여권을 재발급해 주었다. 절실함을 보여주고 화내지 말고 이야기 하자. 보통 여권을 분실하면 화부터 내고 어떻게 하냐는 푸념을 하는데 그런다고 해결되지 않는다.

여권 재발급 순서
1. 경찰서에 가서 폴리스 리포트 쓰기
2. 대사관 위치 확인하고 이동하기
3. 대사관에서 여권 신청서 쓰기
4. 여권 신청서 제출한 후 재발급 기다리기

여권을 신청할 때 신청서와 제출 서류를 꼭 확인하여 누락된 서류가 없는지 재차 확인하자. 여권을 재발급받는 사람들은 다 절박하기 때문에 앞에서 조금이라도 시간을 지체하면 뒤에서 짜증내는 경우가 많다. 여권 재발급은 하루 정도 소요되며, 주말이 끼어 있는 경우는 주말 이후에 재발급 받을 수 있다.

소지품 도난 시 해결 방법

해외여행을 떠나는 여행객이 늘면서 도난사고도 제법 많이 발생하고 있다. 이러한 경우를 대비하여 반드시 필요한 것이 여행자보험에 가입하는 것이다. 여행자보험에 가입한 경우 도난 시 대처 요령만 잘 따라준다면 보상받을 수 있다.

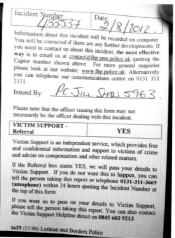

먼저 짐이나 지갑 등을 도난당했다면 가장 가까운 경찰서를 찾아가 폴리스 리포트를 써야 한다. 신분증을 요구하는 경찰서도 있으니 여권이나 여권 사본을 챙기고, 영어권이 아닌 지역이라면 영어로 된 폴리스 리포트를 요청하자. 폴리스 리포트에는 이름과 여권번호 등 개인정보와 물품을 도난당한 시간과 장소, 사고 이유, 도난 품목과 가격 등을 자세히 기입해야 한다. 폴리스 리포트를 작성하는 데에는 약 1시간 이상이 소요된다.

폴리스 리포트 예 : 지역에 따라 양식은 다를 수 있다. 그러나 포함된 내용은 거의 동일하다.

폴리스 리포트를 쓸 때 도난stolen인지 단순분실lost인지를 물어보는데, 이때 가장 조심해야 한다. 왜냐하면 대부분은 도난이기 때문에 'stolen'이라고 경찰관에게 알려줘야 한다. 단순분실의 경우 본인 과실이기 때문에 여행자보험을 가입했어도 보상받지 못한다. 또한 잃어버린 도시에서 경찰서를 가지 못해 폴리스 리포트를 작성하지 못했다면 여행자보험으로 보상받기 어렵다. 따라서 도난 시에는 꼭 경찰서에 가서 폴리스 리포트를 작성하고 사본을 보관해 두어야 한다.

여행을 끝내고 돌아와서는 보험회사에 전화를 걸어 도난 상황을 이야기한 후, 폴리스 리포트와 해당 보험사의 보험료 청구서, 휴대품신청서, 통장사본과 여권을 보낸다. 도난당한 물품의 구매 영수증은 없어도 상관없지만 있으면 보상받는 데 도움이 된다.
보상금액은 여행자보험 가입 당시의 최고금액이 결정되어 있어 그 금액 이상은 보상이 어렵다. 보통 최고 50만 원까지 보상받는 보험에 가입하는 것이 일반적이다. 보험회사 심사과에서 보상이 결정되면 보험사에서 전화로 알려준다. 여행자보험의 최대 보상한도는 보험의 가입금액에 따라 다르지만 휴대품 도난은 1개 품목당 최대 20만 원까지, 전체 금액은 80만 원까지 배상이 가능하다. 여러 보험사에 여행자보험을 가입해도 보상은 같다. 그러니 중복 가입은 하지 말자.

New Normal travel
뉴 노멀, 여행

정말 많은 여행사는 바람직한가?

여행을 가기 위해 검색을 해보면 정말 많은 여행사들의 여행상품이 검색된다. 심지어 소셜 커머스나 홈쇼핑에도 여행상품이 판매되고 있다. 앞으로 유망산업이기도 한 여행 산업이니 많이 생기겠지? 하는 생각과 달리 작은 여행사들은 망하고 있다는 뉴스가 귓가에 들려왔는데. 코로나 바이러스 이후에는 여행 산업은 흥망의 기로에 선 산업이 되었다.

여행에 관련된 산업은 항공업과 숙박을 기본으로 하여 이동수단인 렌터카, 기차, 고속버스 등의 부가적인 분야까지 생각하면 정말 많은 사람들이 여행업에 종사하게 되어 있어 정부는 여행 활성화를 하여 일자리 창출을 하기 위해 적극적인 지원을 하고 있다. 이러한 여행 산업에 뛰어든 많은 여행사들은 생각과 달리 망하는 일이 잦다.

너무 많은 여행사들이 경쟁하기 때문에 경쟁에서 도태된 여행사들은 부도를 맞이하는 일은 피할 수 없게 되어 있다. 게다가 사람들은 더 이상 여행사를 통하지 않고 여행을 하고 있다. 이런 현상은 IT 기술을 통해 더욱 활성화되면서 스마트폰만 있으면 여행이 불편하지 않도록 변화하고 있다.

최근의 변화뿐만 아니라 여행시장에서 많은 여행사들이 경쟁하는 시장의 형태를 완전 경쟁시장이다. 경제학에서 시장의 경쟁형태는 여러 가지가 있는데 가장 이상적인 시장은 완전 경쟁시장이라고 경제학자들은 말한다.
수많은 판매자와 구매자가 있다는 것만으로 완전 경쟁시장이 되는 것은 아니다. 그 시장에서 거래되고 있는 상품이 모두 같은 동질적이어야 하고, 완전한 정보가 갖추어져 있고 여행 산업의 진입과 탈퇴가 자유로워야 한다. 위의 3가지 요건을 갖춘 시장이 완전경쟁시장으로 현실에서는 찾기 어렵다.

그런데 여행 산업은 거의 완전경쟁시장에 가깝다. 수천 개의 여행사들이 같은 여행상품을 가지고 경쟁하면서 소비자들을 끌어 모으고 있다. 물론 3천만 원이라는 자본금이 있어야 해서 진입과 탈퇴가 자유롭지는 않지만 요즈음 3천만 원으로 할 수 있는 일이 많지 않다는 현실까지 고려하면 완전경쟁시장에 가깝다고 할 수 있겠다. 그런데 IT 기술을 가진 거대 회사인 '구글'이나 숙박 예약회사들까지 가세하여 사람들은 새로운 여행형태를 선호하고 있다.

코로나 바이러스가 전 세계를 휩쓸어 사람들의 일하는 형태도 바꾸고 있다. 포스트 코로나를 이야기하면서 가장 많이 검색되는 단어가 '재택근무'나 '원격교육'이다. 앞으로 사람들은 더 이상 일터로 이동하지 않고도 일할 수 있고, 학생들은 학교에 가지 않고도 공부하는 새로운 세상이 가속화되고 있다. 그렇다면 여행은 어떤 형태를 선호하게 될까? 전 세계 어디든 바쁘게 관광하는 형태가 아니고 새로운 도시에서 오랜 시간을 머물며 일도 하고 여행

도 할 수 있는 '한 달 살기'가 선호되어 여행사가 필요 없는 여행이 사람들은 선택하게 될 수 있다.

완전경쟁시장을 이상적으로 보는 이유는 이 시장에서 자원이 효율적으로 배분될 수 있기 때문이다. 이 시장에서 효율적인 자원배분이 가능할 이유는 경쟁이 심하기 때문에 모든 기업이 효율적인 운영을 하지 않으면 적자생존의 현실에 부도 처리되어 도태되고 말 것이기 때문이다. 앞으로 여행사를 통하지 않고 여행하는 형태로 사람들의 여행이 변화하고 있는데, 포스트 코로나 이후에 가속화된다면 여행사는 생존하기 힘들게 된다.

소비자가 마지막에 상품을 구입하면서 생기는 만족감을 '한계편익'이라고 부르는데 인터넷으로 검색하여 가장 싸게 여행상품을 구입한 소비자는 구입한 만족감이 여행상품의 가격과 같을 때 구입하게 된다. 수많은 패키지여행상품에서 검색을 하면서 같은 여행코스라면 가장 싸게 여행상품을 구입하는 소비자가 거의 대부분이다. 구입을 결정한 순간까지도

수많은 여행상품을 비교하면서 마지막에 땡처리 상품이 있지 않을까? 라는 생각으로 또 검색을 하는 여행소비자가 많다.

그래서 여행사들은 패키지상품이 아닌 테마와 문화를 포함시킨 여행상품을 내놓으면서 동질상품이기를 거부하면서 소비자에게 다가선다. 이런 여행사들의 노력으로 우리나라의 여행상품도 천편일률적인 패키지여행에서 자신만의 코스와 일정을 고려한 맞춤여행이 소비자에게 다가가고 있다. 여행사들이 변화하고 있지만 새로운 여행형태를 받아들이기에는 힘든 현실이다.

여행사들은 장기적으로 상품의 판매가 가능한 가장 낮은 비용으로 상품을 개발해 판매하기 때문에 소비자는 가장 효율적으로 균형 상태에서 수익을 거두기 때문에 정상적인 수익만을 얻게 된다. 이런 여행시장은 앞으로 생존을 위협받는 상황으로 몰리고 있다. 포스트 코로나 시대에는 더욱 여행의 변화가 가속화될 것으로 판단된다.

한 달 살기의 기회비용

대학생 때는 해외여행을 한다는 자체만으로 행복했다. 아무리 경유를 많이 해도 비행기에서 먹는 기내식은 맛있었고, 아무리 고생을 많이 해도 해외여행은 나에게 최고의 즐거움이었다. 어떻게든 해외여행을 다니기 위해 아르바이트를 하고, 여행상품이 걸린 이벤트나 기업체의 공모전에 응모했다. 여러 가지 방법으로 여행경비를, 혹은 여행의 기회를 마련하면서, 내 대학생활은 내내 '여행'에 맞춰져있었고, 나는 그로인해 대학생활이 무척 즐거웠다. 반면, 오로지 여행만을 생각한 내 대학생활에서 학점은 소소한 것이었다. 아니, 상대적인 관심도가 떨어졌다는 말이 맞겠다. 결론적으로 나는 학점을 해외여행과 맞바꾼 것이었다.

코로나 바이러스가 전 세계를 덮치면서 사람들은 여행을 가지 못하고 집에서 오랜 시간을 머물러야 했다. 못가는 여행지로 가고 싶어서 랜선 여행으로 대신하는 경우도 발생하고 있다. 쉽게 해외여행을 갈 수 있는 시대에서 갑자기 바이러스로 인해 개인 간의 접촉 자체를 막아야 하는 시기가 발생하면서 여행 수요는 90%이상 줄어들었다. 그렇지만 일을 해야 하고 회의도 해야 하니 디지털 기술을 활용한 원격 화상회의, 원격 수업, 재택근무를 하면서 평상시에 일을 하는 경우에 효율성을 떨어뜨릴 것이라는 이야기를 했지만 코로나 바이러스로 인해 실제로 해보니 효율성이 떨어지지 않더라는 결과가 나왔다. 코로나 19가 백신 개발로 종료되더라도 일을 하는 방식이나 생활의 패턴이 디지털 기술을 활용하여 일을 할 수 있게 될 것이다.

그렇다면, 미래에 코로나 바이러스로 인해 바뀌어야 하는 여행은 무엇일까? 패키지 상품 여행은 단시간에 많은 관광지를 보고 가이드가 압축하여 필요한 내용을 설명하고 먹고 다니다가 여행이 끝이 난다. 하지만 디지털 기술로 재택근무가 가능하여 장소의 제약이 줄어든다면 어디서 여행을 하든지 상관없어진다. 그러므로 한 달 살기가 코로나 바이러스의 팩데믹 현상 이후에 발전되는 여행의 형태가 될 수 있다.

어떤 선택을 했을 때 포기한 것들 중에서 가장 좋은 한 가지의 가치를 기회비용이라고 한다. 내가 포기했던 학점이 해외여행의 기회비용인 것이다. 아르바이트를 해서 해외로 여행을 다녀온다면, 여행을 다녀오기 위해 포기하는 것들이 생긴다. 예를 들어 아르바이트를 하는 시간, 학점 등이 여행의 기회비용이 된다.

만약 20대 직장인이 200만 원짜리 유럽여행상품으로 여행을 간다고 하자. 이 직장인은 200만원을 모아서 은행에 적금을 부었다면 은행에서 받는 이자수입이 있었을 것이다. 연리12%(계산의 편의상 적용)라면 200만원 유럽여행으로 한단동안 2만원의 이자수입이 없어진 셈이다. 이 2만 원이 기회비용이라는 것이다.

여행을 하면서도 우리는 기회비용이라는 경제행동을 한다. 그러니 코로나 바이러스 이후에 한 달 살기를 하면서 우리가 포기한 기회비용보다 더욱 많은 것을 얻도록 노력해야 하겠다고 생각할 수도 있다. 우리가 대개 여행을 하면서 포기하게 되는 기회비용은 여행기간 동안 벌 수 있는 '돈'과 다른 무언가를 할 수 있는 '시간'이 대표적이다.

하지만 좀 바꾸어 생각해보면 여행의 무형적인 요소로, 한 번의 여행으로 내 인생이 달라진다면, 포기한 돈(여기서 기회비용)은 싼 가격으로 책정될 수 있지만 여행에서 얻은 것이 없다면 비싼 가격으로 매겨질 수 있다.

일반적으로 구입하는 물품에 감가상각이라는 것이 있지만, 한 번 다녀온 한 달 살기 여행이 자신의 인생에서 평생 동안 도움이 된다면 감가상각기간이 평생이기 때문에 감가상각 비용은 거의 발생하지 않는다. 그리고 여행으로 인생이 바뀌었다면, 여행으로 받은 이익이 매우 크기 때문에 기회비용은 이익에 비해 무료로 계산될 수도 있다. 200만 원으로 다녀온 한 달 살기 여행이, 그때 소요된 200만원이 전혀 아깝지 않을 정도의 여행이었다면 되는 것이다.

같은 건물을 봐도, 모두 다 다른 생각을 하고, 같은 길을 걸어도 저마다 드는 생각은 다른 것처럼, 여행을 통해 얻을 수 있는 기회비용대비 최고의 가치도 각자 다르다. 지금의 나에게 있어 최저의 기회비용을 가지는 최고의 여행은 어떤 것일까? 한 달 살기처럼 새로운 여행형태는 계속 생겨날 것이다. 왜냐하면 우리는 여행을 계속 할 거니까.

한 달 살기의 디지털 노마드^{Digital Nomad}

햇볕이 따사롭게 내리쬐는 나른한 오후에는 치앙마이나 발리 등의 분위기 좋은 카페에서 즐기는 재미가 있다. 우기에는 비가 내리는 날에 창문 밖으로 보이는 넓은 카페에 앉아 커피 한잔을 마시며 편안한 오후를 즐겨 보는 것도 한 달 살기에서 느낄 수 있는 낭만이다.

커피는 유럽에서 더 먼저 즐기기 시작했지만 동남아시아의 베트남, 태국, 라오스, 인도네시아 등의 나라에서 조금씩 다른 커피 맛을 즐길 수 있다. 유럽의 프랑스는 카페^{Cafeé}, 이탈리아는 카페^{Caffe}, 독일은 카페^{Kaffee}등으로 부르는 데 각 나라마다 커피 맛도 조금씩 다르다. 그런데 유럽의 프랑스가 인도차이나 반도를 제국주의 시절 차지한 까닭에 베트남, 라오스는 프랑스의 카페^{Cafeé} 문화가 현지화되어 지금에 이르렀다. 그래서 라오스와 프랑스는 커피를 내리는 방식이 비슷한 느낌이다. 하지만 태국은 식민지를 경험하지 않아서 라오스나 베트남과는 다른 커피 문화를 가지고 있다.

치앙마이나 발리는 상당히 국제화된 커피를 즐긴다. 그래서 우리가 마시는 커피 메뉴와 다르지 않아서 이질적인 커피가 아니고 동질적인 커피일 것 같다. 그러나 치앙마이의 많은 카페에는 태국 북부지방에서 생산된 상당히 커피가 현지화되어 맛좋은 커피가 많다. 최근에 인기를 끌고 있는 한 달 살기에서 해볼 수 있는 것 중에 커피를 즐기면서 카페를 다녀보는 것도 추천하게 된다.

대한민국에서 가장 많이 팔리는 커피 메뉴인 아메리카노는 기본이고 유럽에서 많이 마시는 에스프레소, 카페 라떼와 함께 빵을 마시면서 카페에서 즐길 수 있는 것도 상당한 재미 있다.

19세기 유럽의 카페에서 문학가나 화가 등의 예술가들이 모여 자신들이 서로 좋아하는 사람들끼리 모여 사색하고 토론하면서 저마다의 독특한 카페 문화를 만들어 유명해졌다면 한 달 살기의 성지에서는 전 세계 사람들이 새롭게 일하는 형태인 디지털 노마드Digital Nomad가 유행하고 있다. 미국의 실리콘밸리나 유럽의 회사에서 일하지만 치앙마이나 발리에서 자신이 일을 하며 교류할 수 있는 디지털 노마드Digital Nomad는 더욱 활발해지고 있다. 그들은 카페에서 만나고 이야기하고 같은 직종의 일을 하면서 더욱 친해진다. 이제 낭만적인 파리의 카페가 아니고 21세기에는 전 세계 어디든 한 달 살기의 다양한 카페 문화가 지구촌으로 퍼져 나갈지도 모른다.

느슨한 형태의 직장이자 같은 공간에서 일을 하지 않고 지구 반대편의 치앙마이나 인도네시아의 발리에서 한 잔의 커피 속에 잠시나마 여행의 느낌을 느낄 수도 있고, 직장인의 중간 지점에서 각자 사색과 고독을 음미하고 현지인들과 함께 낭만적인 여유와 새로운 일에 파묻혀 살아가고 있다. 가끔씩 아날로그적인 엽서 한 장을 구입해 고국에 있는 그리운 사람들에게 엽서를 띄우기도 한다. 주머니가 가벼운 디지털 노마드Digital Nomad에게도 카페에서 보내는 낭만과 여유가 살아갈 맛을 느끼게 된다.

한 달 살기의 대중화

코로나 바이러스의 팬데믹 이후의 여행은 단순 방문이 아닌, '살아보는' 형태의 경험으로 변화할 것이다. 만약 코로나19가 지나간 후 우리의 삶에 어떤 변화가 다가올 것인가?

코로나 바이러스 팬데믹 이후에도 우리는 여행을 할 것이다. 여행을 하지 않고 살아갈 수 있는 사회로 돌아가지는 않는다. 이런 흐름에 따라 여행할 수 있도록, 대규모로 가이드와 함께 관광지를 보고 돌아가는 패키지 중심의 여행은 개인들이 현지 중심의 경험을 제공할 수 있는 다양한 방식의 여행이 활성화될 수 있다. 많은 사람이 '살아보기'를 선호하는 지역의 현지인들과 함께 다양한 액티비티가 확대되고 있다. 코로나19로 인해 국가 간 이동성이 위축되고 여행 산업 전체가 지금까지와 다른 형태로 재편될 것이지만 역설적으로 여행 산업에는 새로운 성장의 기회가 될 수 있다.

코로나 바이러스가 지나간 이후에는 지금도 가속화된 디지털 혁신을 통한 변화를 통해 우리의 삶에서 시·공간의 제약이 급격히 사라질 것이다. 디지털 유목민이라고 불리는 '디지털 노마드'의 삶이 코로나 이후에는 사람들의 삶 속에 쉽게 다가올 수 있다. 재택근무가 활성화되는 코로나 이후의 현장의 상황을 여행으로 적용하면 '한 달 살기' 등 원하는 지역에서 단순 여행이 아닌 현지를 경험하며 내가 원하는 지역이서 '살아보는' 여행이 많아질 수 있다. 여행이 현지의 삶을 경험하는 여행으로 변화할 것이라는 분석도 상당히 설득력이 생긴다.

결국 우리 앞으로 다가온 미래의 여행은 4차 산업혁명에서 주역이 되는 디지털 기술이 삶에 밀접하게 다가오는 원격 기술과 5G 인프라를 통한 디지털 삶이 우리에게 익숙하게 가속화되면서 균형화된 일과 삶을 추구하고 그런 생활을 살면서 여행하는 맞춤형 여행 서비스가 새로 생겨날 수 있다. 그 속에 한 달 살기도 새로운 변화를 가질 것이다.

또 하나의 공간, 새로운 삶을 향한 한 달 살기

한 달 살기는 여행지에서 마음을 담아낸 체험을 여행자에게 선사한다. 한 달 살기는 출발하기는 힘들어도 일단 출발하면 간단하고 명쾌해진다. 도시에 이동하여 바쁘게 여행을 하는 것이 아니고 살아보는 것이다. 재택근무가 활성화되면 더 이상 출근하지 않고 전 세계어디에서나 일을 할 수 있는 세상이 열린다. 새로운 도시로 가면 생생하고 새로운 충전을받아 힐링Healing이 된다. 한 달 살기에 빠진 것은 포르투갈의 포르투Porto를 찾았을 때, 느긋하게 즐기면서도 저렴한 물가에 마음마저 편안해지는 것에 매료되게 되었다.

무한경쟁에 내몰린 우리는 마음을 자연스럽게 닫았을지 모른다. 그래서 천천히 사색하는한 달 살기에서 더 열린 마음이 될지도 모른다. 삶에서 가장 중요한 것은 행복한 것이다. 뜻하지 않게 사람들에게 받는 사랑과 도움이 자연스럽게 마음을 열게 만든다. 하루하루가모여 나의 마음도 단단해지는 곳이라고 생각한다.

인공지능시대에 길가에 인간의 소망을 담아 돌을 올리는 것은 인간미를 느끼게 한다. 한 달 살기를 하면서 도시의 구석구석 걷기만 하니 가장 고생하는 것은 몸의 가장 밑에 있는 발이다. 걷고 자고 먹고 이처럼 규칙적인 생활을 했던 곳이 언제였던가? 규칙적인 생활에도 용기가 필요했나보다.

한 달 살기 위에서는 매일 용기가 필요하다. 용기가 하루하루 쌓여 내가 강해지는 곳이 느껴진다. 고독이 쌓여 나를 위한 생각이 많아지고 자신을 비춰볼 수 있다. 현대의 인간의 삶은 사막 같은 삶이 아닐까? 이때 나는 전 세계의 아름다운 도시를 생각했다. 인간에게 힘든 삶을 제공하는 현대 사회에서 천천히 도시를 음미할 수 있는 한 달 살기가 사람들을 매료시키고 있다.

태국 치앙마이 VS 인도네시아 발리

한 달 살기가 지금처럼 인기를 끌기 전부터 장기여행자들이 오랜 시간동안 머무른 장소가 태국의 치앙마이와 인도네시아의 발리이다. 장기 여행자 중 오랫동안 머무르는 사람들은 유럽의 여행자들이었다. 이들은 저렴한 물가와 남다른 자연환경을 가진 치앙마이와 발리에서 짧게는 1달부터 길게는 1년 정도를 머물렀다. 그러면서 장기 여행자를 위한 숙소가 생겨나고 이들에게 저렴하게 개인집부터 홈스테이, 게스트하우스에서 머무르게 해주었다. 그러다가 태국에서 많은 콘도와 아파트가 지어졌는데, 이 건물들은 미분양에 이르면서 장기여행자들에게 숙소를 빌려주면서 미분양을 해소해 나가는 것이 한 달 살기가 변화하게 된 계기이다.

중국인들 중 가까운 태국의 치앙마이로 옮겨 사는 사람들이 많아지고 인도네시아의 발리에는 호주인과 미국인들의 디지털 노마드로 직장을 다니는 사람들까지 옮겨오면서 전 세계 어디에서나 일을 하면서 살 수 있는 사람들을 위한 숙소와 카페가 생겨났다.

태국의 치앙마이와 인도네시아의 발리는 한 달 살기의 성지로 알려지면서 사람들이 몰려들지만 아직까지 장기여행자와 디지털 노마드가 찾을 수 있는 이유는 저렴한 물가이다. 또한 숙소도 상당히 저렴하게 구할 수 있는데, 어느 정도 시설도 보장해 준다는 믿음이 있기 때문이다. 사람들이 몰려들면 도시는 임대료가 올라가고 아파트와 같은 숙소비는 상승한다. 베트남의 호치민이나 하노이는 2~3년 동안 엄청난 임대료와 아파트 렌트비용의 상승이 이루어져 한 달 살기에는 적합하지 않는 도시가 되었다.

이제 세부적으로 태국의 치앙마이와 인도네시아 발리를 비교해 보자.

이동 시간과 비용 (치앙마이 5시간 30분 〉 발리 7시간)

동남아시아로 비행기로 이동하기 위해서는 4시간 30분에서 7시간까지 이동시간이 소요된다. 태국의 치앙마이는 약 5시간 30분(직항)이 소요되고 항공비용은 40~50만 원 정도이다. 인도네시아의 발리는 동남아시아에서 가장 먼 거리에 있어서 약 7시간(직항)이 소요되고 60~100만 원 정도의 비용이 발생한다. 그러므로 접근성을 따진다면 태국의 치앙마이가 더 수월하다는 장점이 있다.

숙소 (치앙마이 30~70만 원 〉 발리 40~80만 원)

한 달 살기 동안 머물 숙소는 상당히 중요하다. 그런데 숙소는 개인이 원하는 시설이 천차만별이라서 얼마에 지낼 수 있냐는 질문을 한다면 대답하는 것이 쉽지 않다. 자신이 원하는 시설은 누구도 쉽게 이야기할 수 없기 때문이다.

만약 한 달 살기 숙소를 결제하였는데, 숙소의 시설이 고장이 나거나, 옆집에서 밤늦게 시끄럽게 떠든다면 그 숙소에서 한 달 동안 있기는 어렵다. 그만큼 내가 1달 동안 있을 숙소는 중요하다. 치앙마이에는 상당히 많은 콘도와 아파트, 호텔, 게스트하우스 등이 있다.

2010년대부터 과잉 공급된 콘도는 미분양으로 이어졌고 장기여행자에게 공급이 되면서 치앙마이는 위험을 벗어났고 장기여행들은 저렴한 가격으로 시설이 좋은 숙소에서 오래 머물 수 있었다. 전 세계에서 시설이 좋은 콘도와 아파트를 저렴하게 구할 수 있는 도시를 찾는 것은 쉽지 않다. 그 점에서 치앙마이는 최고이다.

이에 반해서 인도네시아 발리는 콘도와 아파트가 치앙마이처럼 많지는 않다. 그러나 인도네시아 발리는 색다른 풍경의 숙소와 자연에서 머물 가옥들이 많다. 발리는 제주도보다 큰 섬이라서 해변에서 가까운 숙소에 머무르면서 서핑이나 카이트 서핑, 해변을 즐길 수도 있고, 우붓Ubud에서 숲속에 있는 느낌으로 자연과 함께 즐길 수도 있다. 발리는 30일 만, 지낼 수 있어서 외부로 나갔다가 다시 들어와야 하기 때문에 1달 미만으로 지내는 여행자들도 많다.

발리에서 머무르는 장점은 자연과 함께 육지느낌과 해변느낌을 동시에 느낄 수 있는 숙소를 내 맘대로 고를 수 있다는 것이다. 그에 반해 숙소의 비용은 태국의 치앙마이보다 10~30만 원 정도 비싼 단점이 있다.

물가 (치앙마이 〉 발리)

한 달 살기를 하려면 비용은 단기 여행자보다 비쌀 것이다. 한 끼에 만 원 정도라면 한 달 동안 머물기에는 쉽지 않게 된다. 삼시세끼를 먹으면서 1달 동안 지내야 하는 도시에서 한 끼를 먹는 비용이 비싸다면 떠나기가 쉽지 않다. 그래서 한 달 살기를 하려는 도시들은 대부분 저물가로 지낼 수 있는 곳이다.

치앙마이는 한 끼를 2~3천 원에 먹을 수 있는 저렴한 식당들이 상당히 많고 거리에는 다양한 음식들을 판매하고 있다. 태국음식을 좋아한다면 더욱 지내기가 수월하다.

인도네시아의 발리음식보다 태국음식이 더 친숙한 우리에게 식사는 치앙마이가 더 찾기 쉬울 것이다. 그런데 인도네시아 음식에 익숙해지면 상당히 맛있는 음식들을 저렴하게 먹을 수 있는 식당들이 발리에는 많다. 그런 식당들을 잘 모르기 때문에 찾기 쉽지 않는 단점이 있지만 오랜 시간 머무르면 점점 저렴하고 맛있는 2~3천 원 정도의 식당들을 찾는 즐거움이 생길 수도 있다.

치앙마이에서 설문을 조금 해보았을 때 한 달 살기 때 쓰는 비용을 물어보았을 때 30~60만 원 정도의 대답이 나왔고 발리에서도 30~70만 원 정도의 대답이 대다수였다. 발리가 치앙마이보다 물가가 비싸지만 개인들이 사용하는 비용은 차이가 크지 않다는 점에서 저렴한 도시에서도 쓰는 비용은 개인마다 상당히 차이가 있다는 것을 알 수 있다. 또한 대형 마트에서 재료를 구입해 음식을 만든다면 치앙마이와 발리는 차이가 크지 않았다.

발리에서 티셔츠나 바지 등을 구입한다면 의외로 비싼 가격표에 놀라게 된다. 왜 비싼 지 물어봐도 모른다는 대답이다. 이에 반해 치앙마이의 쇼핑몰에서 구입하는 옷들은 상당히 저렴한 것들이 많으므로 치앙마이로 떠난다면 필요한 옷가지는 현지에서 구입하라고 조언을 하지만 발리로 떠난다면 필요한 옷들은 가지고 가라고 이야기해준다.

카페 (우열을 가리기 힘듦)

최근에 한 달 살기 이상의 장기 여행자들이 일하면서 쉴 수 있는 카페는 한 달 살기 여행자에게는 중요하다. 자신이 원하는 분위기의 카페에서 Wifi가 잘 터져 일하기에 좋은 카페는 다양하게 존재해야 많은 여행자를 만족시킬 수 있다.

카페의 개수로만 비교한다면 치앙마이가 발리보다 아기자기하고 예쁜 카페는 더 많다. 발리에도 카페는 많지만 숫자로는 치앙마이를 따라가기 힘들다. 개인마다 예쁘다고 하는 카페의 취향이 다르지만, 개수가 많기 때문에 카페를 돌아다니면서 커피를 즐기려는 여행자에게는 치앙마이가 더 좋겠다고 생각할 수 있지만, 발리만의 다른 분위기의 카페는 발리에 더욱 점수를 많이 주겠다고 생각 한다. 치앙마이에는 대한민국에서도 충분히 볼 수 있는 분위기의 카페라면 발리에는 발리에서만 볼 수 있는 취향의 카페가 많다. 그러므로 카페는 우열을 가리기 힘들다는 결론에 이르렀다.

치안 (치앙마이 〉 발리)

한 달 살기 동안 머물 도시가 얼마나 안전한지는 중요하다. 치안이 나쁘면 밖에서 활동 할 때마다 소매치기는 없는지 확인해야 하고 도둑이 많다면 숙소에서 떠날 때마다 확인해야 하는 것들도 많아진다. 그렇다면 치앙마이와 발리는 안전할까? 두 곳 모두 안전하다고 할 수 있다.

서양 여행자가 더 많은 발리는 밤 문화가 상당히 발달하어 있어서 밤에 다닐 때 문제가 발생하는 경우도 있다. 이에 반해 치앙마이는 밤 문화가 발리보다는 발달하지는 않았다. 야시장이 많지만 대부분은 주말을 제외하면 9시 정도면 야시장의 관광객은 적어진다. 10시면 아주 어두워지면서 집으로 돌아가야겠다고 느껴진다.

밤에 돌아다니려면 어두운 곳에서도 안전해야 할 텐데 치앙마이가 발리보다 안전하지만 치앙마이에는 밤에 돌아다니는 개들 때문에 무섭다고 느낄 때도 있다.

볼거리 (발리 > 치앙마이)

인도네시아의 발리는 제주도보다 큰 섬이기 때문에 돌아다니기만 해도 1달 동안 다 보기도 힘들다. 이에 반해 치앙마이는 태국에서 2번째로 큰 도시지만 크지 않다. 물론 인근에 빠이나 치앙라이 같은 작은 도시를 둘러보고 다양한 요가나 어학을 배울 수 있다고 하지만 내륙에 있는 도시의 특성상 바다를 보지 못하고 해양스포츠를 즐기기 힘들다는 단점이 있다.

발리는 바다와 함께 즐기는 해양스포츠와 내륙의 우붓Ubud에서 즐길 수 있는 것들이 다양하므로 다양한 볼거리와 즐길 거리는 발리가 더 풍부하다.

치앙마이 VS 발리 한 달 살기 비교 & 비용

항목	내용	치앙마이	경비
날씨	동남아시아는 1년에 건기와 우기로 나누어진다. 다만 건기와 우기의 시기가 다르다.	11~3월(건기)	4~10월(건기)
추천 클래스	한 달 살기 기간 동안 배우는 다양한 클래스가 있다. 바다가 인접해 있다면 해양 스포츠를 즐길 수 있는 장점도 있다.	쿠킹, 요가, 어학 (개인, 국제학교)	서핑, 요가, 어학 (개인, 국제학교)
대표적인 동네	도시에서 크기 때문에 한 달 살기에서 머무르는 동네들이 있다. 특히 저렴한 숙소를 구할 수 있는 지역이 있기 때문에 확인하는 것이 좋다.	님만 해민, 쌘티탐, 센탄 (국제학교)	우붓, 누사두아 (해양스포츠)
1일 경비	항공권과 숙소를 빼고 하루에 사용할 경비를 미리 생각하고 준비해 두어야 한다.	2~4만 원	1~3만 원
항공권	치앙마이는 약 5시간, 발리는 7시간이 소요된다.	40~60만 원	60~100만 원
숙소	치앙마이에는 많은 콘도와 아파트가 있어서 발리보다는 숙소 비용이 저렴한 곳이 더 많다.	30~70만 원	40~80만 원
식비	1끼 식사를 하는 비용을 확인해야 한다. 길거리에서 먹는 저렴한 식사는 발리와 치앙마이가 차이가 없지만 적당한 식사를 할 수 있는 비용은 치앙마이가 조금 더 저렴하다.	2~3천 원	4~9천 원
교통비	발리는 제주도보다 3배 정도 더 큰 섬이라서 이동비용이 치앙마이보다 비쌀 수밖에 없다.	600~3천 원	1~5천 원
Total		100~150만 원	130~180만 원

치앙마이
한 달 살기

Chiang Mai

치앙마이(Chiangmai)에서 한 달 살기

치앙마이^{Chiangmai}는 현재 대한민국 여행자에게 생소한 도시이다. 하지만 태국에서 치앙마이 Chiangmai는 고지대에 있기 때문에 다른 동남아시아 지역보다 선선한 편이다. 1년 내내 봄이나 가을 날씨는 아니지만 상대적으로 선선하여 한 달 살기로 인기가 높다. 태국의 한 달 살기를 떠나고 싶은 도시의 설문 조사를 하면 치앙마이 Chiangmai과 방콕^{Bangkok}이 선택된다.

유럽의 여행자들이 치앙마이^{Chiangmai}에 오래 머물면서 선선한 날씨와 이국적인 도시 분위기에 매력을 느끼면서 장기 여행자가 된다. 또한 치앙마이^{Chiangmai}의 레스토랑은 전 세계 국적의 요리 경연장이라고 할 정도로 다양한 나라의 요리를 먹고 즐길 수 있어 식도락의 선도적인 역할을 하고 있다. 도시는 작지만 다양한 즐길 거리가 존재하고 옛 분위기를 간직하고 있어 오래 있어도 현대적인 도시에 비해 덜 질리는 장점이 있다.

저자는 치앙마이^{Chiangmai}에서 3달 동안 머물면서 그들과 함께 울고 웃으며, 느낌을 공유하면서 치앙마이 생활에 쉽게 적응할 수 있었다. 대한민국이 여행자들도 치앙마이^{Chiangmai}에서 여행하다가 잠시 머무는 도시가 아닌 장기 여행자가 오랜 시간 머물고 있는 도시로 바뀌고 있다.

개념잡기

치앙마이에서 오랜 시간 동안 머무르기 위해서는 치앙마이 각 지역에 대해 알고 있어야 한다. 한 달 살기를 하려면 숙소와 식당, 레스토랑, 야시장의 위치는 알고 있는 것이 한 달 살기를 하기에 편리하다.

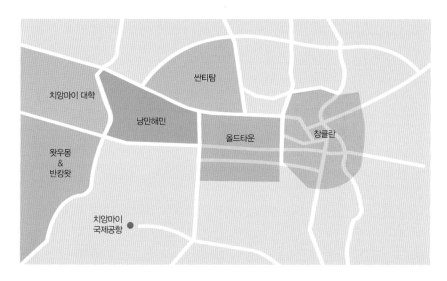

올드 시티(Old City)

치앙마이의 중심에 있는 곳은 올드 시티Old City로 이곳을 중심으로 치앙마이를 이해해야 한다. 올드 시티Old City는 예부터 네모의 성곽을 위주로 생활하였고 유럽 여행자들이 머물고 싶어 하는 장소이다. 다만 한 달 살기를 원하는 여행자들의 중심 지역은 아니다.

님만 해민(Nimman Haemin)
(인기 숙소 : 훼이깨우, 반타이, 팜스프링, P T 레지던스)

몇 년 전부터 많은 카페와 마야몰과 같은 쇼핑몰들이 집중되어 있는 '치앙마이의 청담동'
이라고 부르는 '님만 해민Nimman Haemin'이다. 님만 해민은 아기자기한 카페와 쇼핑몰, 깨끗
한 야시장이 모여 있어 한 달 살기의 중심이 되는 장소이다. 그 중심에 마야몰과 원님만 쇼
핑몰이 있어서 위치는 알고 있어야 한다.

처음 치앙마이에서 한 달 살기를 원한다면 다들 님만 해민Nimman Haemin으로 숙소를 정해야
한다고 생각할 수 있지만 상대적으로 숙소비용과 카페 물가가 비싸다. 또한 치앙마이 공항
에서 출, 도착하는 비행기가 보일 정도로 가까워서 항공소음이 크기 때문에 소음에 민감한
여행자라면 다른 장소로 숙소를 정하는 것이 좋다.

산티탐(Santitam)
(인기 숙소 : 드비앙^{D'vieng}, 뷰도이)

올드 시티와 님만 해민Nimman Haemin의 가운데에 위치한 치앙마이 사람들이 많이 모여 사는 로컬지역이다. 그런데 이 지역에 새롭게 지어지는 콘도가 늘어나면서 저렴한 숙소도 늘어나고 있다. 저렴하게 한 끼 식사를 할 수 있는 많은 식당들이 있고 밤늦게까지 운영하는 식당과 편의점이 많아서 치안도 좋은 편이다.

최근에는 치앙마이 어디든지 쉽게 이동이 가능한 산티탐으로 한 달 살기 숙소를 정하는 경우도 많다. 다만 도로에 인도와 차도가 구분이 안 되고 밤늦게까지 오토바이가 다니기 때문에 길가에 있는 숙소는 소음이 심하다.

치앙마이 대학교 정문
(인기 숙소 : 디콘도 캠퍼스)

님만 해민에서 거리를 따라 왼쪽으로 20~40분 정도 걸어가면 나오는 곳이 치앙마이 대학교이다. 치앙마이 외곽에 위치하고 있어서 님만 해민이나 올드 시티로 구경을 나가기 위해서는 이동시간이 오래 소요되어 처음 치앙마이에서 한 달 살기를 한다면 추천하지 않지만 조용하고 저렴한 숙소와 식당을 원하는 한 달 살기로 적합하다. 대학생들이 공부하고 모여사는 곳이라 물가가 저렴하고 상대적으로 조용하다.

센탄
(인기 숙소 : 디콘도 사인, 디콘도 님, 디콘도 핑, 더 시리룩)

치앙마이 중심에서 상당히 먼 거리에 떨어져 있는 센탄 지역은 대형 쇼핑몰과 마트들이 몰려 있는 장소이다. '센트럴 페스티발'이라고도 부르는 곳에는 치앙마이 외곽이라 숙소를 정하고 싶은 마음이 적을 수 있지만 도로가 막히지 않으면 15분 정도면 도착할 수 있다. 쇼핑몰에는 한국 음식점들도 다양하게 볼 수 있다. 다양한 국제학교와 쇼핑몰들이 있고 최근에 지어진 콘도들이 있어서 콘도이 시설이 좋다. 국제학교를 다니는 아이들과 오랜 시간을 머무는 부모들이나 조용하고 편하게 지내고 싶어 하는 은퇴자들이 많다.

창푸악
(인기 숙소 : 그린 힐, 그리너리 랜드마크)

사거리에 있는 마야몰MAYA MALL을 기준으로 도로를 따라 위쪽으로 걸어가면 현지인들이 주로 모여 사는 동네이다. 그런데 마야몰과 가까운 거리에, 최근에 지어진 저렴한 콘도들이 있다.

장 점

1. 친숙한 사람들

치앙마이는 방콕과 다르게 옛 분위기를 간직한 도시이다. 도시는 작지만 많은 여행자가 머물기 때문에 치앙마이Chiangmai 사람들은 여행자에게 친절하게 다가가고 오랜 시간 머물면 쉽게 친해져 친구를 사귀기도 좋다. 다양한 분위기를 가지고 누구든 여행자에게 친숙한 사람들이 치앙마이Chiangmai의 한 달 살기를 쉽게 만들어준다.

2. 풍부한 관광 인프라

치앙마이Chiangmai는 태국의 다른 해안도시에서 느끼는 해양 스포츠의 즐거움을 가지고 있지는 않다.
오랜 기간 중부의 태국인과 다른 민족으로 란나 왕국으로 태국 북부의 산악지대에서 성장한 도시이기 때문에 도시의 분위기가 다르다. 올드 타운의 야시장에서 밤거리를 거닐면서 즐기는 옛 분위기는 치앙마이Chiangmai의 매력으로 다가온다.

3. 접근성

치앙마이^{Chiangmai}는 아무리 먼 곳도 30~40분이면 쉽게 도착할 수 있다. 치앙마이^{Chiangmai}
는 태국에서 2번째로 큰 도시이므로 상당히 크다고 생각할 수 있지만 작은 도시기 때문에
성태우나 택시로 쉽게 접근 할 수 있다.
치앙마이가 최근에 많은 콘도와 다양한 카페, 쇼핑몰이 생겨난 무역도시로 판단하는 관광
객도 있지만 치앙마이^{Chiangmai}는 옛 란나왕국의 수도로 태국의 경주라고 부르기도 한다.
또한 치앙마이 공항에서 시내도 가깝고, 직항으로 인천에서 5시간에 도착할 수 있어 쉽게
접근할 수 있는 도시이다.

4. 장기 여행 문화

태국은 오래전부터 단기여행자 뿐만 아니라 장기여행자들이 모이는 나라이다. 경제가 성
장하면서 여행의 편리성도 높아지고 있지만 태국의 북부지방의 중심도시인 치앙마이
^{Chiangmai}는 한 달 살기로 이름을 날리고 있다.
여유를 가지고 생각하는 한 달 살기의 여행방식은 많은 여행자가 경험하고 있는 새로운 여
행방식인데 그 성지로 치앙마이^{Chiangmai}가 있다.

5. 슬로우 라이프(Slow Life)

옛 분위기 그대로 지내면 천천히 즐기는 '슬로
우 라이프Slow Life'를 실천할 수 있는 도시라고
말할 수 있다. 유럽의 여행자들이 오래 머물면
서 선선한 날씨와 유럽 같은 도시 분위기에 매
력을 느낄 수 있고, 옛 도시에서 머문다는 생
각이 여행자를 기분 좋게 만들어 준다. 그래서
유럽의 많은 배낭 여행자들이 오랜 시간을 머
무는 도시로 유명해지고 최근에 디지털 노마
드까지 몰려들고 있다.

6. 다양한 국가의 음식

치앙마이에는 태국 음식뿐만 아니라 전 세계
의 다양한 음식을 맛볼 수 있는 국제도시이다.
또한 한국 음식을 하는 식당들이 많다. 태국
음식을 즐기는 것이 아니라 전 세계의 음식을
즐기는 여행자가 많아서 치앙마이에는 1년 넘
게 지내는 사람들도 많다. 유럽의 배낭 여행자
가 많아서 다양한 국가의 음식을 즐길 수 있는
곳이다.

7. 생활의 편의성

한 달 살기를 하기 위해서는 생활을 하기위해
필요한 물품을 구입하기가 쉽고 저렴해야 한
다. 치앙마이에는 밤늦게까지 문을 연 편의점
이 있고 중심가든 외곽의 센탄 지역이든 대형
쇼핑몰이 있다.
또한 어디든지 밤에 문을 여는 야시장까지 있
으므로 저렴하게 생활에 필요한 모든 것을 쉽
게 찾을 수 있다. 한국 음식을 요리하거나 구
입하기 위한 재료들도 대형 쇼핑몰에서 구할
수 있어서 편리하다.

1. 상승하는 물가

태국 여행의 장점 중에 하나가 저렴한 물가이다. 하지만 치앙마이Chiangmai는 태국의 다른 도시보다 님만 해민의 물가는 상대적으로 높은 편이다. 올드 시티가 시내 중심에 있지만 유럽의 여행자들이 주로 머물고 늦은 시간까지 클럽들도 있다. 그러나 한 달 살기를 하는 중심 동네는 님만 해민으로 최근에 많은 카페들이 알려지기 시작하면서 임대료도 높아지고 점차 물가도 올라가고 있다. 님만 해민을 벗어나 치앙마이 대학교 근처나 산티탐의 현지인들이 사는 곳으로 이동하면 현지인의 물가로 저렴하다.

2. 정적인 분위기

올드 시티가 오래된 옛 분위기를 보여주는 치앙마이는 상대적으로 활기찬 분위기의 도시는 아니다. 그래서 정적인 분위기를 싫어하는 여행자는 치앙마이를 지루하다고 하기 때문에 자신의 성격과 맞는 도시인지 확인을 해야한다. 바다가 있는 도시가 아니고 내륙의 고지대에 위치한 도시이므로 인도네시아 발리처럼 활기찬 분위기는 아니다.

3. 미세먼지

건기가 시작되는 11월부터 치앙마이의 날씨는 지내기에 좋다. 그런데 3~4월이 되면 농사를 위해 불을 지르면서 상당히 공기가 탁해진다. 예전에도 들은 이야기이지만 그때는 공기가 나쁜지 모르고 지나갔던 것 같다. 그런데 최근에는 누가 봐도 공기가 나쁘다는 사실을 알 정도로 나쁘다. 다행인 점은 2월말부터 4월정도의 2개월만 나쁘다는 것이다.

발　　리
한 달 살기

Volley

발리(Bali)에서 한 달 살기

발리Bali는 현재 전 세계 여행자에게 가장 유명한 장기 여행지이다. 제주도의 3배에 이르는 발리는 1년 내내 해양스포츠를 즐기며 휴양지로 쉴 수도 있는 도시이다. 발리는 호주의 여행자들이 오래 머물면서 발리의 분위기에 매력을 느끼면서 오랜 시간 머문다.

레스토랑에는 전 세계 국적의 요리 경연장이라고 할 정도로 다양한 나라의 요리를 먹고 즐길 수 있어 식도락의 선도적인 역할을 하고 있다. 발리Bali에서 한 달 살기를 한다면 인기 지역인 꾸따Kuta 비치나 발리의 청담동, 스미냑Seminyak보다는 중부의 한적한 우붓Ubud이나 동부의 누사두아, 딴중 브노아rang에 점점 많은 한 달 살기를 원하는 여행자들이 찾고 있다.

발리Bali는 항상 늘어나는 단기여행자 뿐만 아니라 장기여행자들이 모이는 섬이다. 전 세계에서 유명 여행지로 편리성도 높아지면서 태국의 치앙마이 못지않은 한 달 살기로 이름을 날리고 있다. 여유를 가지고 생각하며 보낼 수 있는 한 달 살기는 많은 여행자가 경험하고 있는 새로운 여행방식인데 그 중심에 발리Bali가 있다.

개념잡기

동남아시아 지역의 우기인 4~10월에 발리는 건기에 속해 청명한 날씨를 보인다. 야자수가 늘어진 바다만 이어지는 다른 동남아 휴양지와 달리 발리는 논밭이 펼쳐지는 전원과 열대 정글, 이국적인 힌두교 사원이 바다와 어우러지는 풍경이 독특하다.

발리는 서핑으로 잘 알려져 있을 뿐만 아니라 정글 래프팅이나 열기구 체험 같은 엑티비티가 발달했다. 다양한 문화행사와 재래시장도 흥미롭다. 발리의 최대 아름다움은 석양이다.

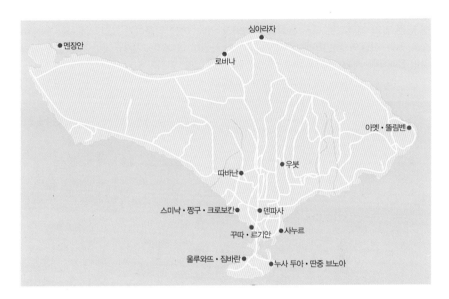

남서부의 꾸따(Kuta)

와 레기안Legian은 저렴한 숙소와 식당, 여행사 등이 밀집한 곳으로 여행자들로 늘 북적거린다. 파도가 거칠어 수영을 즐기기에는 위험하지만 해안이 아름답다. 유명한 발리의 석양도 이곳에서 감상할 수 있다. 남동부의 누사두아는 고급 리조트가 들어선 지역으로 파도가 잔잔하고 모래가 곱다.

발리의 문화를 엿보기에는 우붓Ubud이 제격이다. 크고 작은 상점과 갤러리, 재래시장이 발달했다. 발리의 독특한 문화를 볼 수 있기에 예전부터 유럽의 여행자들은 우붓을 선호했는데 현재까지 이어져 디지털 노마드의 성지이자 한 달 살기를 하려는 장기 여행자들이 몰려 다른 발리 지역과는 다른 문화를 형성하고 있다. 야생 원숭이가 무리지어 사는 원숭이 숲도 있다. 신들의 섬 발리에는 2만 개 이상의 사원이 있다. 이 가운데 깍아 지른 듯한 절벽 위의 울루와투 사원이나 바다의 신이 모셔진 롯 사원이 인기가 있다.

꾸타 비치(Kuta)

발리에서 가장 이름난 꾸따^{Kuta} 해변에서 서핑과 스노클링을 즐기고 새로운 사람도 만나고 아름다운 일몰을 즐기면 하루는 어느새 지나간다. 발리의 꾸따 비치에서 파라솔 아래 앉아 여유를 부리거나 수영, 스노클링, 서핑을 즐겨보자. 따뜻한 기후와 서핑, 저렴한 마사지와 아름다운 일몰로 유명한 꾸따Kuta 비치는 세계 각국에서 수백만의 관광객이 찾는 유명 비치이다.

꾸따^{Kuta} 인근에 숙소를 잡았다면 아마도 매일 한 번씩 꾸따 비치에 가게 될 것이다. 꾸따 비치는 발리 서해안의 꾸따^{Kuta}, 레기안^{Legian}, 투반, 스미냑^{Seminyak} 마을들이 만나는 곳에 있지만 마을들은 뚜렷하게 구분되지는 않는다. 이곳은 어부들과 열혈 서퍼들만을 위한 장소가 아니다. 현재, 다양한 편의시설을 구비한 꾸따^{Kuta} 비치는 모두를 위한 휴양지로 변모하였다.

꾸따 비치는 잔잔한 파도와 모래 바닥 덕분에 서퍼들에게도 적합하다. 서핑 학교에서 파도를 타는 법에서부터 물 위에서 사람들을 피하는 법까지 배울 수 있다. 서핑을 즐기지 않아도 패러세일링, 바나나 보트 타기, 인도네시아 전통 마사지 등 즐길 거리가 넘쳐난다. 밤이되면 바닷가 카페에서 식사를 하면서 일몰을 느낄 수 있다.

> **여행자들의 비치**
>
> 한 달 살기를 하려는 장기 여행자들은 꾸따 비치의 높은 물가와 많은 관광객이 많아 적합하지 않다. 특히 대한민국에서 짧은 기간 동안 여행을 온 관광객은 꾸따 비치와 스미냑에서만 지내다가 돌아가는 경우도 많을 정도라는 사실을 인지하자. 발리의 청담동이라고 하는 스미냑은 물가가 상당히 높아서 대한민국과 차이가 없을 정도라고 이야기한다. 발리는 대부분의 상품들이 수입하기 때문에 수입물가로 생각한다면 이해할 수 있을 것이다.

짱구(Canggu)

부드러운 백사장이 펼쳐진 해변은 최근에 높은 물가과 많은 관광객이 몰리는 꾸따 비치를 대신해 개발이 이루어지는 곳이다. 짱구^{Canggu} 비치는 일광욕을 하기에도, 새로운 사람을 만나기에도 좋지만 무엇보다도 인근 꾸따에서 적당히 떨어져 있어 한적한 느낌을 받는다.

부드러운 모래바닥에 왼쪽과 오른쪽으로 부서지는 파도와 너울은 세기도 한결 같아 서퍼들도 찾아오고 있다. 서핑에 관심이 없다면 바닷가에 누워 여유롭게 일광욕을 즐기다 바다로 뛰어들어 수영을 하면 된다.

짱구^{Canggu} 비치는 아무것도 하지 않고 하루 종일 빈둥거리고 싶다. 그러다 몸이 근질거리면 남쪽의 꾸따 비치나 북쪽의 스미냑 비치로 가서 즐기려고 해도 거리가 멀지 않아서 이동하기 쉽다. 산책을 하며 해안가에 즐비한 바닷가 카페에 앉아 칵테일을 한 잔 마시거나 바닷가 식당에서 가벼운 식사를 즐길 수 있다.

늦은 오후에 짱구^{Canggu} 비치로 나가서 지는 해를 감상하면서 인도네시아 맥주 '빈탕'을 한 잔 마시면 그 누구보다 여유로운 기분을 느끼게 된다. 해가 지고 나면 바닷가 여기저기에서는 음악이 들린다.

한 달 살기 추천 지역

꾸따 비치에 비해 상대적으로 저렴한 물가와 여유로운 해변, 다양한 해양스포츠를 즐길 수 있는 딴중 브누아 비치와 사누르 비치가 한 달 살기를 하는 장기 여행자들이 찾고 있다. 서양 여행자들이 많이 찾는 내륙의 우붓은 초록색으로 둘러싸여 있는 마을에서 힐링Healing을 즐기면서 오랜 시간 머물 수 있는 장점이 있다.

누사두아, 딴중 브누아 비치

인도네시아 발리에서 가장 아름다운 여러 해변, 사원, 박물관 등을 즐길 수 있다. 누사두아 비치는 발리 남부의 아름다운 반도를 따라 쭉 뻗어 있는 모래사장이다. 해변 뒤로는 고급 리조트와 야자수가 즐비하고 바닷가에는 녹색과 푸른색의 따뜻한 바다가 찰랑거리는 그림 같은 풍경이 압권이다. 해변에서 아름다운 풍경을 벗 삼아 사진을 찍는 연인도 많이 볼 수 있다.

딴중 브누아 비치는 바위로 이루어진 곳에 앉아 탁 트인 바다 풍경을 감상하면서 가족이나 연인과 함께 모래 해변을 거닐며 예쁜 조개도 줍고 모래성도 쌓는 아이들이 많다. 긴 일광욕 의자에서 쉬어가면서 깨끗한 바다에서 시원하게 수영을 즐기고, 스노클링 장비를 가져와 바다 속 다채로운 색상의 물고기들을 보는 것도 좋다.

다양한 해양스포츠를 즐기는 사람들이 많아서 해변의 투어 회사에서 가격을 잘 흥정해 제트스키, 카야킹, 패들 보딩, 패러 세일링 등 다양한 즐길 수 있다. 해안의 거대한 파도를 이용한 서핑도 인기가 높은 데, 중급 이상의 실력을 가진 서퍼들이 찾는 해변이다.

사누르(Sanur Beach)

사람들이 붐비지 않는 해안가, 아름다운 푸른색 바다, 한가로운 분위기의 마을 등으로 묘사할 수 있는 사누르 해변은 북적이는 발리 남동부의 고요한 오아시스와 같은 곳이다. 사누르 마을은 작고 평화로운 분위기로 발리 전통이 그대로 보존되어 있다. 사람이 붐비지 않아 평화롭고 조용한 곳이므로 관광을 마치고 밤에 돌아와 휴식을 취하기에 좋다.

지리적으로 볼 때 사누르 해변Sanur Beach은 꾸따 해변Kuta Beach의 번쩍이는 불빛으로부터 불과 15㎞밖에 떨어져 있지 않지만 완전히 다른 세상이라고 느껴진다. 사누르 해변Sanur Beach은 발리에서 가장 초기에 조성된 휴양지지만 해변과 마을의 평화롭고 느긋한 분위기가 그대로 유지되고 있어 연령과 관계없이 많은 가족이나 연인들이 찾는다.

사누르 비치Sanur Beach는 아름다운 모래사장과 조용한 푸른 바다, 눈부신 일출로 유명하다. 산호초에 둘러싸인 해변은 어린 아이들이 있는 가족들이 수영을 즐기기에 이상적이다. 약 5㎞에 달하는 바닷가의 오솔길을 따라 아침 산책을 즐기고, 낮에는 카누, 윈드서핑, 낚시, 스노클링을 즐겨도 좋고, 해가 질 때 배를 빌려 수평선까지 나아가서 석양을 봐도 좋다. 스쿠버 다이빙을 즐기는 사람들에게는 누사 페니다Nusa Penida, 누사 렘봉안Nusa Lembongan 등 환상적인 다이빙 장소가 근처에 있다.

우붓(Ubud)

발리의 로컬 문화를 느끼려면 뜨갈랄랑 마을^{Tegallalang Village} 논과 숲을 둘러보거나 우붓^{Ubud}을 방문해 보자. 서양 여행자들이 오랜 시간 머무르는 대표적인 지역이다. 한 달 살기를 발리에서 한다면 가장 먼저 생각나는 동네로 인식되고 있다. 특히 요가 수업을 듣거나, 쿠킹 클레스 등을 배우면서 지낼 수 있어서 지루하지 않다. 논길을 따라 자전거를 타거나, 우붓 원숭이 숲의 사원 지붕 위에 올라간 마카크 원숭이를 구경하면서 시간을 보내시는 것도 좋다. 신비한 코끼리 동굴에도 들러 보고 9세기 티르타 엠풀 사원에 있는 욕조에 몸을 담가 보는 것도 좋다.

발리의 예술 문화 중심지인 우붓^{Ubud}에서 푸리 루키산 박물관^{Puri Lukisan Museum}, 네카 미술관 ^{Neka Art Museum}, 안토니오 블랑코 박물관^{Antonio Blanco Museum}, 아르마 박물관^{Arma Museum} 등을 방문하는 것을 추천한다.

우붓^{Ubud} 남쪽의 발리 동물원^{Bali Zoo}과 발리 새 공원^{Bali Bird Park}에 가면 동물들도 만날 수 있다. 우붓^{Ubud}의 북쪽 지역인 발리의 중심부에는 산을 깎아 지은 구눙 카위 사원^{Gunung Kawi Temple}이 있다.

1. 고급 커피

동남아시아의 대표적인 커피 생산 국가는 베트남이 대표적이다. 그래서 인도네시아의 발리가 커피가 유명하지 않다고 생각하는 사람들도 많다. 하지만 발리는 아라비카 커피와 루왁 커피가 유명하며 고급 커피를 마시는 즐거움이 있다. 다른 동남아시아 국가에서는 소박한 커피한잔의 여유를 즐겼다면 발리Bali에서는 유럽 커피의 맛을 즐기는 순간이 다가온다.

2. 탄탄한 관광 인프라

발리는 해변의 즐거움과 내륙인 우붓에서 즐기는 발리 문화를 동시에 즐길 수 있는 장점이 있다. 휴양지로 유명한 발리이지만 발리만의 색다른 관광 컨텐츠가 섞여 탄탄한 관광인프라가 구축되어 있다.
화산대의 활동은 발리 섬의 극히 비옥한 토양을 가져다주었고, 때로는 사람들에게 재해를 가져오면서 관광객이 줄어들지 않고 더욱 많은 장기여행자의 천국이 되고 있다.

3. 일정한 기온

발리는 년중 기온의 변화는 거의 없고, 연간 최저평균기온은 약 24도, 최고평균기온은 약 31도로 일정하다. 다만 습도는 약 78%로 덥고 습하지만, 체감 기온은 바다 바람에 의해 부드럽게 느껴진다. 최근에는 건기와 우기의 구분이 거의 느껴지지 않을 정도로 온난화의 영향을 받아 연중 높은 기온을 나타내고 있으며 우기 중 한낮의 최고기온이 34도 이상을 웃도는 뜨거운 기후를 나타내고 있다.

4. 안전한 치안

발리Bali는 다른 인도네시아 도시보다 안전하다. 수도인 자카르타는 치안이 불안하다는 인식이 있지만 발리는 치안에 상당한 공을 들이고 있다. 발리는 이슬람 문화와 힌두 문화를 바탕으로 새로운 여행자들이 몰려들면서 개방적인 인식으로 외국인에게 친절하다. 다만 스미냑의 클럽에서 즐길 때에 밤늦은 시간에는 조심하는 것이 좋다.

5. 다양한 국가의 음식

발리Bali에는 한국 음식을 하는 식당들이 많지 않다. 한국음식이 중요한 여행자들은 오랜 시간 한국 음식을 먹지 못하면 답답해 한다. 그런데 인도네시아 음식들은 상당히 대한민국 여행자에게 잘 맞아서 음식 때문에 장기간 머무르기 힘들지는 않다.
한국 음식만 아니라면 전 세계의 음식을 접할 수 있는 레스토랑이 즐비하므로 음식을 즐기고 배우는 쿠킹 클레스에서 배우는 여행자가 많다.

단 점

1. 접근성

발리Bali는 대한민국에서 동남아시아로 이동하는 시간이 가장 긴 7시간이 소요된다. 거리가 멀기 때문에 항공비용도 다른 치앙마이나 베트남보다 비싸다. 대한항공과 가루다 인도네시아 항공의 직항으로 이동하려면 100만원까지 상승할 때도 있다.

2. 저렴하지 않은 물가

한 달 살기를 하려는 대부분의 도시들은 저렴한 물가를 자랑한다. 하지만 발리Bali는 동남아시아의 다른 도시보다 물가가 저렴하지 않다. 발리는 대부분의 공산품이 수입되기 때문에 물가는 동남아시아의 다른 도시보다 상대적으로 물가가 높은 편이다.

인도네시아 음식을 즐기는 여행자는 저렴하게 한 끼 식사를 먹을 수도 있지만 레스토랑과 카페의 식사와 커피비용은 비싼 편이다. 다양한 국가의 요리를 합리적인 가격으로 즐겼다는 생각은 없고 대한민국의 물가와 차이가 없다는 판단을 할 수도 있다. 하지만 발리도 저렴하게 식사와 레스토랑을 찾으면서 지낼 수도 있다.

요가(1회 4~5천원), 서핑(1일 2시간 4~5만원) 등을 배우는 비용은 다른 치앙마이나 동남아시아 국가와 비슷하다.

한 달 살기
각 도시

베트남 ●————
호이안
달랏
푸꾸옥

라오스 ●————
루앙프라방
방비엥

태국 ●————
끄라비

인도네시아 ●————
족자카르타

베트남

| 호이안 |

| 나트랑 |

| 달랏 |

| 호치민 |

베트남

| 호이안 |

| 나트랑 |

| 달랏 |

| 호치민 |

Vietnam

Hoi An

호이안

Hoi An
호이안

오랜 전통을 살리는 노란 색 골목에 개성이 가득한 골목골목마다 착하고 순한 호이안 사람들과 관광객이 어울린다. 베트남의 다른 도시에서는 못 보는 호이안Hoi An의 장면들은 베트남다운 도시로 손꼽힌다.

호이안Hoi An은 17~19세기에 걸쳐 동남아시아에서 가장 중요한 항구 중 하나였던 곳이다. 오늘날 호이안의 일부분은 100년 전이나 지금이나 같은 모습을 보여주고 있다. 호이안Hoi An은 베트남 중부에서 중국인들이 처음으로 정착한 도시이기도 하다.

호이안 IN

대한민국의 관광객은 다낭을 여행하면서 하루 정도 다녀오는 여행지로 인식하고 있다. 다낭Danang에서 버스로는 1시간 10분, 자동차로 40~50분 정도 소요된다. 그래서 호이안Hoian으로 택시나 그랩Grab을 이용하는 경우가 많다. 하지만 장기여행자는 다낭Danang과 호이안Hoian을 오가는 1번 버스(편도 20,000동)를 이용하는 경우가 많다.

리조트 / 호텔 셔틀버스

최근에 다낭에서 호이안까지 이어진 해안을 따라 새로운 리조트와 호텔이 계속 들어서고 있다. 다낭 가까이 있는 해안에는 벌써 다 대형 리조트가 들어서서 호이안에 가까운 해안으로 리조트가 들어서고 있다.

최근 개장한 빈펄 랜드도 호이안에 있다. 다낭까지 30분 이상이 소요되는 거리 때문에 리조트나 호텔에서는 픽업차량을 운영하고 있다. 다만 유료로 운영하므로

장점이 없지만 택시를 타고 난 후, 낼 수 있는 바가지요금이 없는 것이 장점이다.

택시 / 그랩(Grab)

다낭에서 시내를 이동하는 데, 가까운 거

리는 대부분 택시를 이용하는 데 차량 공유 서비스인 그랩Grab과 가격차이가 크지 않다. 하지만 택시를 타고 다낭에서 20㎞ 이상 떨어진 먼 거리인 호이안을 이동하기 위해서는 택시는 400,000~500,000동 정도의 요금을 요구하므로 그랩Grab을 타고 330,000~370,000동을 이용하는 경우가 대부분이다.

호이안 올드 타운은 차량이 이동할 수 없으므로 올드 타운에서 가장 가까운 입구인 호이안 하이랜드 커피점에서 내려달라고 하면 편리하게 이용이 가능하다.

슬리핑 버스

버스

현지에서 살고 있는 호이안, 다낭 사람들
중에 이동하려면 대부분 개인이 소유한
오토바이를 이용해 오가고 있다. 장사를
하는 현지인들이 주로 탑승하거나 해외
장기 여행자들이 자주 이용하고 있다.
다낭과 호이안 버스터미널을 오가는 노
란색 1번 버스를 탑승하면 저렴하게 이용
할 수 있다. 다만 에어컨이 나오지 않아서
더운 낮에는 상당히 덥다는 것을 알고 있
어야 한다.

남부의 나트랑Nha Trang(12 시간)이나 후에(4
시간)를 가기 위해 슬리핑 버스를 이용한
다. 후에는 다낭에서 한번 정차하고 이동
하며, 나트랑은 3시간 정도마다 1번씩 정
차해 화장실을 이용할 수 있다.
호이안에서 남부의 호치민까지 이동하려
는 여행자도 가끔 있는데, 반드시 호이안
에서 저녁에 출발해 나트랑에 아침에 도
착해 쉰다. 다시 저녁에 나트랑에서 출발
해 다음날 아침에 호치민에 도착하므로
한 번에 이동이 불가능하다.

한눈에 호이안(Hoi An) 파악하기

유네스코 세계 문화유산으로 등재된 호이안Hoi An의 유서 깊은 올드 타운에서 쇼핑을 즐기고 문화 유적지를 둘러보며 강변에 자리한 레스토랑에서 저녁식사를 즐기면서 옛 시절로 떠나는 경험을 할 수 있다. 호이안Hoi An의 아주 오래된 심장부로 여행을 떠난다. 좁은 도로를 거닐다가 사원과 유서 깊은 주택을 방문하고, 다양한 전통 음식을 맛봐도 좋다.

호이안Hoi An 도심에서 사람들의 발길이 가장 많이 이어지는 곳은 규모 약 30ha의 대지 위에 조성된 유서 깊은 올드 타운이다. 16세기에 처음 세워진 지붕 덮인 목조 건축물, 일본 교를 건너보는 관광객을 볼 수 있다. 내원교 안에는 날씨를 관장하는 것으로 알려진 신, 트란 보 박 데Tran Vo Bac De를 위한 작은 사원이 있다. 150년이 넘은 꽌탕 가옥에 들러 아름답게 조각된 목재 가구와 장식을 구경할 수 있다.

중국 이민자를 위해 세워진 올드 타운의 화랑 다섯 곳에 사용된 건축도 감상해 보자. 호이안 민속 박물관에 가면 현지의 관습과 일상적인 삶의 모습이 담긴 물건도 볼 수 있다. 도자기 무역 박물관에서 8~18세기까지 만들어진 도자기 공예품도 인상적이다.

도심 지역은 쇼핑하기에 아주 좋은 장소이다. 가죽 제품과 의류, 전통 등외에 기타 수공예 기념품을 파는 상점이 즐비하다. 관광객에게는 값을 비싸게 받기 때문에 가격을 흥정하는 것이 좋다. 재단사가 많은 호이안Hoi An에서 나만을 위한 맞춤 양복도 주문할 수 있다.

강변에서는 바Bar와 레스토랑, 카페에 발걸음을 멈춰 빵과 스프, 면 요리를 맛보고 커피 한 잔에 여유를 느낄 수 있다. 해가 지면 편안한 분위기와 고급스러운 분위기의 레스토랑, 나이트클럽이 한데 어우러진 호이안Hoi An에서 밤 문화도 즐겨 보자.

호이안Hoi An의 올드 타운은 쾌속정, 페리를 타고 참 아일랜드의 해변과 숲, 어촌 마을을 둘러볼 수 있다. 보행자가 좀 더 편히 다닐 수 있도록 낮 시간에는 자동차와 오토바이의 주행이 금지되어 있다.

호이안을 대표하는 볼거리 Best 5

올드 타운

호이안Hoi An의 과거가 훌륭하게 보존된 올드 타운은 목조 정자에서부터 유명 재단사까지, 서로 다른 시대와 문화가 어우러진 곳이다. 오늘날에도 구식 항구로서의 기능을 가지고 있으며, 관광과 어업이 지역의 주요 수입원이다. 호이안Hoi An의 올드 타운은 1999년 세계문화유산으로 지정되었다.

옛 도시의 매력은 한두 가지가 아니다. 올드 타운의 상당 부분이 나무를 이용하여 건설되었다. 일본 다리와 목조 정자와 같은 명소들은 건축의 경지를 넘어 예술이라고까지 부를 수 있다. 과거에는 도자기 산업이 융성하였다. 호이안 고도시의 박물관에서 찬란했던 도자기 역사를 볼 수 있다. 싸 후인 문화 박물관에는 400점이 넘는 도자기가 전시되어 있다.

호이안Hoi An은 다른 항구 도시와 마찬가지로 예부터 다문화적 공동체를 이루어 왔으며, 건물들은 이러한 특성을 반영하고 있다. 호이안 고도시를 거닐며 중국식 사원과 바로 옆의 식민지풍 주택을 감상할 수 있다.

이른 아침 투본 강변으로 나가 어물선상들이 고깔 모양 모자를 쓰고 흥정하는 모습을 볼 수 있다. 인근의 호이안Hoi An 중앙 시장도 흥미롭다. 호이안Hoi An은 재단사들과 비단 가게로도 유명하다. 맞춤옷을 주문하면 도시를 떠나기 전에 완성된 옷을 받을 수 있다. 시장의 상인들은 만만하지 않아서 물건 가격을 깎는 것은 쉽지 않다.

> **올드 타운이 보존된 이유**
> 주요 항구로서 호이안Hoi An은 18세기 말에 기능을 잃어버린 후, 인근의 다낭과 같은 현대화를 겪지 않게 되었다. 수많은 전쟁을 거친 베트남의 역사에도 불구하고 심하게 훼손되지 않아 베트남의 과거 모습을 엿볼 수 있게 되었다.

호이안의 밤(Nights of Hoi An) 축제

호이안의 낭만은 해가 저물면 시작된다. 구시가지 곳곳에 크고 작은 연등이 하나둘 켜지면 옛 도시 호이안Hoian은 감춘 속살을 비로소 드러낸다. 투본Thu Bon 강 언저리와 다리에는 소원을 빌며 연등을 띄우는 여행자가 보이기 시작한다. 올드 타운을 수놓은 오색찬란한 연등의 향연은 베트남을 대표하는 장면이다.

매달 보름달이 뜨는 날이면 호이안Hoi An 올드 타운은 차 없는 거리로 변신하고, 전통 음악과 춤이 공연되며, 음식을 파는 노점상과 등불이 거리를 메운다. 연등 행사가 가장 활발한데 매월 14일 밤에 열리는 '호이안의 밤Nights of Hoi An' 축제는 하이라이트로 자리 잡았다.

송 호아이 광장(Sông Hoai Square)

도심 한가운데 자리 잡은 매력적인 광장에서 시장 가판대에 놓인 핸드메이드 공예품을 구입하고 아름다운 내원교도 건너가 보자. 베트남 중부 해안에 있는 호이안Hoi An은 베트남에서 가장 매력적인 도시로 꼽힌다. 매력적인 중앙 광장인, 송 호아이 광장이 자리해 있다. 차량 통행량이 거의 없어서 도시 광장의 인기가 많은데도 한적한 분위기가 흐른다. 즐거움으로 가득한 송 호아이 광장Sông Hoai Square에서 시간을 보내며 평온하고 한적한 분위기에 빠져들게 된다.

송 호아이 광장Sông Hoai Square에 도착하면 강변으로 발걸음을 옮겨 내원교를 구경하자. 작지만 화려하고 지붕까지 있는 다리는 의심의 여지없이 광장을 상징하는 최고의 볼거리이다. 16세기에 건축된 다리는 지진도 견뎌낼 만큼 구조가 튼튼해서 이후 사소한 복원 작업만 몇 차례 거쳤다.

다리 근처에 다다르면 입구를 지키고 있는 원숭이와 강아지 조각상을 볼 수 있다. 다리를 건너는 동안 고개를 들어 천장에 새겨진 정교한 무늬를 감상할 수 있다. 일본과 베트남, 중국의 문화가 두루 담겨 있다.

다리를 둘러본 뒤에는 송 호아이 광장의 상점과 가판대를 구경해 보자. 신선한 생선과 야채를 구입하고, 수제화, 목재 장신구의 가격도 흥정해 본다. 호이안Hoi An은 세계 최고 수준의 실크를 생산하는 곳이다. 실크를 따로 구입한 다음 현지의 솜씨 좋은 재단사에게 가져가 맞춤옷을 제작하는 사람들도 많다. 광장의 음식 가판대나 카페에 들러 점심 식사를 즐긴 후 강가에 앉아 다리 아래로 지나가는 긴 운하용 보트가 자아내는 매력적인 풍경도 볼 수 있다.

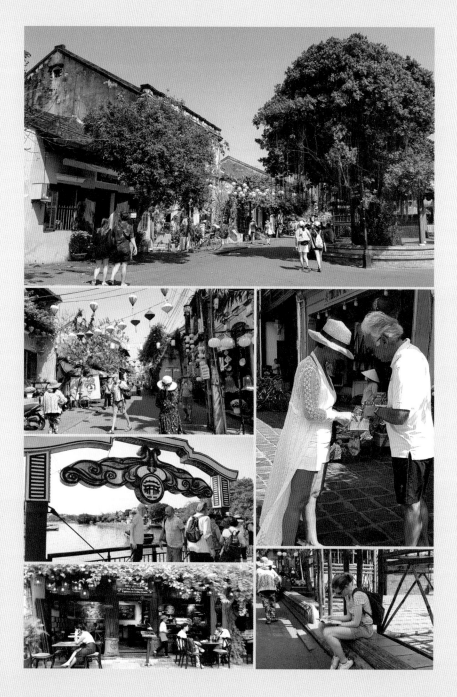

내원교(Japanese Covered Bridge)

호이안에서 가장 사랑 받는 포토 스팟으로 일몰 후에 종이 등불에 불이 들어와 장관을 이룬다. 윗부분에 정자가 세워진 내원교는 1600년대 초반 일본인들이 건설하였다. 일본인들과 운하 동쪽에 살던 중국 상인들의 용이한 교류를 위해 만들었다. 그래서 일본교가 다리라는 실용성을 넘어 평화와 우애의 상징으로 작용하게 된 계기이다. 수많은 관광객들이 즐겨 찾는 곳이 되었고 사진을 찍기에도 좋은 장소이다.

내원교는 응우옌티민카이 거리와 트란푸 거리를 잇는 좁은 운하를 가로지르고 있다. 처음 건설된 후 수차례 재건되었음에도 독특한 풍취와 강렬한 일본 양식은 여전히 간직하고 있다. 재건에 관여한 사람들의 이름은 다리 위 표지에 표시되어 있다. 그러나 최초의 건축가는 아직까지 알려지지 않고 있다.

다리 입구에 있는 목재 현판은 1700년대에 만들어졌고, 이 현판이 '내원교'라는 이름을 '먼 곳에서 온 여행객을 위한 다리'로 바꾸게 되었다. 정자 안에는 날씨를 관장한다는 트란보박데 신을 모시는 성소가 있다.

주소_ Tran Phu, Hoi An 위치_ 호이안 구시가지 동남쪽 쩐푸 거리에 위치

> **다리의 입구와 출구에 있는 동물 조각**
> 한 쪽 끝에는 개가 있고 다른 끝에는 원숭이가 있다. 개의 해에 건설이 시작되어 원숭이의 해에 마무리 되었기 때문이라는 설이다.

호이안 시장(Hoi An Market)

소란스럽지만 활기 넘치고 다채로운 강변 시장에 가면 신선한 현지 농산물을 구입하며 전통적인 길거리 음식을 맛보고 흥정하는 기술도 알게 된다. 허브와 향신료, 살아 있는 가금류와 신선한 농산물을 판매하는 노점상으로 즐비한 강변 시장인 호이안 시장에서 다양한 음식을 즐길 수 있다. 푸드 코트에서 현지의 다양한 요리와 베트남인들이 좋아하는 음식을 맛보고, 기념품과 옷도 구입할 수 있다.

현지인과 관광객이 모두 쇼핑에 나서는 장소라서 온종일 붐빈다. 생선을 구입하려면 어부가 잡은 물고기를 내리는 아침에 맨 먼저 도착하는 것이 좋다. 생선을 좋아하지 않더라도 시장 상인들과 현지 구매자가 가격을 놓고 흥정을 벌이는 생기 있고 시끌벅적한 광경을 지켜보는 재미가 있다.
신선한 과일, 채소, 허브와 고춧가루, 사프란 같은 향신료를 판매하는 다른 곳도 둘러보자. 발걸음을 멈춰 살아 있는 오리와 닭을 판매하는 노점도 구경할 수 있다. 규모가 큰 푸드 코트에 들러 베트남 쌀국수를 비롯한 전통 베트남 음식도 맛보자. 쌀국수 요리인 '까오라오' 같은 현지 특식이 노점마다 각 가정의 독특한 레시피에 따라 몇 가지 요리만 선보인다. 모든 상인이 함께 일하기 때문에 여러 노점에서 음식을 주문하면 노점에서 식사하는 자리로 음식을 가져다 준다.

야시장

식사를 끝내고 야시장을 계속해서 구경해 보자. 기념품 매장과 재단사가 맞춤옷을 판매하는 상점도 찾을 수 있다. 센트럴 마켓에는 맞춤옷 가게가 몇 군데 있는데, 주로 양복과 드레스, 재킷을 만든다. 다른 곳보다 가격이 저렴하지만 보통 처음 제시한 가격은 부풀려져 있기 마련이므로 흥정을 해서 더 깎아야 한다.

호이안 시장은 호이안의 주요 도로인 트란 푸 스트리트와 박당 스트리트 사이에 있다. 깜남 섬에서 강을 바로 가로지르는 곳에 있으며, 매일 이른 아침부터 저녁때까지 열린다.

호이안 전망 즐기기

호이안(Hoian)에서 한 달 살기

다낭Danang은 알아도 호이안Hoian은 현재 대한민국 여행자에게 생소한 도시이다. 하지만 베트남에서 옛 분위기가 가장 살아있는 도시가 호이안Hoian이다. 베트남의 한 달 살기에서 저자가 가장 추천하는 도시는 호이안Hoian이다. 왜냐하면 도시는 작지만 다양한 즐길거리가 존재하고 옛 분위기를 간직하고 있어 오래 있어도 현대적인 도시에 비해 덜 질리는 장점이 있다.

저자는 베트남의 호이안Hoi An에서 3달 동안 머물면서 호이안 사람들과 웃고 울고 느낌을 공유하면서 베트남 생활에 쉽게 적응할 수 있었고 무이네Muine와 남부의 나트랑Nha Trang, 푸꾸옥Phu Quoc에서 한 달 살기로 적응하기 쉽게 만들어준 도시가 호이안Hoian이다. 대한민국이 여행자들도 다낭에서 여행하다가 잠시 머무는 도시가 아닌 장기 여행자가 오랜 시간 호이안Hoian에 머물고 있는 도시로 바뀌고 있다.

장점

1. 친숙한 사람들

호이안Hoian은 중부의 옛 분위기를 간직한 도시이다. 도시는 작지만 많은 여행자가 머물기 때문에 호이안 사람들은 여행자에게 친절하게 다가가고 오랜 시간 머무는 여행자와 쉽게 친해진다. 달랏Dalat이 베트남의 신혼 여행지이자 휴양지로 알려져 있다면 호이안Hoian은 웨딩 사진을 찍는 도시이다. 그만큼 다양한 분위기를 가지고 베트남 사람들뿐만 아니라 여행자에게 친숙한 사람들이 호이안의 한 달 살기를 쉽게 만들어준다.

2. 색다른 관광 인프라

호이안Hoian은 베트남의 다른 도시에서 느끼는 해변의 즐거움이나 베트남만의 관광 인프라를 가지고 있지는 않다. 오랜 기간 베트남 중부의 무역도시로 성장한 도시이기 때문에 도시는 무역으로 성장한 분위기를 그대로 가지고 있다. 또한 안방 비치도 있어 해변에서 즐기는 여유도 느낄 수 있고 올드 타운의 밤에 거리를 거닐면서 즐기는 옛 분위기는 호이안Hoian만의 매력으로 다른 도시에서는 느낄 수 없는 것이다.

3. 접근성

다낭에서 30~40분이면 호이안Hoian에 도
착할 수 있다. 호이안Hoian이 멀다고 느껴
지지만 다낭에서 버스나 택시로 쉽게 접
근 할 수 있다. 다낭이 최근에 성장한 무
역도시이자 관광도시라면 호이안은 옛
무역도시라고 생각하면 된다. 그래서 해
안이나 다낭을 통해 쉽게 접근할 수 있는
도시이다.

4. 장기 여행 문화

베트남은 현재 늘어나는 단기여행자 뿐만 아니라 장기여행자들이 모이는 나라로 변화하
고 있다. 경제가 성장하면서 여행의 편리성도 높아지면서 태국의 치앙마이 못지않은 한 달
살기로 이름을 날리고 있다. 여유를 가지고 생각하는 한 달 살기의 여행방식은 많은 여행
자가 경험하고 있는 새로운 여행방식인데 그 중심으로 호이안Hoian이 변화하고 있다.

5. 슬로우 라이프(Slow Life)

옛 분위기 그대로 지내면 천천히 즐기는 '슬로우 라이프Slow Life'를 실천할 수 있는 도시라고 말할 수 있다. 유럽의 여행자들이 달랏Dalat에 오래 머물면서 선선한 날씨와 유럽 같은 도시 분위기에 매력을 느낄 수 있다면 호이안은 베트남의 16~17세기의 분위기를 느끼면서 옛 도시에서 머문다는 생각이 여행자를 기분 좋게 만들어 준다. 그래서 유럽의 많은 배낭 여행자들이 오랜 시간을 머무는 도시가 호이안Hoian이다.

6. 다양한 국가의 음식

다낭Dannang에는 한국 음식을 하는 식당들이 많지만 호이안Hoian에는 많지 않다. 가끔은 한국 음식을 먹고 싶을 때가 있지만 다낭만큼 한국 음식점이 많지 않다. 하지만 전 세계의 음식을 접할 수 있는 레스토랑이 즐비하다. 그래서 호이안Hoian에는 베트남 음식을 즐기는 것이 아니라 전 세계의 음식을 즐기는 여행자가 많다. 유럽의 배낭 여행자가 많아서 다양한 국가의 음식을 즐길 수 있는 곳이 호이안Hoian이다.

1. 저렴하지 않은 물가

베트남 여행의 장점 중에 하나가 저렴한 물가이다. 하지만 호이안^{Hoian}은 베트남의 다른 도시보다 호이안^{Hoian}의 올드 타운의 물가는 베트남의 다른 도시보다 상대적으로 높은 편이다. 올드 타운은 도시가 작은 규모로 유지가 되므로 더 이상 새로운 레스토랑이 들어서기보다 기존의 레스토랑이 유지가 되고 있다. 올드 타운을 벗어나 호이안 사람들이 사는 곳으로 이동하면 현지인의 물가가 저렴하지만 장기 여행자는 올드 타운에서 머물고 싶어 하므로 다른 도시보다 높은 물가를 감당하고 머무는 경우가 많다.

2. 정적인 분위기

올드 타운이 오래된 옛 분위기를 보여주지만 상대적으로 활기찬 분위기의 도시는 아니다. 그래서 정적인 분위기를 싫어하는 여행자는 호이안^{Hoian}을 지루하다고 하기 때문에 자신의 성격과 맞는 도시인지 확인을 해야 한다. 근처에 안방비치도 있지만 다낭처럼 비치의 활기찬 분위기는 아니다.

호이안을 대표하는 비치 BEST 2

호이안Hoi An에는 2개의 중요한 해변인 안방 비치An Bang Beach와 꾸어 다이 비치Cua Dai Beach가 있다. 안방 비치는 예부터 유명한 비치였지만 꾸어 다이 비치Cua Dai Beach는 최근에 해변을 선호하는 관광객에게 더 인기있는 비치로 유명해지기 시작했지만 아름다운 해변이 침식으로 인해 상당수가 침식되면서 인기는 식었다. 그래도 여전히 해변의 유명한 레스토랑을 비롯한 명소가 있다.

안방 비치(An Bang Beach)

2014년, 꾸어 다이 비치Cua Dai Beach.를 강타한 해변의 대규모 침식이 발생한 후 관광객을 유치하기 위한 호이안Hoi An의 비치는 안방 비치An Bang Beach를 중심으로 이동했다. 그 이후 CNN에 의해 세계 100대 해변으로 선정되면서 유명세를 더했다. 북쪽과 남쪽에는 모두 바와 레스토랑이 줄 지어 있고, 영어를 구사하는 외국인과 유럽의 관광객을 위해 해변을 잘 정비해 두었다. 안방 비치An Bang에는 꾸어 다이 비치Cua Dai Beach보다 다양한 요리와 분위기 있는 레스토랑이 많고 거주하는 상당한 유럽 거주자들은 커뮤니티를 통해 서로 연락하고 지낸다.

신선한 해산물과 베트남스타일의 바비큐(BBQ)에서 정통 이탈리아와 프랑스 요리에 이르는 저렴한 식사를 즐길 수 있다. 소울 치킨Soul Kitchen, 라 플라쥬La Plage, 화이트 소울White Soul과 같은 레스토랑은 활기찬 파티를 즐기면서 매주 테마의 밤, 이른 시간의 해피 아워 프로모션으로 칵테일과 시원한 맥주를 늦게까지 마시면서 하루를 보낼 수 있다.

호이안 고대 마을에서 북쪽으로 7㎞ 떨어진 곳에 자전거나 오토바이를 이용하여 안방 비치An Bang Beach에 쉽게 갈 수 있다.

꾸어다이 해변(Cua Dai Beach)

호이안Hoi An의 해변에서 도시로부터 탈출하여 여행을 떠나자. 호이안Hoi An의 더위와 북적이는 올드 타운에서 벗어나 꾸어다이 해변에서 맑은 공기를 맛볼 수 있다. 꾸어다이 해변은 호이안Hoi An에서 북동쪽으로 약 4㎞정도 떨어져 있다. 이곳에는 아름다운 백사장이 한없이 펼쳐져 있다.

리조트가 인근에 있지만, 꾸어다이 해변은 특히 주중에 조용하고 평화롭다. 리조트 고객들을 위한 해수욕 구역이 따로 지정되어 있지만, 해변이 워낙 넓으므로 걱정하지 않아도 된다. 갑판 의자와 일광욕용 의자도 대여할 수 있다. 해변에 즐비한 야자나무는 정오의 해를 가려준다.

꾸어다이 해변의 바닷물은 깨끗하고 비교적 시원하다. 4~10월 사이에는 해수욕을 즐기기에 좋다. 11월부터는 파도가 높아 조금 위험할 수도 있다. 해수욕을 즐기다 붉은 깃발로 표시된 지점이 나오면 역류가 있는 곳이므로 조심해야 한다.

출발하기 전 호이안Hoi An에서 먹을거리를 사 가거나, 해변에서 직접 구입할 수 있다. 해변 위의 매점에서 음료와 해산물을 포장 판매한다. 바닷가에 해산물 요리를 파는 식당들이 즐비하다.

EATING

포 리엔
Phở Liến

구시가지 한복판에 위치한 로컬 쌀국수 집이다. 국물은 담백하고, 약간 단 맛이 난다. 콩나물 해장국에 계란을 넣어 먹듯이 것처럼 현지인들은 특이하게 쌀국수에 생 계란을 넣어 먹는다.

면은 다른 쌀국수와는 다르게 쫄깃한 식감이 난다. 식사 시간대에 방문하면 야외 테라스 및 매장 내부가 현지인들로 꽉 차서 자리가 없을 정도이니 피해서 가는 게 좋다. 현지 로컬 식당이다 보니 깔끔하지 않을 수 있다.

///

주소_ 25 Lê Lợi, Phường Minh An, Hội An
시간_ 6시~19시
요금_ 쌀국수 40,000동
전화_ +84-90-654-3011

포 슈아
Pho xua

호이안^{Hoi An}에서 한국인들에게 인기가 많은 베트남 음식 전문점이다. 길가다가 한글로 간판도 보이고, 한국 관광객들이 줄서서 대기 하고 있으니 찾기는 어렵지 않다. 메뉴는 쌀국수, 반쎄오, 분짜, 스프링롤가 인기가 많다.

전체적으로 음식 맛은 괜찮고, 관광지인 호이안 물가에 비하면 저렴한 편에 속한다. 식사 시간에 방문하면 대기는 기본이고, 자리가 없으면 당연히 합석해야 한다. 호이안 시장에서 가까워서 시장 구경하고 가는 계획에 넣으면 된다.

주소_ 35 Phan Chu Trinh, Phường Minh An, Hội An
시간_ 10〜21시
요금_ 소고기 쌀구수 45,000동
전화_ +84-90-311-2237

카고 클럽
The Cargo Club

베트남 음식과 서양 음식 등 메인 요리도
있지만, 디저트로 더 인기가 많은 카고 클
럽이다.
서양식은 피자 파스타, 립 요리등 다양하
게 준비되어 있고, 베트남 음식은 화이트
로즈, 쌀국수, 라이스 페이퍼 롤 등이 있
다. 메인 식사를 마치고 꼭 디저트를 시켜

보기 바란다. 투본 강을 마주하고 있어서
전망이 좋다. 올드 타운에서 가게 앞 등불
이 가장 눈에 띄게 장식 되어 있어서, 밤
에는 사진도 많이 찍기 위해 온다. 전망
좋은 2층 야외 테라스에 앉기 위해선 예
약을 하고 가야한다.

주소_ 109 Nguyễn Thái Học, Street, Hội An
시간_ 8~23시
요금_ 화이트 로즈 85,000동
　　　　그릴 미트 콤보 225,000동
전화_ +84-235-3911-227

한국 여행객들이 많이 시키는 요리이다. 매콤하게 해달라고 요청하면 한국 반찬으로 손색이 없다. 저녁 시간대에 가면 대기는 기본이다. 대기시간을 알려주니 구시가지를 거닐면서 시간에 맞춰서 오면 된다.

미스 리
Miss Ly

25년 넘게 가족들이 운영해 오고 있는 베트남 음식 전문점이다. 고풍스럽고, 호이안 스타일의 내부도 아늑한 느낌을 준다. 호이안 전통 음식을 메인 메뉴로 내어 놓는다. 신선한 재료들과 조미료를 넣지 않아서 대체 적으로 깔끔하고, 담백하다. 화이트 로즈, 프라이드 완탕, 까오러우,

---

주소_ 22 Nguyen Hue, Hội An
시간_ 10시 30분~22시
요금_ 화이트 로즈 85,000동
　　　 그릴 미트 콤보 225,000동
전화_ +84-235-3861-603

홈 호이안 레스토랑
Home Hoian Restaurant

유명 예약사이트에 항상 순위권에 있는 모던한 베트남 레스토랑이다. 모든 음식은 깔끔하고 정갈하게 나와서 특히 외국인 여행자들인 많이 찾아온다.

호이안 전통 음식에서부터 베트남 대표 음식까지 다양한 음식이 있다. 에피타이저로 나오는 바삭한 라이스 크래커는 이 집의 별미이고, 쌀국수는 직접 육수를 따로 부어준다. 비슷하지만 조금씩은 다른 게 이 식당의 매력인거 같다.

영어로 된 메뉴판에 사진이 나와 있어서 주문하기 편리하지만, 메뉴가 많아서 한참을 망설이게 된다. 호이안의 레스토랑에서는 가격이 비싼 편이다. 고풍스러운 분위기의 에어컨이 나오는 시원한 레스토랑을 찾는다면 가 볼만 하다.

주소_ 112 Nguyễn Thái Học, Phường Minh An, Ancient Town

시간_ 12~21시 30분

요금_ 그릴 오이스터 155,000동
돼지고기 쌀국수 120,000동

전화_ +84-235-3926-668

호로콴
Hồ Lô quán

다양하고 맛있는 베트남 요리를 현지 가정식처럼 먹을 수 있는 레스토랑이다. 우리나라 시골식당 같이 포근한 인테리어와 시원한 에어컨이 나와서 쾌적하다. 타마린드 소스에 새우, 채소가 들어가 있는 프라이드 쉬림프 위드 타마린드 소스가 이 집의 인기 메뉴이다.

매콤하고 약간 달짝지근한 한국인 입맛에 잘 맞는다. 메인 메뉴를 주문하면 밥을 무료로 무한 리필 해줘서 배부르게 한 끼 해결 할 수 있다. 올드 타운에서 가기에 거리가 좀 있지만, 음식 맛, 가격을 생각하면 방문 해 볼 만 하다. 아기 의자도 제공해 준다.

주소_ 20 Trần Cao Vân, Phường Cẩm Phố, Hội An
시간_ 09〜23시
요금_ 타마린드 새우 112,000동
전화_ +84-90-113-2369

망고 룸스
Mango Rooms

내원교에서 도보로 3분쯤 걸리는 위치해 있고, 투본 강을 전망하면 베트남 퓨전 요리와 칵테일을 즐길 수 있는 레스토랑이다. 가게가 골목 전망과 투본 강 전망이 있어서 원하는 곳으로 안내 해준다. 다양한 원색으로 장식한 실내는 캐리비언에 와 있다는 착각이 든다.

캐주얼한 분위기에서 색다른 베트남 요리를 즐길 수 있다. 해피아워(9시~19시)에는 칵테일, 맥주를 50% 할인해 준다. 올드 타운 레스토랑에 비해 가격이 저렴한 편은 아니다.

주소_ 111 Nguyen Thai Hoc, Hội An
시간_ 9시~22시
요금_ 로킹 롤 95,000동, 베리베리 굿 120,000동
전화_ +84-90-5011-6825

시크릿 가든
Secret Garden

골목 사이에 위치해 있어서 근처까지 가도 찾기가 쉽지 않은 곳에 위치해 있다. 열대 식물과 다양한 초록의 나무로 꾸며 놓아서, 상쾌하고, 숲 속 가든에 온 기분이 든다. 매일 시장에서 사온 신선한 재료를 대대로 내려오는 할머니 레시피로 정성스럽고, 깔끔하게 베트남 요리를 만든다. 다양한 종류의 와인도 있고, 저녁에는 라이브 음악도 하니, 특별한 날이나 기분 내고 싶을 때 방문하면 좋을 것이다. 레스토랑 자체 원데이 쿠킹 스쿨도 운영하고 있다.

주소_ 60 Le Loi, Hoi An
시간_ 8~24시
요금_ 화이트 로즈 68,000동
전화_ +84-94-156-1465

라 플라주
La Plage

안방 비치가 보이는 야외 테라스에서 여유롭게 식사를 할 수 있는 곳이다. 위치도 좋지만, 음식의 맛도 가성비도 좋은 해산물 레스토랑이다. 영어로 된 메뉴판에 사진도 있어서 주문하기에 어려움은 없다. 가리비와 크리스피 새우가 한국인들이 많이 시키는 인기 메뉴이다. 메인 메뉴를 주문하면 샤워장 이용도 가능하고, 어린이 놀이 시설도 갖추고 있어서 구시가지에 숙박을 잡으신 여행객들이 많이 방문하는 곳이다.

주소_ An Bang Beach. Hội An
시간_ 7~22시
요금_ 그릴드 오징어 90,000동
새우 샌드위치 60,000동
전화_ +84-93-592-7565

소울 키친
Soul Kitchen

시원한 바다가 보이는 뷰로 한국인들에게 잘 알려진 소울 키친이다. 베트남 음식을 한 번쯤 쉬어가야겠다고 생각된다면, 햄버거, 스파게티 등 간단한 음식과 서양 요리가 다양하게 갖춰진 이 소울 키친을 방문해도 좋은 선택이 될 것이다.

일행이 많은 가족 여행객들을 위해 방갈로 좌석도 있으니, 예약을 하고 오면 좋다. 해피아워 시간에는 일부 맥주에 한해서 1+1 이벤트도 진행하고, 주말 저녁 시간에는 라이브 공연도 한다. 노을 지는 풍경을 보면서 식사하기 좋은 곳이다.

주소_ An Bnag Beach, Hội An

시간_ 8~23시

요금_ 까르보나라 160,000동, 소울 햄버거 155,000동

전화_ +84-90-644-03-20

올라 타코
Hola Taco

이름에서 알 수 있듯이 멕시코 음식을 전문적으로 파는 레스토랑이다. 멕시코가 떠오르는 다양한 그림으로 채워져 있는 벽면과 외국인들만 있어서 멕시코가 아닌가 하는 착각이 든다.
푸짐한 양과 멕시코 현지의 맛을 그대로 느낄 수 있어서, 항상 외국인 여행자들로 붐비는 곳이다. 주 메뉴는 타코, 케사디야, 나쵸, 엔칠라다드이 있고, 김치 타코도 있으니 맛보시기 바란다. 일요일은 휴무이다.

주소_ 9 Phan Chu Trinh, Cẩm Châu, Hội An, Quảng Nam, 베트남
시간_ 11시 30분~22시
요금_ 케사디야 115,000동, 나쵸 160,000동
전화_ +84-91-296-1169

윤식당
Youn's Kitchen

베트남 음식에 힘든 분들을 위한 한국 음식 전문 식당. 한국인 주인과 한국어 메뉴판, 시원한 에어컨까지 베트남 음식에 지친 한국인을 위해 준비된 곳. 차돌 된장찌개, 참치 김치찌개, 제육 쌈밥, 숯불 닭 갈비등 친숙한 메뉴와 알아서 해주는 반찬 리필등은 한국음식이 그리운 사람에게는 이 곳보다 더 좋은 식당을 없을 듯하다.
디저트로 망고를 준다. 베트남에서 많이 쓰는 향신료를 사용하지 않아서, 특히 부모님을 모시고 온 가족 여행객들이 많이 방문한다.

주소_ 73 Nguyễn Thị Minh Khai, Phường Minh An, Hội An
시간_ 10~22시
요금_ 스팸 계란 복음밥 150,000동
차돌 된장찌개 150,000동
전화_ +84-90-870-8256

Dalat

달랏

달랏 사계절

대한민국이 40도까지 치솟는 폭염이라도 한겨울의 추위 속에 덜덜 떨고 있을 때도 더위를 날릴 여행지로 한파를 피해 갈 새로운 베트남의 뜨는 여행지로 훌쩍 떠나보는 것은 어떨까? 나트랑(3~4시간)과 무이네(5~6시간)와 가까운 위치의 남부 도시 달랏Đà Lạt은 식민시절 프랑스의 휴양지로 개발되어 현재 매력적인 여행지로 각광받고 있다. 베트남의 유럽, 안개 도시, 소나무의 도시, 벚꽃의 도시, 작은 파리 등 여러 가지 이름으로 불리는 달랏Đà Lạt은 전통과 현재가 공존하는 도시이다.

6월부터 시작되는 대한민국은 초여름의 날씨가 이어지고 있어도 한국과 멀리 떨어진 베트남은 찜통더위이지만, 1년 내내 쾌적하고 선선한 날씨를 보여 여름 휴가지로 최적인 도시는 바로 달랏Đà Lạt이다. 한 겨울이 한파로 추위에 덜덜 떠는 대한민국에서 선선한 베트남의 유럽, 파리를 경험하고 싶다면 1년 내내 한국의 봄, 가을 날씨와 비슷한 달랏Đà Lạt으로 가야 한다.

1~4월까지는 건기이고, 8~10월까지는 우기이기 때문에 달랏Dalat을 방문하기에 가장 좋은 시기는 대한민국의 겨울이 시작되는 11월~다음해 4월까지이다. 베트남 사람들의 신혼여행지인 달랏Dalat은 우기를 피해 8~10월에 가장 여행을 많이 온다.

준비물
달랏(Dalat)의 날씨가 선선할지라도 햇빛의 자외선차단제는 꼭 챙겨야 한다. 또한 낮에는 햇빛으로 덥지만 저녁이 되면 쌀쌀할 수 있으므로 긴 옷은 꼭 챙겨야 한다. 달랏(Dalat) 시민들은 경량패딩을 대부분 입고 다닌다.

About 달랏^{Đà Lạt}

럼비엔(Lâm Viên) 고원에 자리한 달랏(Đà Lạt)

베트남의 람동 성^{Lâm Đồng}의 성도로 럼비엔^{Lâm Viên} 고원에 자리한 달랏^{Đà Lạt}은 해발 1,500m 고도에 넓이는 393,292㎢이며 인구는 21만 명이다. 나트랑^{Nha Trang}에서 버스로 4시간 30분 ~6시간 정도 소요된다.

고도에 핀 시원한 휴양지

프랑스 식민지 정부가 달랏^{Đà Lạt}이라는 이름을 정식으로 라틴어로 "어떤 이에게는 즐거움을, 어떤 이에게는 신선함을^{Dat Aliis Laetitiam Aliis Temperiem}"에서 가지고 왔다고 한다. 베트남에서 달랏^{Đà Lạt}은 특히 유럽 관광객에게 인기 있는 관광지로 알려져 있다. 달랏^{Đà Lạt}의 특징적인 풍경은 우거진 소나무 숲과 그 사이로 난 오솔길이며, 겨울에는 트리메리골드가 피어난다. 1년 내내 잦은 안개도 달랏^{Đà Lạt}의 특징 중의 하나이다.

생명공학의 명성

달랏$^{Đà Lạt}$은 생명공학과 핵물리학 분야의 과학 연구 지역으로도 명성이 높다. 고원 지대답게 서늘한 날씨가 1년 내내 이어지며, 배추류나 화훼류, 고구마, 장미 등이 경작된다. 본래 1922년에 지어진 달랏 왕궁$^{Đà Lạt Palace}$이었던 소페텔 달랏은 현재 호텔로 사용되고 있다.

1890년대 이 지역을 탐사한 박테리아 학자 알렉산드르 예르생과 프랑스 화학자 루이 파스퇴르가 코친차이나의 영토였던 이곳을 보고, 프랑스 식민정부 총독인 폴 두메르에게 고원에 리조트를 만들어 달라고 요청한다. 이후 프랑스의 대통령이 되는 두메르는 흔쾌히 동의를 했다. 1907년 첫 번째 호텔이 지어지고, 도시계획이 어니스트 에브라$^{Ernest Hébrard}$에 의해 실행되었다. 프랑스 식민정부는 이곳에 빌라와 기지 등을 제공하여 달랏$^{Đà Lạt}$이라는 도시가 시작되었다. 이곳은 오늘날에도 남아 있다.

연중 내내 화창한 시원한 달랏(Đà Lạt)

달랏Đà Lạt은 베트남의 떠오르는 여행지로, 연중 날씨가 상대적으로 온화한 봄에 가깝다. 달랏Đà Lạt은 맑은 날이 300일 가까이 될 정도로, 흐린 날을 손에 꼽는다. 하지만 이로 인해 건조한 사막화현상이 생겨나고 있다. 연중 내내 화창한 날씨는 수많은 여행자를 유혹하는 매력이다.

베트남의 유럽

단조로운 사회주의 건축 대신 우아한 프랑스 식민지 시절의 별장이 도시의 언덕을 채우고 있다. 달랏은 식민 시절, 프랑스인들이 휴양지로 이용한 해발 1500m의 도시다. 늘 봄 같은 날씨를 자랑하고 프랑스풍 건물이 많아 매력적이다. 프랑스 점령 시절, 프랑스인들이 사랑한 고원도시 달랏^{Đà Lạt}은 해발 1000m가 넘는 곳에 자리한 도시답게 늘 봄 같은 날씨를 자랑하고 프랑스풍 건축물도 많다.

다양한 즐길 거리

예쁜 도시를 여행하거나 주변 산에서 하이킹을 즐기는 여행자가 많다. 달랏 시내에는 근사한 카페, 아기자기한 갤러리도 많다. 베트남의 다낭이나 나트랑Nha Trang은 휴가지로 발전하면서 도시화가 급속히 진행되고 있지만 달랏Đà Lạt는 아직도 옛 분위기 그대로의 아름다운 자연을 잘 간직하고 있다.

밤이 되면 열리는 야시장에서 달랏Đà Lạt 피자, 꼬치구이, 반미 등 저렴한 가격의 길거리 음식을 즐길 수 있다. 파스텔톤의 유럽풍 건물들과 베트남 오토바이 부대의 행렬이 조화를 이룬 신비한 도시는 달랏Đà Lạt이다.

융합의 도시

달랏Đà Lạt은 아시아와 프랑스의 문화가 잘 융합된 곳으로 독특한 문화를 경험할 수 있다. 그렇기 때문에 최소한 2일 이상 머물 가치가 있으며, 시간이 멈춘 곳이라는 타이틀에 걸맞은 여유로운 관광을 하기에 좋은 도시이다.

베트남의 대표 커피 산지

베트남의 뜨고 있는 또 다른 여행지 '달랏^{Đà Lạt}'은 베트남을 대표하는 고급 커피 산지다. 해발고도 1,400~1,500m의 람비엔 고원지대에 자리한 고산도시다. 1년 내내 18~23도의 쾌적한 날씨를 자랑하는 이곳은 카페 쓰어다로 유명한 베트남 최고의 커피 생산지다. 베트남에서도 고급 아라비카 커피가 많이 나는 지역이어서 카페 문화도 발달했다.

크레이지 하우스

달랏^{Đà Lạt} 여행 TIP

1. 낮에는 강한 햇빛으로 겨울에도 따뜻하지만 고원지대여서 저녁만 되면 쌀쌀한 기온으로 체온을 보호해줄 외투를 챙길 것을 추천한다. 현지 시민들은 경량패딩을 주로 입고 다닌다.
2. 대부분의 달랏^{Đà Lạt} 관광지의 이동 거리는 가깝기 때문에 걸어서 다니거나 자전거로 이동이 가능하다. 베트남 여행자는 주로 오토바이를 빌려 관광지를 여행하고 다닌다.
3. 달랏^{Đà Lạt}의 날씨가 선선할지라도 자외선차단제는 꼭 챙겨야 한다.

달라도 너무 다른 베트남의 색다른 도시 여행, 달랏^{Đà Lạt}

베트남에서 특별한 휴가를 보내고 싶다면, 베트남에서 가장 인기 있는 휴양 도시, 시간이 멈춘 곳으로 특별한 분위기를 자아내는 달랏^{Đà Lạt}을 추천한다. 봄꽃으로 새로운 시작이 되었다는 즐거움이 있어야 할 시기에 초미세먼지, 황사로 눈 뜨고 다니기 어렵고 숨 쉬는 것조차 조심스러워 외부출입이 힘들다. 꽃놀이는 커녕 외출도 자제할 이시기에 시원하게 불어오는 바람을 맞을 수 있는 뜨거운 햇빛이 비추는 해변이 아닌 베트남의 색사른 도시가 있다.

우리가 알고 있던 베트남과 전혀 다른 베트남을 보고 느낄 수 있는 초록이 뭉게구름과 함께 피어나는 깊은 숨을 쉴 수 있어 좋았던 도시는 베트남 남부의 달랏^{Đà Lạt}이다. 관광객은 이곳에 오면 누구나 '저 푸른 초원 위에 그림 같은 집을 짓고'라는 가사의 한 구절이 생각날 것이다. 더운 베트남여행에서 패딩과 장갑을 끼고 있던 달랏^{Đà Lạt} 사람들의 생소한 모습이 생생하게 눈으로 전해온다.

달랏^{Đà Lạt}에 관심을 가지게 되는 이유

해발 1,500m의 고원도시이며, 1년 내내 사람이 살기에 좋은 온도인 연평균 18~23도의 기온을 유지하여 베트남 사람들이 가장 살고 싶어 하는 도시로 알려져 있다.

베트남이 프랑스 식민지였을 때 프랑스인들의 휴양지로 개발된 도시 달랏^{Đà Lạt}은 그림 같은 유럽풍의 건물과 도시 중심에 자리한 쑤언흐엉 인공호수, 에펠탑과 비슷한 철탑, 쭉쭉 뻗은 울창한 소나무 숲 등 사방을 둘러봐도 유럽도시를 상상하게 된다. 온화한 기후조건 때문에 베트남의 꽃시장과 커피, 와인의 특산지로 베트남을 넘어 전 세계로 뻗어나가고 있다.

한때 대한민국의 신혼여행지는 제주도였던 시절이 있던 것처럼 현재, 베트남 사람들이 가장 가고 싶은 신혼 여행지이자 베트남의 보석산지로 봄과 꽃의 도시, 베트남의 유럽 등 달랏^{Đà Lạt}에 붙여진 다양한 별명은 계속 만들어지고 있다. 2016 뉴욕타임지에서 뽑은 '세계에서 가장 매력적인 여행지'에도 선정된 달랏^{Đà Lạt}은 대한민국에서 이제 직항으로 갈 수 있는 도시가 되었다.

시내를 가득 메운 오토바이 행렬과 도시 곳곳에서 볼 수 있는 야자수와 골목 가득한 쌀국수가게, 덥고 습기 가득한 날씨를 예상한 관광객은 누구나 여기가 "베트남이 맞아?"라고 하면서 반전의 도시 달랏^{Đà Lạt}에 관심을 가지게 된다.

달랏 IN

베트남 남부에 위치한 달랏Đà Lạt은 호치민에서 북동쪽으로 약 305km 떨어져 있고 버스로 6시간 30분 정도, 나트랑Nga Trang에서는 약190km, 차로 약 3~4시간 정도, 무이네Mui Ne에서 버스로 151km, 4~5시간 정도면 도달할 수 있어서 여행자는 다양한 도시에서 달랏Đà Lạt으로 이동한다. 베트남 여행 중, 달랏으로 가는 방법은 아주 간단하다. 호치민Ho Chi Minh, 다낭Danang, 그리고 나트랑Nga Trang과 같은 도시에서 버스를 이용하면 된다.

달랏Đà Lạt으로 가는 길은 매끄럽지 못하다. 주로 산길을 이용하기 때문에 조금은 불편할 수도 있다. 혹여 날씨가 좋지 않은 날에 달랏Đà Lạt으로 가는 버스를 탄다면, '모험'이 될 수도 있다. 이 점이 염려되는 이들은 비행기를 이용할 수도 있다. 호치

민과 다낭에서 달랏Đà Lạt으로 가는 국내선 비행기를 이용하면 1시간이면 도착할 수 있다.

항공

비엣젯 항공은 인천~나트랑 구간을 매일 운항하고 있어서 나트랑을 경유하여 달랏으로 갈 수 있는 방법이 유일하였지만 티웨이 항공이 2019년 직항을 띄우면서 대한민국에서 쉽게 갈 수 있는 도시가 되었다.

2019년에 베트남항공의 인천~달랏 항공권을 운항하면서 직항으로 이동이 가능해졌다.

티웨이 항공
인천 → 달랏 | VJ839 | 01:50-05:30
달랏 → 인천 | VJ838 | 16:15-22:45

달랏 버스터미널

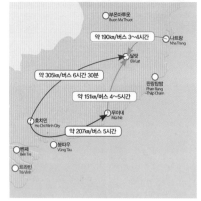

타웨이 항공

베트남 항공

비어젯 에어 항공

달랏 한눈에 파악하기

당신의 상상 그 이상의 도시 달랏^{Đà Lạt}에서 프랑스와 유럽의 정취를 느끼고 싶다면 달랏^{Đà Lạt}으로 가야 한다. 영원한 봄의 도시 달랏^{Đà Lạt}을 주저 없이 추천한다. 다낭과는 또 다른 느낌을 찾을 수 있는 곳이다.

베트남 중부 달랏^{Đà Lạt}은 꽃과 숲이 우거지고 1년 내내 봄 날씨 같은 17~24도의 기온으로 여행하기에 적합한 날씨를 가지고 있다. 베트남인들 사이에서 최고의 신혼여행지로 꼽히며 유럽풍의 느낌이 고급 여행지로 알려져 있다.

달랏^{Đà Lạt}의 관광지는 가장 유명하고 큰 폭포인 코끼리폭포, 타딴라 폭포와 캐녀

닝, 2,167m의 달랏^{Đà Lạt}의 지붕이라 불리는 랑비앙 산, 6인승 지프차를 타고 즐기는 소나무 숲길 트래킹, 남녀 사랑이 이루어지는 사랑의 계곡, 꽃향기 그윽한 플라워가든, 베트남 생활상을 볼 수 있는 야시장 등이 있다. 유럽풍의 달랏 기차역과 크레이지 하우스는 기억에 남을 명소이다.

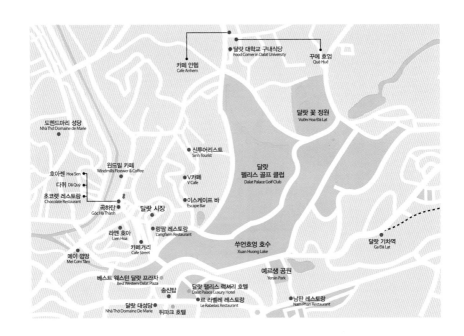

크레이지 하우스
Crazy House

베트남의 달랏^{Đà Lạt}은 고원지대로 여름에도 시원한 도시이지만 다양한 볼거리가 있다. 이 중에서 내가 가장 추천하는 달랏^{Đà Lạt}을 여행한다면 추천하는 곳이 크레이지 하우스^{Crazy House}이다. 달랏^{Đà Lạt}에서는 기괴하고 신기한 건물을 보는 재미가 있는 '크레이지 하우스^{Crazy House}'를 가봐야 한다. 크레이지 하우스^{Crazy House} 내에 있는 집들의 지붕에는 길이 있다.

베트남 사람들에게 달랏의 날씨는 추운 날씨로 스웨터, 겨울 모자 등을 판매하는 모습을 쉽게 볼 수 있다.

크레이지 하우스^{Crazy House}의 관리

크레이지 하우스^{Crazy House}가 있는 베트남의 달랏^{Đà Lạt}은 베트남 현지 사람들이 찾는 휴양지로 일 년 내내 서늘한 날씨를 느낄 수 있는 곳이라 크레이지 하우스의 관리가 어렵지 않게 유지되고 있다.

한국인에게는 이른 여름 같은 따뜻한 날씨임에도 두꺼운 스웨터와 코드를 입고 다니는 베트남 현지인을 볼 수 있는 것도 신기한 풍경인데 다른 베트남 지방보다 건조한 날씨로 인해 유지 관리가 상대적으로 잘되고 있다.

크레이지 하우스^{Crazy House} 입구에 있는 간판

크레이지 하우스^{Crazy House}의 스토어

베트남의 가우디

베트남 총리의 딸 당 비엣 응아가 기존의 건축양식을 파괴하고 숲속의 이미지를 형상화해 기괴스럽고 특이한 구조로 지은 건축물로 마치 동화 속 궁전 같다. 어린이들 뿐만 아니라 모든 관광객들의 흥미를 고조시키는 달랏(Đà Lạt)의 명물로 유명하다.

게스트하우스

크레이지 하우스(Crazy House)는 숙소로도 이용할 수도 있고, 관광지로도 볼 수 있는 곳이다. 1층에는 갤러리와 게스트하우스가 있어 숙박도 가능하다. 투숙객이 없는 숙소들은 개방해서 볼 수 있게 해두었는데, 곰, 기린, 호랑이 등 다양한 테마로 숙소를 꾸며뒀다. 새로운 경험을 하고 싶은 관광객들이 찾기 좋은 곳이다.

상상력 하우스

기괴하고 신기한 모양의 건물과 터널을 보면서 상상력을 발휘하기 좋은 관광지로 가족여행을 온 관광객이라면 반드시 추천한다. 하나하나의 건물들이 신기한 모양으로 지어졌고, 연결된 통로와 길들 또한 예사롭지 않은 모양을 지니고 있다. 놀이공원을 걷는 기분도 들게 하는 구조다.

다딴라 폭포
Datanla Falls

달랏^{Đà Lạt} 시내에서 약 7㎞ 정도 떨어져 있는 곳에 위치한 총 길이 350m의 다딴라 폭포^{Datanla Falls}는 차를 타고 15분만 달리면 울창한 소나무와 대나무 속에 숨어 있는, 선녀들의 비밀 호수, 다딴라 폭포에 도착한다. 1988년 문화재로 지정되어 하이킹과 레펠, 캐녀닝 등으로 유명한 엑티비티 도시로 만든 주인공이 다딴라 폭포^{Datanla Falls}이다.

20m 높이의 크고 작은 폭포가 제1폭포부터 제5폭포까지 협곡처럼 이어져 내려오고 메인폭포인 1, 2폭포는 속도감을 느낄 수 있는 알파인 코스터를 타고 모노레일을 따라 내려가게 된다. 수동으로 운전하는 알파인 코스터는 빈펄랜드에도 있는 은근히 스릴감이 느껴지는 엑티비티이다.

선녀들의 비밀 호수
선녀들이 목욕 중에 모습을 들키지 않기 위해 주변 나뭇잎들을 물 위에 뿌렸다고 해서 '다딴라Datanla' 라는 명칭이 생겼다고 한다.

알파인 코스터(루지)를 타고 울창한 소나무 숲속 협곡 사이를 지나면 어느새 웅장한 자연의 물소리가 여러분을 반겨준다. 베트남 밀림의 정기를 받으며 힐링하는 장소로 알려져 있다.

다딴라폭포(Datanla Falls) 즐기기

달랏(Đà Lạt) 시내에서 주황색 버스를 타고 꼬불꼬불 산길을 따라 10분 정도 달리면 '다딴라(Datanla)'라고 적혀 있는 간판이 보인다. 주차장이 나오고 입구가 오른쪽에 있다. 입구의 오른쪽에 알파인 코스터라고 써 있는 매표소에서 티켓을 구입해 알파인 코스터를 타고 내려간다.

물론 걸어서 내려갈 수 있지만 은근 알파인 코스터(80,000동)가 짜릿한 재미가 있으므로 타고 내려가는 것이 좋다. 알파인 코스터는 1인용과 2인용이 있어서 가족이나 연인은 2인승을 타고 간다. 또한 부모님과 같이 왔다면 왕복으로 티켓을 구입해 편안하게 올라올 수 있다.

아래로 내려가면 음료수, 과자, 아이스크림을 파는 상점들이 나오고 전방에 폭포가 보이기 시작한다. 폭포는 크지 않지만 폭포수가 떨어지는 시원함은 관광객의 마음을 편안하게 만들어준다. 폭포의 왼쪽에는 전설에 나오는 인디언 모형이 서 있고 그 뒤에 폭포가 떨어지는 모습이 보인다. 많은 베트남 사람들이 사진을 찍고 있다. 이어서 케이블카와 엘리베이터를 이용하여 시원한 폭포의 물줄기를 따라 이동한다. 실제의 폭포가 크고 높지 않지만 베트남에는 폭포가 많이 없기 때문에 5단으로 떨어지는 폭포에 대해 자부심이 대단하다.

다딴라 캐녀닝Datanla Canyoning

계곡 (캐니언)에서 급류를 타고 내려가는 스포츠가 캐녀닝Canyoning이다. 스위스에서 시작된 것으로 알려진 캐녀닝Canyoning은 이후 전 세계의 다양한 코스와 장소에서 이루어지고 있다.

자연 속에서 떨어지고 급류를 타고 내려오고 산을 올라가기 때문에 위험성이 있는 것은 어쩔 수가 없다. 달랏의 캐녀닝Canyoning에서 1명이 사망했다고 알려진 이후로 관광객의 신청은 많이 줄었다고 한다. 그 이후 베트남 정부는 가격을 통제해 저가의 무허가 캐녀닝을 금지하고 안전을 챙기기 시작했다고 한다.

▶ 요금 : 70$

자연 속에서 이루어지는 격한 스포츠이므로 다칠 위험이 상존해 있다. 그리고 베트남에서 이루어진다고 저렴하지 않다. 캐녀닝Canyoning의 핵심은 폭포를 향해 떨어지는 것인데 절벽을 타고 내려오다가 어느 정도 내려와서 절벽에 붙어 있지 못하면 조금 더 내려온 후 폭포 아래로 떨어진다.

경사가 가파른 산비탈로 가서 가장 먼저 밧줄을 묶어놓고 연습을 하는 데 연습을 할 때 확실하게 배워야 안전하므로 모른다면 영어를 못한다고 그냥 넘어가는 일이 없도록 하자.

위험성이 상존한 절벽에서 뛰어 내리기 2가지

떨어질 때는 등을 물을 향해서 눕듯이 뛰어 내리거나 절벽에 붙어 있을 수 있다면 뒤로 떨어진다고 생각하면서 서 있는 자세로 떨어져야 안전하다. 개인적으로 서서 떨어지는 것이 물속에 입수한 후에 물을 코로 들어가서 당황하는 일이 적게 되므로 안전하다고 생각한다.

4~5m 정도의 높이에서 다이빙도 하게 된다. 뒤로 몇 걸음 물러섰다가 앞으로 달려 그대로 물로 떨어진다. 순간적인 시간은 5~10초 밖에 안 되지만 개인적으로 느끼는 시간은 오래 지난 것 같은 긴장의 순간을 느끼게 된다.

준비물

1. 신고 간 운동화는 당연히 다 젖는다. 그러므로 신고 올 수 있는 슬리퍼나 새로운 운동화가 있어야 한다.
2. 추가적으로 입을 옷도 준비하는 것이 좋은데 이때 피부를 보호할 수 있는 긴 옷이 더 유용하다.
3. 수건도 비치 타올이 아닌 작은 것 2개 정도가 더 유용하다.

달랏(Đà Lạt)의 개발 역사

프랑스 식민지 정부시절, 세계적으로 유명한 탐험가인 알렉산드르예르생의 제안에 따라 휴양지로 개발되었다. 20세기 유럽양식의 많은 건축물과 온화한 기후, 아름다운 자연 풍경과 문화유산이 잘 조화를 이루고 있다.

과거 베트남이 프랑스 식민통치를 받던 시절, 달랏^{Đà Lạt}은 프랑스인들의 휴양지로 개발되었기 때문에 베트남의 유럽이라는 이미지에 걸맞게 프랑스식 빌라가 많이 들어서 있다. 주요 명소 대부분이 유럽의 분위기와 연관이 있다. 쑤언흐엉 호수, 사랑의 골짜기, 응우웬 왕조 바오다이 황제의 여름 별장, 폭포 등이 있다.

달랏(Đà Lạt)의 풍경

뜨거운 햇빛과 덥고 습한 기온을 가진 동남아시아의 다른 나라, 여러 도시와 확연하게 차이가 나는 베트남 남부의 희귀한 도시로 통하는 바로 베트남 럼동Lâm Đồng의 럼비엔Lâm Viên 고원에 위치한 달랏Đà Lạt이 그 주인공이다.

베트남 달랏Đà Lạt은 해발 1,500m 고도에 위치하고 있어 베트남에서 시원한 곳을 찾는다면 모두가 달랏Đà Lạt을 손꼽는다. 그만큼 휴양지로 유명하며, 이미 수많은 여행자들 사이에서 베트남의 유럽로도 유명하다. 온 도시가 꽃과 소나무, 그리고 1,000개가 넘는 프랑스 식민지 시대 양식의 빌라들로 가득하다.

달랏 기차역
Đà Lạt Railway Station

넓은 꽃밭을 따라 넓은 정원의 다양한 색이 관광객의 눈길을 끌어당기는 기차역은 유럽이 아닌 베트남에서 가장 아름다운 기차역으로 알려진 달랏 기차역^{Đà Lạt Railway Station}이다. 프랑스 식민지 시기인 1938년에 착공하여 달랏^{Đà Lạt}과 하노이^{Hanoi}를 연결하는 교통수단이었지만 전쟁 등의 이유로 운행이 중단되어 방치되었다.

달랏 기차역을 들어가면 파릇파릇한 녹색과 다양한 색의 꽃들이 관광객을 맞이한다. 입구를 지나 안으로 들어가면 당시에 사용하던 건물 그대로 아직도 옛 분위기를 풍기고 있다. 그래서 더욱 많은 관광객이 찾는 관광지로 변화하였다.

베트남에서 가장 아름답고 유명한 달랏 기차역^{Dalat Railway Station}은 더위를 피하기 위해 만든 힐 스테이션^{Hill Station}이지만 정치와 행정적인 기능을 가지고 있어야 했기 때문에 수도인 사이공(지금의 호치민)과 연결을 위한 철도역이다.

> 힐 스테이션 (Hill Station)
> 동남아시아의 습하고 뜨거운 더위를 피하기 위해 만든 유럽 제국주의 국가들의 피서용 주둔지

달랏 기차역(Dalat Railway Station) 역사
1903~1932년에 걸쳐 84km에 이르는 수
도 사이공과 연결하는 공사기간이 30년
이나 걸려 만들어야 할 만큼 달랏Đà Lạt은
고원지대에 위치해 있었다.
철도 연결을 마치고 1938년에 콜로니얼
양식이 가미된 아르데코 양식으로 철도
역을 만들었다. 현재 베트남의 국가 문화
유산으로 지정되어 보호되고 있다. 기차
역을 들어가는 데에도 입장료(50,000동)
가 있다. 달랏Đà Lạt이 1964년까지 베트남
의 휴양도시로 성장하는 데 1등 공신이었
던 달랏 기차역은 베트남 전쟁으로 운행
이 중단되었다.

1990년대 기차 2량만 복원해 차이맛Chai
Mat역까지 약 8km만 관광열차로 운행하
고 있다. 현재 8km 떨어진 린프억 사원이
있는 차이맛 역Chai Mat까지 관광열차로만
운행하고 있다. (왕복 130,000동)

관광열차는 현재 5회에 운행하고 10명 미
만일 때는 운행이 중단되며 천천히 운행
을 하고 있다. 천천히 달리는 기차에서 시
원한 바람을 가르며 차창 밖으로 펼쳐지
는 아름다운 풍경은 낭만을 불러일으키
는 옛 추억을 떠오르게 하는 시간을 가
질 수 있다.

달랏 니콜라스 바리 성당
Dalat St. Nicolas of Bari Cathedral

오래된 성당의 건물이 고딕양식으로 첨탑 높이가 47m로 높게 올라가있어 위압감을 주는 것이 아니라 소박한 모습이 아름다운 성당이다. 성모마리아가 성당을 보듬고 있는 것 같은 평화로운 분위기에 사진을 찍기에 좋은 장소이다. 달랏 시장 Dalat Market에서 내려가면 쓰언흐엉 호수 Xuan Huong Lake를 만난다. 호수에서 오른쪽으로 돌아 언덕으로 한참 올라가면 달랏 니콜라스 바리 성당을 볼 수 있다. 1942년에 지은 고딕 양식의 성당으로 베트남 중부지방에서는 가장 큰 규모의 성당이다. 탑의 높이가 47m로 쉽게 성당 전체를 사진에 담기가 쉽지 않다. 언덕 위에서 달랏의 푸르른 시내 전경을 감상하기에 좋은 장소이기도 하다.

성당 꼭대기를 바라보면 십자가 위에 닭이 있는 것처럼 보인다. 십자가 꼭대기에 닭 조형물이 있어 사람들은 별칭으로 '치킨 성당Chicken Cathedral'이라고 부르고 있다. 분홍색 건물이 동화 속에 나올 법한 분위기를 풍긴다고 이야기하는 유럽 관광객도 있어 다시 보니 분홍색 건물이 인상적인 것 같기도 하다.

미사참가

주말에 가면 미사에 참가할 수 있었으나 최근에 미사참가를 거부하는 일도 있다. 가톨릭 성당이므로 미사시간이 길기 때문에 참가하려면 잠시 내부사진을 찍기 위해 들어갔다가 나오면 안 된다.
미사 시간 | 평일 05:15, 17:15
　　　　　　토요일 17:15
　　　　　　일요일 05:15/07:15/8:30
　　　　　　　　　 16:00/18:00

주소_ 15 Trần Phú, Phường 3, Thành phố
전화_ 263-3821-421

린푸옥 사원
Linh Phooc Pagoda

1952년에 건설된 사원은 1990년도에 증축을 하면서 커진 규모와 화려함을 가지게 되었다. 7㎞정도 떨어진 린푸옥 사원은 관광열차를 타고 30분 정도 달려 종착역인 차이맛 역에 내리면 된다. 무료입장이 가능하며 목조와 도자기를 깨서 만든 장식으로 화려하게 꾸며져 있으며 7층 석탑도 관람이 가능하다.

한자로 '영복사(營福師)'라고 씌어 있는 린푸억 사원이 있다. 49m높이의 사원과 7m높이의 용은 모두 도자기 조각들로 만들어져 보기만 해도 화려함에 감탄을 자아낸다. 나란히 세워진 높이27m 7층 종탑은 각 층마다 형형색색 도자기 조각으로 만든 모자이크가 눈길을 사로잡으며 2층에는 8500㎏의 청동종도 진열되어 있다. 삼장법사 이야기를 조형물로 만들어 놓은 것도 찾아보면 볼 만하다.
소원을 종이에 적고 붙이면 종을 울려 기원해 보는 것도 재미있는 추억을 남기기에 좋다.

쑤언 흐엉 호수
Xuan Huong Lake

베트남 달랏Đà Lạt의 중앙에 있는 인공 호수인 이곳에서는 아름다운 정원을 따라 산책하거나 배를 타고 호수 주변을 둘러볼 수 있다. 호수 옆으로는 카페와 음식점들도 위치하고 있어 조용한 휴식을 하기에 적합하다.

쑤언 흐엉 인공호수가 만들어진 이유

달랏의 중심부에 있는 쑤언흐엉 호수Xuan Huong Lake는 1919년 프랑스가 베트남을 지배하던 시절에 만들어진 인공호수로 둘레만 약 6㎞에 달하는 거대한 호수이다. 당시, 베트남은 여러 차례 크고 작은 전쟁을 겪게 되면서 산림의 대부분이 훼손된 상황이었다. 비가 많이 오는 우기시즌에는 산림이 비를 막아주지 못해 홍수가 발생할 가능성이 높았다.

홍수를 막기 위해서 프랑스 식민정부에서 달랏Đà Lạt에 댐을 건설하기로 했고, 이 댐이 건설되면서 만들어진 인공호수가 바로 쑤언흐엉 호수Xuan Huong Lake이다.

지금의 쑤언흐엉 호수Xuan Huong Lake는 달랏 시민에게 휴식의 역할을 하고 있다. 호수 주변을 산책하거나 카페에 들어가서 한가로운 시간을 보낼 수 있다. 호수에는 서울의 한강에서 타던 놀이용 보트를 탈 수 있으며, 호수 주변은 마차나 자전거를 타고 돌아볼 수 있다.

> **이름의 유래**
> 쑤언흐엉 호수의 유례 쑤언흐엉(Xuan Huong)을 한자로 표현하면 춘향(春香)이란 뜻이다. 17세기에 활동한 유명한 시인의 이름인(Xuan Huong)을 따 붙여졌다.

달랏 시장
Dalat Market

달랏 시장은 달랏의 다른 관광지로 이동할 때 기준점 같은 역할을 하기 때문에 달랏 중앙시장Dalat Central Market이라고 부르는 사람들도 있다. 그만큼 중앙에 위치해 있다는 이야기이다. 쑤언흐엉 호수Xuan Huong Lake를 돌아 시내로 들어오면 'Cho Da Lat'이라고 적혀있는 건물과 분수대 조각상이 보이는 곳이 바로 달랏 시장Đà Lạt Market이다. 호치민의 통일궁을 디자인한 응오 비엣투Ngo VietThu가 설계한 건물이다. 베트남에서 유명한 건축가가 디자인할 정도로 시장 같지 않은 외관을 자랑한다.

달랏 시장Đà Lạt Market 정면의 커브를 그리는 디자인을 가지고 있다.

달랏Đà Lạt을 대표하는 시장에서는 달랏Đà Lạt 사람들의 생활자체를 볼 수 있다. 달랏 시장Dalat Market은 밤이면 야시장이 매일 열리기에 더욱 활기를 띄게 된다. 다양한 고랭지 농산물과 달랏Dalat에서 생산되는 채소와 베트남에서 먹기 힘든 사시사철 생산되는 딸기 등을 베트남의 열대과일과 같이 판매하고 있다. 그래서 달랏 시장Dalat Market에는 아티초크 차, 딸기잼, 와인, 커피, 캐슈넛 등 달랏Đà Lạt에서 관광객이 살 품목은 너무 많다. 쇼핑리스트에 적어온 목록들을 저렴하게 구매할 수 있는 달랏 중앙시장Đà Lạt Market에서 쇼핑에 빠져 있는 관광객을 많이 볼 수 있다.

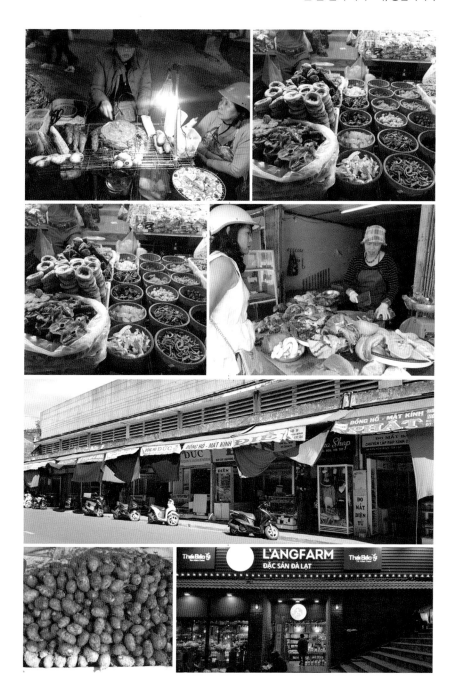

랑비앙 산
Langbiang

달랏^{Đà Lạt}에서 가장 높은 위치에 있어서 '달랏^{Đà Lạt}의 지붕'이라고 부르는 2,167m(해

발 1,970m)의 랑비앙 산^{Langbiang}은 로미오와 줄리엣의 러브스토리와 닮은 '끄랑^{K'Lang}'청년과 '흐비앙^{Ho Bian}'처녀의 전설 같은 사랑이야기가 숨어있다.

달랏^{Đà Lạt}시내에서 그림처럼 펼쳐진 랑비앙 산의 뷰포인트인 전망대까지 지프차를 타고 올라가면 곡예 주행을 하는 것처럼 짜릿하다. 내려오는 약 20여 분도 재미있는 경험일 것이다.

2167m
Đinh Radar LangBiang

Truyền thuyết LangBiang

1950m
Đinh Radar

Bãi Mimosa

Thung Lũng Trăm Năm

Khu vực đón Tiếp

랑비앙 산 가는 방법

LAC DUONG 행 버스(12,000동) 타기 → 30~40분 이동 → 지프차(360,000동) 타고 이동하거나 직접 트레킹 하기 → 걸어서 2,167m 정상 오르기

LAC DUONG 행 버스
▶버스 시간 : 8:45/10:15/11:15/13:45/15:15
　　　　　　 16:4/ 17:15
▶금액 : 12,000동

'끄랑(K'Lang)'청년과 '흐비앙(Ho Bian)' 처녀의 전설

랑비앙 산에는 랑(Lang)이라는 청년과 비앙(Biang)이라는 처녀의 동상이 있다. 베트남 판 '로미오와 줄리엣'이라고 할 수 있는 애절한 사랑의 전설이다. 산에 랑(Lang)이라는 랏(Lat)족의 남자와 비앙(Biang)이라는 칠리(Chilly)족 여자가 서로 사랑을 했지만 둘은 서로 민족이 다르기 때문에 결혼을 할 수 없었고 결국 서로의 사랑을 유지하기 위해 동반 자살을 택했다. 그 후 비앙(Biang)의 아버지는 딸의 죽음을 너무 후회하면서 두 민족의 결혼을 승낙하게 되었고 두 민족의 젊은 남녀는 서로 사랑을 하게 되었다고 한다. 민족이 다르다는 이유로 결혼을 할 수 없는 두 사람은 사랑을 지키기 위해 죽음을 선택했다는 전설이 두 민족의 화합으로 크호(K'HO)족으로 불리게 되었고 랑(Lang)과 비앙(Biang)을 기리기 위해 랑비앙(LangBiang) 산으로 부르게 된 것이다.

코끼리 폭포
Elephant Waterfall

우기에 찾으면 많은 양의 폭포수가 떨어지면서 만들어내는 물안개가 아름답지만 때로는 흑탕물이기 때문에 건기에 가는 것이 더 아름답다. 달랏에서 가장 큰 폭포로 경치가 좋아서 관광객이 많이 찾지만 정비 상태가 좋지 않다.

내려가는 길이 안전시설이나 계단이 정비되어 있고 돌은 물에 젖어 미끄러워서 운동화를 신고 가야 안전하다. 폭포 밑으로 더 내려가면 쓰레기가 많고 난간은 낡아서 폭포 밑으로 이동하는 것이 추천하지 않는다.

우기

건기

위에서 바라본 코끼리 폭포

달랏Đà Lạt은 프랑스 식민지 정부가 개발한 도시라서 프랑스 스타일과 서양 문화를 경험할 수 있는 도시이다. 베트남 여행자도 많지만 유럽의 배낭여행자도 많아 유럽과 베트남 요리가 섞인 퓨전 스타일의 레스토랑이 많다. 그래서 달랏Đà Lạt에서는 로컬의 베트남요리와 서양 음식을 동시에 다양하게 맛볼 수 있다.

고멧 버거
Gourmet Burger

달랏에서 계속 베트남 음식을 먹어 지겨워졌을 때 햄버거를 먹고 싶다면 적극적으로 추천한다. 호주 인이 직접 만드는 수제 버거로 정통 버거의 맛을 느낄 수 있다. 특히 유럽여행자들이 자주 찾고 있는데 덩달아 달랏 젊은이들도 자주 가는 햄버거 전문점으로 알려지게 되었다.

다만 가격이 보통의 베트남 음식 가격보다는 높은 가격(100,000동~)이라는 점과 넓은 도로에 있지 않기 때문에 찾기가 힘든 단점이 있다.

주소_ 50/13 Nguyen Bieu
시간_ 10~14시, 17~21시
전화_ +82-90-857-8317

비앙 비스트로
Biang Bistro

인테리어가 부처님의 얼굴이 있는 특이한 인테리어를 가진 식당으로 브런치나 점심식사에 어울리는 곳이다. 유럽 관광객이 주로 찾는 식당으로 음식의 맛이 좋다고 할 수는 없지만, 친절한 직원은 음식에 대한 설명을 잘해주었다. 유럽의 배낭여행자에게 좋은 평가를 받아 인기를 얻고 있다.

주소_ No 94, Ly Tu Trong Street Ward 2
시간_ 7~22시
전화_ +82-90-106-6163

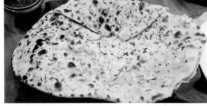

가네쉬 인디안 레스토랑 달랏
Ganesh Indian Restaurant Dalat

달랏에는 최근 유럽의 여행자들이 급증함에 따라 다양한 국적의 요리가 등장했는데 가네쉬 레스토랑도 인도의 정통 음식으로 인기를 얻고 있다. 대부분의 관광객은 탄두리 치킨과 커리, 난 등을 함께 주문해 먹는다. 특히 주인이 직접 친절하게 설명을 해주기 때문에 기분 좋게 음식을 즐길 수 있어 추천한다.

주소_ 1F Nam Ky Khoi Nghia
시간_ 11~14시30분, 17~22시
전화_ +82-263-3559-599

원 모어 카페
One More Cafe

호불호가 갈리는 카페로 에그베네딕트는 먹을 만하다. 다만 파스타가 맛이 없어서 실망을 하는 여행자가 많다. 차라리 커피와 버거를 주문하면 맛있게 먹을 수 있다. 역시 여행자를 대상으로 하는 카페이므로 가격은 현지인들이 운영하는 카페보다 2배정도 비싸다고 생각하면 이해가 쉬울 것이다.

주소_ 77 Hai Ba Trung Street Near Tan Da Street T
시간_ 8~17시
전화_ 129-934-1835

유럽 음식 전문점

베트남에서 달랏 여행의 장점은 베트남 음식뿐만 아니라 다양한 서양 음식을 먹을 수 있다는 것이다. 베트남 사람들도 인정할 정도로 다양한 국적의 음식이 맛있게 요리되어 나오기 때문에 여성들이 특히 달랏Đà Lạt 여행을 좋아한다. 여기에는 그 중에서 인기 있는 레스토랑을 소개한다.

르 샬렛 달랏
Le Chalet Dalat

크레이지 하우스 앞에 있는 레스토랑으로 내부인테리어가 현대적이고 깨끗한 식당으로 브런치나 점심식사에 어울린다. 유럽 관광객이 주로 찾는 식당으로 맛은 무난하다는 평을 듣고 있으나 가격은 현지인들이 방문하는 식당보다 2배 정도로 비싼 편이다.

프랑스 전문레스토랑을 표방하고 문을 열었으며 유기농으로 음식을 만든다고 한다. 친절한 직원의 응대에 다시 방문하게 된다고 이야기를 많이 한다. 유럽의 배낭 여행자에게 좋은 평가를 받아 인기를 얻고 있다.

주소_ 6 Hùynh Thùc Khàng
시간_ 7~21시
요금_ 40,000~250,000동
전화_ +82-96-765-9788

아티스트 앨리 레스토랑
Artist Alley Restaurant

달랏^{Đà Lạt}에서 스테이크 전문점으로 유명한 레스토랑으로 분위기가 좋아 최근 여행자들의 방문이 급증하고 있다. 정통 스테이크를 요리한다고 하지만 실제로 먹어보면 호불호가 갈리는 맛으로 역시 베트남 음식과 섞여 퓨전 맛이 난다. 하지만 달랏^{Đà Lạt}에 스테이크 전문점이 많지 않으

므로 서양음식으로 인기를 얻고 있다.
대부분의 관광객은 스테이크, 파스타와 와인, 샐러드 등을 함께 주문해 먹는다. 특히 달랏^{Đà Lạt}에서 비싼 레스토랑으로 알려져 있지만 내부 인테리어는 상당히 오랜 시간을 앉아 있을 수 있도록 만드는 원동력일 정도로 잘 꾸며져 있다.

주소_ 124/1 Phàn Dinh Phùng
시간_ 10~21시
전화_ +82-94-166-2207

프리마베라 이탈리안 레스토랑
Primavera Italian Restaurant

달랏^{Đà Lạt}에서 가장 맛있는 피자 전문점이라고 생각하는 곳으로 피자는 맛없기도 힘들지만 맛있는 피자를 베트남에서 먹기도 쉽지 않다.

직접 만든 화덕의 높은 온도에서 열을 가진 피자는 정말 맛이 좋다. 토핑은 많지 않으나 적지도 않고 적당하여 먹기도 쉽다.

달랏^{Đà Lạt}에 오는 유럽 여행자들은 반드시 들른다고 할 정도로 유명세를 타고 있다. 직접 면을 만들고 도우를 만들기 때문에 쫄깃한 식감이 맛을 배가 시키고 약간 매운 파스타와 피자는 느끼함을 잡아주는 것 같다. 피자와 파스타, 맥주, 샐러드 등을 함께 주문해 먹는다. 가격도 90,000동 정도로 비싸지 않아 부담 없이 찾을 수 있다.

주소_ 54/7 Phàn Dinh Phùng
시간_ 10∼21시
요금_ 40,000∼130,000동(특대 450,000동)
전화_ +82-168-964-8125

부옹 피자
Vuong Pizza

달랏^{Đà Lạt}에서 무난한 맛의 피자를 먹을 수 있는 곳으로 대중적인 피자를 만든다. 피자의 종류가 다양하고 가격이 비싸지 않아서 관광객도 많지만 달랏^{Đà Lạt}의 청춘들도 많이 방문한다. 화덕의 높은 온도에서 열을 가진 사각형의 라지 피자를 대부분 주문한다.

파스타와 스파게티 등과 함께 피자를 주문해 맥주와 함께 먹는다. 상대적으로 콜라(29,000동)의 가격이 비싸다고 생각할 정도로 피자나 파스타의 가격은 합리적이다. 가격은 100,000동 정도로 비싸지 않아 데이트 코스도 많이 찾는다.

주소_ So 7 Ba Thàng Hài Phùong
시간_ 11~14시, 17~22시
요금_ 40,000~130,000동
전화_ +82-63-3595-656

달랏의 유명 커피 & 카페

르 비엣 커피(La Viet Coffee)

커피를 건조, 결점, 수작업으로 분류해 로스팅을 거쳐 테스팅까지 이루어지는 전 과정을 볼 수 있어 달랏에서 가장 유명한 커피 전문점으로 알려져 있다. 달랏 커피원두의 신맛이 강하고 쓴 맛이 그대로 전해진다. 케이크와 커피가 제공되는 카페이지만 베트남 전통 스타일의 커피는 구비되어 있지 않다.

주소_ 200 Nguyen Cong Tru 요금_ 카페 쓰어다 45,000동 시간_ 7시 30분~22시 전화_ +82-263-3981-189

프렌치 터치 캣 카페(French Touch Cat Cafe)

고양이와 함께 커피와 간단한 식사를 할 수 있는 카페로 깨끗한 내부 인테리어가 인상적이다. 가격도 저렴하여 부담없이 커피를 마시고 하루를 시작할 수 있다. 고양이를 데리고 놀다보면 시간가는 줄 모르고 지내게 된다.
프랑스 정통 음식을 표방하고 음식을 판매하는 데 바케뜨 빵을 제외하고 다른 요리와 커피는 무난하다는 평을 듣고 있다.

주소_ 41 Hai Ba Trung Ward 6 시간_ 8시 30분~18시 전화_ +82-166-569-3443

안 카페(An Cafe)

달랏에서 르 비엣 커피와 함께 카페의 대명
사로 알려져 있다. 나트랑에도 있는 안 카페
는 깔끔한 인테리어에 저렴하지만 좋은 커
피원두를 사용해 커피 맛이 좋다. 스파게티
나 과일요거트도 인기가 많다. 브런치로 아
메리칸 브랙퍼스트도 간단한 식사를 원한다
면 추천한다.

주소_ 63 Bis Ba Thang Hai Street
시간_ 7~22시
전화_ +82-97-573-5521

브이 카페(V Cafe)

쑤언 흐엉 호수 근처에 위치한 조용한 분위
기에 아늑하고 라이브 공연까지 즐길 수 있
는 카페이다. 친절한 직원에 영어가 가능하
고 방달랏 와인과 함께 치킨을 먹으며 즐길
수 있다. 관광객도 적당히 자리를 차지하여
복잡하지 않아 쾌적한 분위기에서 호수를
조망할 수 있다.

주소_ 1/1 Bui Thi Xuan 17 Bui Thi Xuan
시간_ 8~22시
전화_ +82-263-3520-215

달랏(Đà Lạt)의 특산품 BEST 3

커피, 와인, 딸기는 다른 베트남 지역에서 순수하게 인정해주는, 달랏이 자랑하는 특산품 BEST 3이다. 베트남은 세계 2위 커피 원두 생산지로 대부분의 커피는 달랏^{Đà Lạt}에서 생산되고 달랏 커피를 최고로 인정하고 있다. 베트남인들은 커피를 자주 마신다. 컵 안에 진한 연유를 넣고 낡아 보이는 하얀 스테인리스 같은 필터기를 컵 위에다 올려놓은 후에 뜨거운 물을 부어 그 자리에서 직접 필터링해서 마신다. 진한 커피와 연유 특유의 단맛이 어울려 베트남에서만 맛볼 수 있는 독특한 커피 맛과 향을 느낄 수 있다. 베트남 커피의 맛과 향이 대부분 달랏 커피의 맛과 향이라고 생각하면 거의 일치한다.

베트남에서 생산되는 것이라고 쉽게 생각되지 않는 유명한 생산품이 바로 와인이다. '방 달랏^{Vand Đà Lạt}'이라는 이름으로 판매되는 와인은 프랑스 식민지 시절의 흔적이다. 커피, 와인과 함께 달랏^{Đà Lạt}으로 대표되는 또 하나의 특산품은 '딸기'이다. 고지대의 서늘한 기온을 가지고 있는 달랏^{Đà Lạt}에서 재배되는 딸기는 베트남 내에서도 최고로 알아주는 특산품이다.

다 랏(Dalat)

1999년에 출시된 다 랏^{Đà Lạt} 와인은 라도푸드 람 동^{Ladofoods Lam Dong} 회사에서 개발한 것이다. 닌 뚜안^{Ninh Thuan}에서 재배하고 있는 와인 포도를 구입해 유럽기술로 다 랏^{Đà Lạt} 와인을 생산하고 있다. 독일에 있는 세계 와인 박물관에 전시될 정도로 인정받고 있다.

▶Dalat Classic Special : 250,000동(1병)

샤토 달랏(Chateau Dalat)

베트남에서 개최된 2017년 APEC에 참석했던 여러 국가 원수와 대표들을 위한 샤토 달랏 시그니처 쉬라즈^{Chateau Dalat Signature Shiraz}로 접대를 하였다. 외국으로 수출하고 있는 유일한 와인 브랜드다.

▶750㎖ : 650,000동(1동)

히비스쿠스(Hibiscus)

포도가 아닌 중미에서 생산된 아티초크 꽃으로 만든 특별한 와인이다. 히비스쿠스^{Hibiscus} 와인은 아티초크의 특유한 자연 빨간색이 깃들인 좋은 와인으로 평가받는다. 안토이사닌^{Anthocyanin}, 아라비노스^{Arabinose}, 비타민 A, B, C 등 영양이 많고 심장 건강에 아주 좋 다. 아티초크의 추출물이 암을 방지할 수 있다. 단맛, 떫은 맛, 조금 단맛이 있다. 박 지앙^{Bắc Giang}, 딴 옌^{Tân Yên}의 아티초크 밭에는 히비스쿠스 와인을 생산하고 있다.

▶750㎖ : 65,000동(1병)

망 덴(Măng Đen)

망 덴^{Măng Đen}은 콘 툼^{Kon Tum}지방에 속해 있다. 매년 망 덴^{Măng Đen}에 있는 거대한 심^{Sim} 과일 숲에서 100톤의 열매를 수확하여 프랑스의 보르도^{Bordeaux} 와인 생산 기술로 심^{Sim} 과일 와인을 생산하고 있다. 심^{Sim} 과일 은장에 관한 질환, 당뇨, 빈혈 등을 치료할 수 있다고 한다. 심^{Sim} 과일 와인은 향기롭고 떫고 달콤하다. 화이트 와인, 빨간 와인, 증류 와인, 리큐어 와인으로 나누고 있다.

▶750㎖ : 250,000동(1병)

달랏(Đà Lạt)에서 한 달 살기

달랏^{Đà Lạt}은 현재 대한민국 여행자에게 생소한 도시이다. 하지만 베트남에서 달랏^{Đà Lạt}은 고지대에 있기 때문에 1년 내내 봄이나 가을 날씨를 가지고 있기 때문에 휴양지로 인기가 높은 도시이다. 베트남의 휴양지는 달랏^{Đà Lạt}과 푸꾸옥을 말하기 때문에 달랏^{Đà Lạt}은 베트남 사람이 여행을 가고 싶어 하는 도시이다. 유럽의 여행자들이 달랏^{Đà Lạt}에 오래 머물면서 선선한 날씨와 유럽 같은 도시 분위기에 매력을 느끼면서 달랏^{Đà Lạt}의 레스토랑은 전 세계 국적의 요리 경연장이라고 할 정도로 다양한 나라의 요리를 먹고 즐길 수 있어 식도락의 선도적인 역할을 하고 있다. 베트남에서 한 달 살기를 한다면 대도시인 호치민이나 중부의 한적한 호이안^{Hoi An}, 남부의 나트랑^{Nha Trang}에서 머물렀다면 점점 많은 장기여행자들이 달랏을 찾고 있다.

베트남은 현재 늘어나는 단기여행자 뿐만 아니라 장기여행자들이 모이는 나라로 변화하고 있다. 경제가 성장하면서 여행의 편리성도 높아지면서 태국의 치앙마이 못지않은 한 달 살기로 이름을 날리고 있다. 여유를 가지고 생각하는 한 달 살기의 여행방식은 많은 여행자가 경험하고 있는 새로운 여행방식인데 그 중심으로 달랏^{Đà Lạt}이 변화하고 있다.

장점

1. 유럽 커피의 맛

달랏^{Đà Lạt}은 1년 내내 선선한 날씨를 가진 베트남에서 유일한 도시이다. 그래서 베트남의 신혼 여행지이자 휴양지로 알려져 있다. 다른 도시에서는 베트남 커피 한잔의 여유를 즐겼다면 달랏^{Đà Lạt}에서는 유럽 커피의 맛을 즐기는 순간이 다가온다.

2. 색다른 관광 인프라

달랏^{Đà Lạt}은 베트남의 다른 도시에서 느끼는 해변의 즐거움이나 베트남만의 관광 인프라를 가지고 있지는 않다. 프랑스 식민지 시절에 휴양지로 개발한 도시이기 때문에 모든 도시의 분위기를 유럽을 본따 만들어졌기 때문에 색다른 관광 컨텐츠가 풍부하다. 해변에서 즐기는 여유가 아니라 새로운 관광 인프라를 가지고 있다. 캐녀닝이나 크레이지 하우스 같은 달랏^{Đà Lạt}만의 관광 인프라는 베트남의 다른 도시에서는 즐길 수 없는 것들이다.

3. 접근성

나트랑Nha Trang에서 3～4시간, 호치민에서 4～5시간이면 달랏에 도착할 수 있다. 또한 인천공항에서 달랏Đà Lạt으로 향하는 직항이 개설되어 달랏은 이제 접근성이 높은 도시로 탈바꿈하고 있다. 만약에 달랏Đà Lạt이 가기 힘든 도시였다면 달랏은 지금의 '베트남의 휴양지'라는 별명을 가지지 못했을 것이다.

4. 유럽 문화

베트남은 경제성장을 매년 7%이상 10년이 넘도록 하고 있는 고성장 국가이다. 베트남 사람들도 경제 성장을 바탕으로 새로운 문화의 유입을 바라고 있다. 그런데 해외여행에 제한이 많은 베트남 사람들이 새로운 유럽 문화를 받아들이는 베트남 유일한 도시가 달랏Đà Lạt이므로 점점 달랏Đà Lạt의 인기는 높아지고 있다.

5. 다양한 국가의 음식

달랏Đà Lạt에는 한국 음식을 하는 식당들이 많지 않다. 나트랑Nha Trang이나 다낭Da Nang에는 많은 한국 음식점이 있지만 달랏Đà Lạt에는 많지 않다. 그나마 한국 문화를 접한 사람들이 만든 음식점이다. 가끔은 한국 음식을 먹고 싶을 때가 있지만 달랏Đà Lạt에서는 쉽지 않다. 하지만 전 세계의 음식을 접할 수 있는 레스토랑이 즐비하다. 그래서 달랏Đà Lạt에서는 베트남 음식을 즐기는 것이 아니라 전 세계의 음식을 즐기는 여행자가 많다.

단점

베트남 여행의 장점 중에 하나가 저렴한 물가이다. 하지만 달랏은 베트남의 다른 도시보다 접근성이 떨어지므로 물가는 베트남의 다른 도시보다 상대적으로 물가가 높은 편이다. 그래서 베트남 음식을 즐기는 여행자보다는 다양한 국가의 음식을 즐겨도 비싸다는 인식이 생기지 않는다. 특히 피자나 스테이크, 프랑스 음식을 즐길 수 있는 다양한 레스토랑이 있다. 다양한 국가의 요리를 합리적인 가격으로 즐겼다는 생각 때문에 여행자들이 느끼는 만족도도 높다.

Phú Quốc

푸꾸옥

푸꾸옥 국제 공항 미리보기

푸꾸옥 공항 모습

공항은 새로 만들어져 깨끗한 편이다.

베트남 공항 입국시 주의사항

1. 베트남 출입국시에는 출입국신고서 작성 없이 여권으로만 출입국심사 받으면 된다. 단 귀국하는 항공편은 반드시 발권이 되어 있어야 한다. 가끔씩 입국시 왕복하는 리턴 티켓을 보여 달라는 세관원이 있으므로 리턴 티켓을 스마트폰으로 찍어서 가지고 있는 것이 좋다.

2. 최종 베트남 출국일로부터 30일 이내에 다시 방문하는 경우에는 반드시 비자를 새로 발급 받아야한다.

3. 만 14세 미만 아동과 유아 입국 시에는 부모와 함께 동반해야 한다. 제3자와 입국하는 경우에 반드시 사전에 부모동의서를 번역과 공증 후 지참해서 입국해야 한다.

4. 엄마와 입국하는 아동은 종종 영문등본을 보여 달라는 세관원도 있으므로 지참하는 것이 좋다.

사람들을 따라가면 공항을 나오게 된다.

푸꾸옥 공항에서 택시의 선택은 중요하다.

심카드와 시내까지 가는 교통을 선택할 수 있다. 유명 호텔이나 리조트는 픽업서비스를 제공하고 있다.

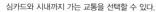

푸꾸옥 IN

대한민국의 여행자는 까다롭게 여행지를 선택한다. 여행지를 선택하는 것에 있어서 여행 경비가 중요한 선택 요소로 작용하기 때문에 최근 베트남여행을 선택하는 여행자들은 더욱 늘어나고 있다. 현지 물가만 저렴하다고 선택하지 않는다. 관광지와 휴양지가 적절하게 조화가 되어야 여행지로 선택되고 여행을 떠나게 된다. 관광 + 휴양 + 해양스포츠 + 야시장 + 리조트 & 호텔의 모든 것이 가능한 곳은 푸꾸옥Phu Quoc 뿐이 없다고 할 정도로 개발이 진행 중인 섬이다.

11월~다음해 3월 사이에 푸꾸옥Phu Quoc을 방문하면 다른 기간보다 날씨가 온화하고 습기가 적어서 여행을 즐기기에 좋다. 비엣젯 항공이나 이스타 항공을 타고 인천 국제공항에서 푸꾸옥 공항까지 직항으로 가는 방법도 있지만 베트남 항공을 타고 호치민Hochimin 시로 입국하여 다양

한 국내 노선으로 푸꾸옥Phu Quoc까지 이동하여 호치민Hochimin과 푸꾸옥Phu Quoc을 동시에 여행하는 방법도 있다. 베트남 사람들이 많이 여행하는 방법으로 호치민Hochimin에서 버스로 이동하여 푸꾸옥Phu Quoc의 항구로 들어가는 방법도 있다.

푸꾸옥Phu Quoc은 본토인 하 티엔Ha Tien에서 45㎞ 떨어진 섬이기 때문에 비행기로만 여행할 수 있는 것이 베트남의 다른 여행지와 다른 점이다 푸꾸옥Phu Quoc에는 인천공항에서 출발하는 직항 노선이 적지만 호치민에서 출발하는 많은 국내선 항공편이 운항을 하고 있다. 반면, 하티엔까지 버스로 이동하여 푸꾸옥 섬까지 페리를 타고 이동하는 방법이 있지만 많은 단계를 거쳐야 하는 단점이 있다.

비행기

인천에서 출발해 푸꾸옥Phu Quoc까지는 약 5~5시간 30분이 소요된다. 이스타항공은 19시 40분에 출발해 23시 20분에 도착한다. 비엣젯항공은 새벽 1시 45분에 출발해 새벽 5시 35분에 푸꾸옥 공항에 도착한다.

비엣젯항공은 새벽 1시 45분에 출발하므로 직장인도 퇴근하고 바로 공항으로 이동해 출발할 수 있는 일정이지만 푸꾸옥Phu Quoc에 도착하면 새벽에 도착하여 공항에는 아무도 없을 때에 도착하는 단점이 있다. 그래서 택시나 그랩Grab을 이용하거나 차량 픽업서비스를 이용할 수밖에 없다.

베트남 국적기인 베트남항공과 최근 새롭게 인기를 끌고 있는 저가 항공사로 비엣젯 항공Vietjet Air이 있다.

저가항공은 합리적인 가격을 무기로 계속 취항하는 항공사가 늘어날 것으로 보인다. 앞으로 푸꾸옥Phu Quoc을 운항하는 항공사와 항공 편수는 지속적으로 늘어날 것으로 보인다.

베트남 항공(Vietnam Airlines)

대한항공이 대한민국의 국적기라면 베트남항공은 베트남의 국적기이다. 베트남 전역의 19개 도시와 아시아, 호주, 유럽, 북미 등 19개국 46개 지역에 취항하고 있는 항공사이다. 의외로 기내식이 맛있고 좌석도 넓은 편이라서 편하다는 느낌을 받는다. 호치민을 거쳐서 1회 경유하는 항공편도 매일 운항하고 있다.

비엣젯 항공(Vietjet Air.com)

베트남의 저가항공사인 비엣젯 항공은 베트남의 경제성장과 함께 무섭게 동남아시아의 저가항공의 강자로 부상하고 있는 항공사이다. 2007년 에어아시아의 자회사로 시작해 2011년 에어아시아에서 지분을 매각하자 비엣젯(Vietjet)으로 사명을 변경하고 난 후에 베트남을 대표하는 저가항공사로 성장했다. 에어아시아와 로고와 사이트, 빨강색의 '레드'컬러를 강조하는 것도 비슷하다.

푸꾸옥 즈옹동 공항(Dương Đông Airport)

베트남 남부 끼엔장주Kiên Giang 푸꾸옥 섬 즈옹동Dương Đông에 있으며 동쪽으로는 남중국해와 면하고 있다. 다른 명칭은 즈옹동 공항Dương Đông Airport이다. 남부 베트남에서 세 번째로 지어진 국제공항이다. 이용객 수용 규모는 연간 260만 명 기준으로 건설되었다. 새 공항을 통해 국내선 및 국제선 항공이 이착륙이 가능하게 되었다. 현재 정기노선은 인천에서 직항으로 이스타 항공과 비엣젯 항공이 운항하고 있으며, 베트남항공Vietnam Airlines · 비엣젯항공Vietjet Air · 제트스타퍼시픽Jetstar Pacific의 총3개사가 국내선을 호치민, 하노이, 다낭, 나트랑에서 운항하고 있다.

> **이전의 푸꾸옥 국제공항**
>
> 대한항공이 대한민국의 국적기라면 베트남항공은 베트남의 국적기이다. 베트남 전역의 19개 도시와 아시아, 호주, 유럽, 북미 등 19개국 46개 지역에 취항하고 있는 항공사이다. 의외로 기내식이 맛있고 좌석도 넓은 편이라서 편하다는 느낌을 받는다. 호치민을 거쳐서 1회 경유하는 항공편도 매일 운항하고 있다.

버스(150,000동 / 편도)
+ 페리로 푸꾸옥(Phu Quoc) 가는 방법

베트남 사람들이 많이 이용하는 방법으로 자동차로 하 티엔Ha Tien까지 이동하고 나서 페리를 타고 푸꾸옥Phu Quoc으로 이동하는 데 자동차로 여행하는 것이 쉽지 않으므로 불편한 여행방법으로 알려져 있다. 하지만 흥미가 있다고 이야기를 하곤 한다. 푸꾸옥Phu Quoc까지 페리로 이동하려면 라크 기아Rach Gia나 하 티엔Ha Tirn의 두 항구 중 하나를 선택해야 한다.

호치민(사이공)의 서부 버스터미널로 이동해 라크 기아Rach Gia 또는 하티엔Ha Tien으로 가는 버스가 매일 출발하고 있다. 호치민에서 라크 기아Rach Gia까지는 자동차로 약 6시간이 소요된다.

▶출발 시간

호치민(395㎞ 킨 두옹 부옹Kinh Duong Vuong, 판 락P.An Lac, 빈 탄Binh Tan)

- 시간 : 6:30/8:30/9:30/10:30/11:30/12:30/
  13:30/15:30/17:30/19:30/21:00/
  21:30/22:00/23:00
- 주소 : 326 Le Hong Phong,
  Ward 1, 10, Ho Chi Minh City
- 전화 : 08-39-225-112 / 08-39-225-113

▶라크 기아(Rach Gia) 버스 터미널

- 시간 : 8:45/9:45/10:45/12:15/13:45/16:00
  18:00/21:00/22:00/23:00/23:45
- 주소 : 206A Nguyen Binh Khiem,
  P Vinh Quang, Rach Gia City
- 전화 : 077-3656-656
  02973-656-656

택시

푸꾸옥 즈옹동 공항Dương Đông Airport은 즈엉동 시내와 10~13㎞정도 떨어진 가까운 공항이다. 그래서 시내까지 이동비용이 저렴하다. 보통 150,000~250,000동까지 금액을 택시기사들은 부르고 있다. 거리는 가깝지만 택시금액이 비싸므로 바가지까지 쓴다면 정말 화가 날 수 있다.

그러므로 사전에 택시비를 준비하고 그 금액에서 흥정을 해야 한다. 또한 잔돈을 미리 준비해 택시기사에게 정확한 금액을 주는 것이 좋다. 대부분 잔돈은 돌려주지 않으려고 한다.

차량 픽업 서비스

푸꾸옥 즈옹동 공항Dương Đông Airport은 리조트와 호텔이 많아서 고급 리조트나 호텔은 대부분 차량픽업 서비스를 무료로 제공해주고 있다. 차량이 미리 와서 대기를 하고 있기 때문에 기다리지 않는 장점이 있다.

공항 픽업 서비스는 택시보다 저렴하면서 동시에 그랩Grab보다 안전하다는 장점이 있다. 늦은 밤이나 새벽에 도착하는 여행자는 피곤하여 숙소로 바로 이동하고 싶을 때에 기다리므로 쉽고 편안하게 이용이 가능하다는 장점이 있다.

푸꾸옥에서 그랩(Grab) 사용의 불편과 바가지 택시비

푸꾸옥(Phu Quoc)에서 그랩(Grab)의 사용은 불편하다. 그랩(Grab)으로 차량을 잡기가 힘든데, 그랩으로 운행하는 차량 자체가 적기 때문이다. 그래서 대부분은 택시를 탈 수 밖에 없다. 택시만 있다는 사실을 아는 택시기사들은 택시비를 높게 부르거나 숙박 위치를 모르는 방법으로 택시비가 높게 나오도록 만들고 있다. 그러므로 구글로 주소를 정확하게 확인하고 출발해야 하며 일단 출발하면 택시기사의 휴대폰 사용이 많아서 도착지점에서 그냥 지나쳐 못 찾는 경우가 많으니 휴대폰을 사용한다면 사용하지 말라고 이야기를 해야 한다.

택시 회사를 가리지 않고 바가지가 심하므로 마이린(Mailin)이나 비나선(Vinasun) 택시회사라고 긴장을 놓지 않도록 하자. 야간에는 더욱 심하기 때문에 숙소에서 제공하는 차량 픽업 서비스를 이용하는 것이 편리하고 정신 건강에 좋다.

푸꾸옥 가는 방법

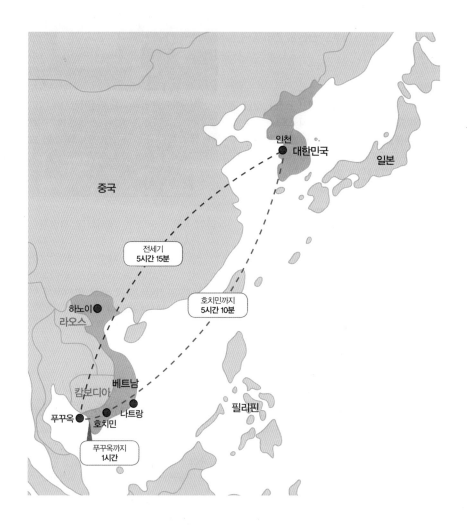

푸꾸옥 - 하티엔 크루즈 구간

하루에 총 4번의 쾌속선이 운항하며, 쾌속선은 일반석과 비즈니스 석의 2층으로 되어 있다. 좌석은 큰 차이가 없으나 보는 전망이 다르기 때문에 2층이 100,000동 더 비싸다. 탑승 시간은 날씨에 따라 변하므로 사진에 홈페이지에서 시간표를 참조하는 것이 좋다.

➡ http://superdong.com.vn/dich-vu/tuyen-phu-quoc-ha-tien-ha-tien-phu-quoc/

푸꾸옥은 어떤 섬일까?

푸꾸옥^{Phu Quoc}은 베트남 최남단에 자리한 그림 같은 섬이다. 유네스코 생물권 보존지역인 푸꾸옥^{Phu Quoc}은 맑고 투명한 바다와 99개의 산이 어우러진 천혜의 자연환경을 자랑한다. 푸꾸옥^{Phu Quoc}의 깨끗한 바다는 진주를 양식하는데 최적의 조건을 갖추고 있다고 알려져 있다. 그래서 '베트남의 진주'라고도 불린다.

푸꾸옥을 나타내는 많은 수식어
1. 청정 자연을 품고 있는 베트남의 떠오르는 관광지 1순위
2. 유네스코가 지정한 세계 생물권 보존지역
3. 내셔널 지오그래픽 선정 2014 최고 겨울여행지 3위
4. 미국 허핑턴 포스트 선정 '더 유명해지기 전에 떠나야 할 여행지'
5. CNN이 선정한 세계 10대 해변 사오비치

세계적으로 이목이 집중되고 있기 때문에 푸꾸옥^{Phu Quoc}을 찾는 관광객들의 발길이 끊이지 않고 있다. 프랑스 지배를 받을 당시의 모습을 보여주는 코코넛 수용소, 푸꾸옥의 대표적인 농작물로 유명한 후추농장, 느억맘 공장, 진꺼우 야시장처럼 푸꾸옥 만의 문화를 느껴볼 수 있는 명소들도 많다.

유럽인이 사랑한 또 하나의 휴양지 푸꾸옥^{Phu Quoc}은 새롭게 뜨는 핫한 여행지로 '천국 같은 섬'으로 불리며 관광객에게 새로운 베트남의 여행지로 알려지고 있다. 베트남에서 가족, 연인과 최고의 휴양을 즐기고 싶다면 푸꾸옥으로 여행을 떠나자!

푸꾸옥 지도

푸꾸옥 북부

일광욕 의자에 앉아 롱비치나 옹랑 해변의 태양을 즐기는 것도 여유롭게 푸꾸옥Phu Quoc을 여행하는 방법이다. 북적거림을 피하고 싶다면 오토바이나 렌트를 해서 북쪽으로 달려가 보자. 그림 같은 푸꾸옥 국립공원을 구경하면서 아이들과 재미있는 시간을 보낼 수 있다. 비포장도로를 따라 공원의 아름다운 경관을 구경하고, 에스라운 마을을 지나 사람의 손길이 닿지 않은 섬의 아름다운 해변으로 이동할 수 있다. 따크 뱀 마을에서 여유롭게 수영을 즐기거나 걷다보면 푸꾸옥의 맛을 따라 산책을 할 수 있다.

무꾸옥 국립공원

적뱀 해변
적뱀 어촌 마을

껀저우 트레일 입구

빈펄 디스커버리 1-2
빈펄 병원
빈펄 사파리
빈펄 랜드 무꾸옥

꼴꼴 농장

껀저우 풋 & 해변
자이 해변

빈펄 리조트 & 골프
빈펄 리조트 & 스타

빈 오아시스

봉바안 리조트 & 레스토랑

퓨전 리조트

그린베이 리조트

봉바안 해변

남기 무꾸옥 아일랜드

옹랑 바치 바

옹랑 해변

로투스 스파

망고베이 리조트

온 더 록스 레스토랑

코코팜 비치 리조트 & 스타

더 셸 리조트 & 스파

K+ 마크

미니마트

후추 농장

버드 아이스크림 & 정보 카페

까베 츤테

바이롱 선착장

훈국사

담 해변

파라디소 레스토랑

사오 해변

겜 해변

JW 매리어트

프리미어 빌리지 리조트

욘도이 곶

솔비치 하우스

무엉탄 호텔

노보텔

인터컨티넨탈 호텔

푸꾸옥 감옥

인터이 항

해상케이블카 탑승장

선 월드

Dua Island

Roi Island

Rhom Island

Hon Thom

한적한 해변, 불교 사원, 전통적인 어촌이 푸꾸옥Phú Quốc 섬의 매력을 더해준다. 구시대적인 매력과 함께 한적한 해변, 그림 같은 보트 여행을 베트남의 푸꾸옥Phú Quốc 섬에서 즐길 수 있다. '진주 섬'이라는 별명을 가진 푸꾸옥Phú Quốc은 아름답게 반짝이는 바다와 야생적이면서도 자연의 매력을 한껏 품고 있는 섬으로 유명하다.

페리를 타고 푸꾸옥Phú Quốc에 도착하거나 호치민에서 즈엉동까지 비행기를 타고 도착할 수도 있다. 개발되지 않은 길 때문에 푸꾸옥Phú Quốc은 섬에서 빌릴 수 있는 오토바이나 렌트카로 여행하는 것이 가장 편리하다.

조엉동 마을

여행의 섬의 주요 도시인 즈엉 동에서 시작한다. 활기찬 즈엉동 마을은 전통적으로 여유로 삶아가는 유명한 곳으로 다양하고 신선한 해산물 시장을 구경할 수 있다. 낮에는 해변을 둘러보거, 해가 지면 북적이는 야시장을 구경하면서 하루를 마무리할 수 있다. 해지는 일몰의 풍경은 해변의 바다에서 으뜸으로 즐기고 전까우 사원의 환상적인 전망도 인기있다.

푸꾸옥 남부

함 닌 인근 목표수의 장면을 보거나 사오 비치와 켐 비치 같은 때 묻지 않은 해변이 남해안을 따라 뻗어 있으며 푸르른 섬이 이름 다운 황금빛 배경이 되어 주고 있다. 푸꾸옥Phú Quốc의 남쪽 끝에 위치한 안토이 항구에서는 다이빙, 스노클링 주변 섬 둘에서 호핑 투어나 스노클링, 스킨스쿠버를 즐길 수 있다. 바다로 호핑 투어를 나가면 투명한 바다 속에서 다양한 낚시와 섬어 등 다양한 해양 동물도 직접 볼 수 있다.

푸꾸옥 한눈에 파악하기

서울시 정도의 크기인 푸꾸옥^{Phu Quoc} 섬은 총 150㎞의 해안선이 둘러싸고 있다. 아직은 많은 사람들이 찾지 않는 때 묻지 않고 평온한 베트남 남부에 위치한 신비의 섬, 푸꾸옥^{Phu Quoc}이 비상하고 있다. BBC 선정, 세계에서 가장 아름다운 해변 10위로 선정되었다고 하는 푸꾸옥^{Phu Quoc}은 베트남의 남쪽 끼엔장^{Kien Giang}성에 속하는 가장 큰 섬인데도 육지와의 거리감 때문에 교류가 늘어가고 있는 베트남에서도 많이 동떨어진 듯한 느낌이 든다. 최근에 신비한 신혼여행지로 각광을 받고 있다.

육지와는 배로 5~6시간이 걸리는 거리로 베트남의 대표적인 도시인 하노이와 호치민에서 매일 정기적인 항공편이 운항되고 있지만, 예산이 적은 이들에게 비행기는 부담스럽고 배는 소요 시간이 적지 않아서 베트남 사람들도 가볍게 방문할 수 있는 여행지는 아니라고 알려져 있다. 부유한 사람들의 휴양지로 여겨지곤 했던 푸꾸옥^{Phu Quoc}은 고급 휴양지로 개발되고 있는 섬이다.
많은 해수욕장들 중에 가장 긴 길이를 자랑하는 '롱비치^{Long Beach}'는 영국의 국영 방송국인 〈BBC〉, 〈CNN〉에서는 선정한 세계에서 가장 아름다운 해변 10위 안에 들기도 했고, 내셔널지오그래픽 선정 '최고의 겨울 여행지' 3위로 손꼽힐 만큼 놓쳐서는 안 될 휴양지로 성장하고 있다.
푸꾸옥^{Phu Quoc}은 한국인에게는 아직 생소하지만 유럽인과 현지 베트남 사람들에게는 인기 많은 휴양지로 알려져 있다. 때 묻지 않은 자연과 순박한 사람들의 인심이 많은 여행자를 끌어들이고 있다. 2019년 직항이 개설되면서 푸꾸옥^{Phu Quoc}은 주목해야 할 여행지로 떠올랐다.

푸꾸옥Phu Quoc에서 나고 자란 사람 이외의 발길이 잦지 못해 타고난 자연미를 지금까지 보존시키는 데 큰 공을 세웠다. 섬의 북쪽은 이미 유네스코 자연유산에 등록된 생물권 보호구역이며, 작은 무인도들이 많은 섬의 남쪽으로는 전 세계 다이버들이 열광할 만큼 황홀한 다이빙 지점들이 많다. 현지인에게 자연 휴양지로 통했던 곳이 서서히 해외에 알려지면서 유럽인이 사랑하는 휴양지가 되어 가고 있다.

면적은 567㎢, 길이는 62㎞에 달한다. 캄보디아 국경에서 12㎞밖에 떨어지지 않은 푸꾸옥 Phu Quoc은 호치민에서 국내선으로 1시간 거리이다. 대한민국의 제주도 같은 섬이며 베트남 정부가 경제특구로 지정하면서 개발 중에 있다. 5성급 리조트와 다양한 호텔과 숙박시설이 들어섰지만 여전히 천혜의 자연환경은 그대로 살아 있다.
우리가 흔히 알고 있는 베트남 도시와는 또 다른 매력을 갖고 있다. 순박한 섬에서 즐기는 소소한 재미가 푸꾸옥Phu Quoc 섬을 즐기는 방법이다. 아직 개발 중인 푸꾸옥은 대단한 즐길 거리를 생각한다면 실망할 수도 있지만 자연과 함께 즐기는 재미는 상상이상이다.

따스한 바람이 불어오는 푸꾸옥Phu Quoc에 도착해 가장 먼저 찾아야 하는 곳은 바로 아름다운 해변이다. 원시 자연 그대로를 보존하고 있는 만큼 남쪽으로 길을 달리면 보이는 사오해변은 푸꾸옥Phu Quoc 대표 관광지답게 아름다운 풍광을 자랑한다. 베트남말로 별을 뜻하는 사오는 별처럼 아름다운 해변이라 하여 이 같은 이름을 갖게 됐다. 1년 내내 청명한 날씨는 매력 중 하나로 연평균 기온 27도 정도인 훈훈한 날씨 덕에 겨울이면 더욱 찾기 좋은 곳이다.

나의 여행스타일은?

나의 여행스타일은 어떠한가? 알아보는 것도 나쁘지 않다. 특히 홀로 여행하거나 친구와 연인, 가족끼리의 여행에서도 스타일이 달라서 싸우기도 한다. 여행계획을 미리 세워서 계획대로 여행을 해야 하는 사람과 무계획이 계획이라고 무작정 여행하는 경우도 있다.

무작정 여행한다면 자신의 여행일정에 맞춰 추천여행코스를 보고 따라가면서 여행하는 것도 좋은 방법이다. 계획을 세워서 여행해야 한다면 추천여행코스를 보고 자신의 여행코스를 지도에 표시해 동선을 맞춰보는 것이 좋다. 레스토랑도 시간대에 따라 할인이 되는 경우도 있어서 시간대를 적당하게 맞춰야 한다. 하지만 빠듯하게 여행계획을 세우면 틀어지는 것은 어쩔 수 없으니 미리 적당한 여행계획을 세워야 한다.

1. 숙박(호텔 VS YHA)
잠자리가 편해야(호텔, 아파트) / 잠만 잘 건데(호스텔, 게스트하우스)

다른 것은 다 포기해도 숙소는 편하게 나 혼자 머물러야 한다면 호텔이 가장 좋다. 하지만 여행경비가 부족하거나 다른 사람과 잘 어울린다면 호스텔이 의외로 여행의 재미를 증가시켜 줄 수 도 있다.

2. 레스토랑 VS 길거리음식
카페, 레스토랑 / 길거리 음식

길거리 음식에 대해 심하게 불신한다 면 카페나 레스토랑에 가야 할 것이다. 그렇지만 베트남은 쌀국수를 길거리에 서 아침 일찍 현지인과 함께 먹는 재미 가 있다. 물가가 저렴하여 어떤 음식을 사먹을지 여행경비에 문제가 발생할

경우는 없다. 관광객을 상대하는 레소토랑은 위생문제에 까다로운 것은 사실이어서 상대적으로 길거리 음식을 싫어한다면 굳이 사먹을 필요는 없다.

3. 스타일(느긋 VS 빨리)
휴양지(느긋) 〉 도시(적당히 빨리)

자신이 어떻게 생활하는 지 생각하면 나의 여행스타일은 어떨지 판단할 수 있다. 물론 여행지마다 다를 수도 있다. 푸꾸옥은 휴양지이다. 푸꾸옥^{Phu Quoc}을 여행하면서 아무 것도 안

하고 느긋하게만 지낼 수는 없다. 푸
꾸옥의 즈엉동 시내에서 약간 바쁘게
돌아다녔다면 푸꾸옥 남부나, 북부의
빈펄랜드에서 느긋하게 워터파크와
사파리를 즐길 수도 있다. 푸꾸옥은
베트남 남부의 휴양지로 베트남에서

신혼여행지로 유명한 섬이다. 패키지여행으로 다녀온 푸꾸옥 여행자도 자유여행을 느낄
수 있으므로 앞으로 여행자에게 더욱 인기를 끌 것이다.

4. 경비(짠돌이 VS 쓰고봄)
여행지, 여행기간마다 다름(환경적응론)
여행경비를 사전에 준비해서 적당히
써야 하는데 너무 짠돌이 여행을 하면
남는 게 없고 너무 펑펑 쓰면 돌아가
서 여행경비를 채워야 하는 것이 힘들
다. 짠돌이 여행유형은 유적지를 보지
않는 경우가 많지만 푸꾸옥$^{Phu\,Quoc}$은

관광지의 입장료가 비싸지 않으니 무작정 들어가지 않는 행동은 삼가는 것이 좋을 것이다.

5. 여행코스(여행 VS 쇼핑)
여행코스는 여행지와 여행기간마다
다르다. 푸꾸옥$^{Phu\,Quoc}$은 여행코스에
적당하게 쇼핑도 할 수 있고 여행도
할 수 있으며 맛집 탐방도 가능할 정
도로 관광지가 멀지 않아서 고민할 필
요가 없다.

6. 교통수단(택시 VS 뚜벅)
여행지, 여행기간마다 다르고 자신이
처한 환경에 따라 다르지만 푸꾸옥^{Phu}
^{Quoc}은 어디를 가든 택시로 쉽게 가고
싶은 장소를 갈 수 있다. 푸꾸옥^{Phu}
^{Quoc}은 대중교통이 잘 되어 있지 않으
므로 버스를 탈 경우는 많지 않다. 푸

꾸옥$^{Phu\,Quoc}$의 즈엉동 시내는 크지 않으므로 걸어서 대부분의 시내를 둘러볼 수 있다.

푸꾸옥 여행을 계획하는 7가지 핵심 포인트

푸꾸옥^{Phu Quoc} 여행은 의외로 여행을 계획하기가 쉽지 않다. 쯔엉동 시내는 둘러봐도 고층
빌딩은 하나 없고 많은 사람들은 왔다 갔다 하지만 어디를 가야할지는 모르겠다. 숙소에
물어보니 관광지는 시내에서 떨어져 있다는 답변에 "그럼 어디를 가야하냐"는 물음에는
투어를 소개하는 팜플렛을 내민다. "어떤 것이 좋아요?"는 질문에 "다 좋다"라는 답만 온
다. 어떻게 푸꾸옥^{Phu Quoc} 여행해야 하는 것일까?

푸꾸옥^{Phu Quoc}은 숨겨진 보석, 진주 섬이라는 별칭을 가지고 이제야 떠오르는 여행지가 되
고 있는 섬이다. 지금도 개발이 이루어지면서 해안가는 하루가 다르게 변하고 있다. 러시
아 관광객이 가장 많지만 다양한 국적의 여행자가 여행하면서 아시아 여행자보다 유럽의
여행자가 많다. 허허벌판인 해변에 도시를 만들기 시작하면서 즈엉동 타운을 시작으로 푸
꾸옥 섬은 휴양지로 개발되고 있다.

즈엉동 시내에는 휴식을 취할 수 있는 리조트와 호텔 등의 숙소가 즐비하고 쇼핑몰은 아
직 없다. 점점 늘어나는 관광객으로 쇼핑타운이 만들어지려는 움직임은 있다. 투어상품은
대부분 푸꾸옥^{Phu Quoc} 북부와 남부에 있다. 스쿠버 다이빙 같은 해양 스포츠나 크루즈 투어
는 남부의 혼톰 섬으로 이동해 잔잔한 파도의 포인트에서 즐기게 된다. 이곳은 현재 섬의
북쪽에 빈펄 랜드^{Vinpearl Land}가 들어서 있어 빈펄 랜드^{Vinpearl Land}에서만 즐기다가 나오는 관
광객도 상당히 많다.

1. 시내 관광, 야시장

푸꾸옥^{Phu Quo} 밤거리의 풍경은 즈엉동의 야시장에서 극대화된다. 밤이 되면 푸꾸옥^{Phu Quo}의 관광객들은 즈엉동 야시장으로 집합하는 것 같다. 푸꾸옥^{Phu Quo}의 가장 번화가는 당일 아침에 잡아온 배에서 공수한 신선한 해산물 바비큐와 정성이 느껴지는 베트남의 길거리 먹자골목의 다양한 음식들이 관광객의 후각과 미각을 자극한다.

코코넛을 이용한 아이스크림을 비롯한 디저트와 손수 만든 수공예품도 만나 볼 수 있어 활기가 가득한 푸꾸옥^{Phu Quo} 밤 분위기를 느껴볼 수 있다.

2. 해변 즐기기

세계 10대 해변의 유네스코가 보호하고 있는 느낄 수 있는 푸꾸옥^{Phu Quoc}의 진주 빛 바다는 압권이다. 특히 베트남어로 "별"이라는 뜻의 사오 비치는 푸꾸옥^{Phu Quoc}에서 가장 아름다운 비치로 알려져 있다. 거닐어봐야 새하얀 모래사장과 투명한 바다에서 볼 수 있는 때 묻지 않은 바다 환경을 간직한 푸꾸옥^{Phu Quoc}의 비치는 푸꾸옥^{Phu Quoc} 해변만의 특별한 아름다움을 느껴볼 수 있다.

3. 1일 투어

베트남의 아름다운 섬, 푸꾸옥에서 9시부터 오후 16시 30분까지 다녀오는 1일 투어는 푸꾸옥^{Phu Quoc}의 대표적인 관광지로 진주, 후추, 와인숍, 꿀벌까지 주로 농장을 방문한다. 폭포, 사원 등 다양한 관광지를 방문 하고 해변에서 수영하는 시간까지 주어진다.

1일 투어 일정

09:00	숙소 픽업
9시 30분~12시	진주농장, 후추농장, 와인숍, 꿀벌농장, 트란폭포
12~13시	점심(구운 새우, 야채 볶음면, 오징어 죽)
13시	함닌 어촌마을, 푸꾸옥 사원, 바이사오비치(수영)
14시 30분	코코넛 수용소, 피쉬 소스 공장
16시 30분	종료

4. 해양 체험

푸꾸옥^{Phu Quoc}의 청정 바다는 해양스포츠의 천국에서 체험하는 재미가 있다. 아름다운 백사장부터 열대 정글까지 다양한 자연을 간직한 푸꾸옥^{Phu Quoc}은 스노클링과 서핑뿐만 아니라 스쿠버다이빙, 오징어 낚시 투어, 진주 양식장까지 다양한 체험을 경험할 수 있다. 진주를 품은 섬이라고 부르는 깨끗한 바다에서 양식한 조개 속 진주를 직접 보고 쇼핑까지 할 수 있는 시간도 인기가 높다.

5. 푸꾸옥(Phu Quoc)의 일몰

푸꾸옥Phu Quoc을 기억하는 분위기는 역시 잊지 못하는 추억을 선사하는 푸꾸옥Phu Quoc의 밤 하늘이다. 시원한 서쪽 바다가 눈앞에 펼쳐지는 풍경은 해변가에서 분위기 좋은 카페에 자 리를 잡고 사랑하는 이들과 함께 이야기를 나누면서 아름답게 물들어가는 푸꾸옥Phu Quoc의 하늘을 감상하는 특별한 경험이다. 푸꾸옥Phu Quoc을 방문하는 관광객은 누구나 경험할 수 있다.

관광객뿐만 아니라 현지 푸꾸옥Phu Quoc사람들도 일몰 시간이 되면 선셋 비치로 낭만이 가 득한 풍경을 보기 위해 몰려든다. 붉게 물들면서 내려가는 해를 바라보면 내 주위에 있는 사랑하는 사람들과 잊지 못할 시간을 간직할 수 있어 감사하게 된다.

6. 푸꾸옥(Phu Quoc) 가족여행의 핵심, 빈펄 랜드(Vinpearl Land)

자녀나 부모님과 함께 가는 푸꾸옥Phu Quoc 가족여행에서 가장 선호되는 빈펄 랜드Vinpearl Land는 푸꾸옥Phu Quoc의 인상을 바꾸고 있는 곳이다. 워터파크와 놀이동산에서 하루 종일 즐기는 관광객이 대부분이기 때문에 빈펄 랜드에서만 푸꾸옥Phu Quoc 여행을 다녀오는 여행자가 있을 정도이다.

워터파크, 놀이공원, 아쿠아리움, 사파리 등 남녀노소가 좋아할 다양하고 환상적인 테마파크인 빈펄 랜드는 인어 쇼부터 기린, 얼룩말, 사자가 함께하는 사파리 투어까지 있는 것이 다른 빈펄 랜드와의 차이점이다. 아이와 함께 하는 여행이라면 푸꾸옥Phu Quoc 가족여행의 핵심 속 다이내믹한 즐거움을 경험할 수 있다.

7. 휴양에 최적화된 리조트와 호텔

휴양에 최적화된 자연을 품은 다양한 가격과 시설을 가진 수준 높은 시설의 리조트와 호텔이 있다. 푸꾸옥Phu Quoc은 현대적인 시설을 바탕으로 레스토랑, 스파 등 부대시설이 최신 시설로 휴양에 필요한 모든 것을 경험할 수 있는 장점이 있다. 아름다운 해변의 경관과 여유로운 분위기를 합리적인 가격으로 즐길 수 있어 부부와 연인, 가족 여행객들에게도 최상의 휴양지 분위기를 선사할 것이다.

푸꾸옥(Phú Quốc) 추천 여행 일정

푸꾸옥Phú Quốc은 제주도의 절반 정도 되는 작은
섬으로 캄보디아에 속한 섬이었지만 굴곡진 현
대사에서 베트남으로 바뀐 섬이다. 푸꾸옥Phú
Quốc 섬은 대략의 위치를 파악하고 있어야 한다.
빈펄 랜드VinPearl는 섬 북쪽에 있고, 관광지로 유
명한 해변은 섬 남쪽에 위치한다. 섬의 중심에
는 야시장과 경치가 좋은 해변에 호텔과 리조트
들이 들어서 있다.

관광 + 휴양 + 해양스포츠 + 야시장 + 리조트
& 호텔의 모든 것이 가능한 곳은 푸꾸옥Phú Quốc
뿐이 없다고 할 정도로 개발이 진행 중인 섬이
다. 더 늦기 전에 천국 같은 푸꾸옥Phú Quốc의 자
연을 만나러 떠나보자!

즈엉동
Dương Đông

자유 여행자

푸꾸옥^{Phu Quoc} 섬은 3일 정도 여행하면 적당한 관광지이다. 푸꾸옥^{Phu Quoc} 섬의 중심에 있는 즈엉동 마을의 저렴한 호텔에 숙박을 하고, 현지 여행사의 1일 투어를 이용하면 된다. 다음날에는 섬 남부의 작은 안터이 군도로 가는 케이블카와 어촌 마을의 어시장 관광에 1일, 빈펄 랜드^{VinPearl} 관광을 하고 나서 저녁에 야시장에 1일 정도의 일정으로 여행을 하므로 적어도 2일 이상의 일정이 필요하다.

3일 일정
푸꾸옥 1일 투어 → 푸꾸옥 남부(어시장, 케이블 카, 남부 섬 투어) → 푸꾸옥 북부(빈펄 랜드)

푸꾸옥 북부, 빈펄 리조트 숙박하는 여행자

푸꾸옥 빈펄 리조트는 아이들과 함께 여행하기에 좋은 곳이다. 워터파크와 빈펄 랜드, 아쿠아리움, 사파리까지 있어서 아이들이 다양한 경험을 할 수 있다. 푸꾸옥 섬 북부에 있어서 위치 상으로 좋지 않지만 일정 중, 하루는 기사를 포함한 차량 한 대를 렌트하여 남부에 있는 해상케이블카와 야시장을 한 번에 둘러보는 것이 좋다. 푸꾸옥은 도로에 차량이 많지 않아서 운전이 어렵지 않다.

3일 일정
빈펄 랜드(아쿠아리움 / 사파리 / 워터파크) → 푸꾸옥 남부 (해양투어) → 푸꾸옥 시내 투어

푸꾸옥 1일 투어(시내투어)

베트남에 아름다운 섬 푸꾸옥Phu Quoc에서 아침부터 오후까지 꽉 찬 일정으로 다녀온다. 푸꾸옥Phu Quoc의 대표 관광지인 농장은 진주농장, 후추농장, 와인숍, 꿀벌농장을 방문한다. 폭포와 사원 등의 관광지를 방문하고 아름다운 해변을 방문하여 수영하는 시간이 주어진다.

일정

09:00	숙소 픽업(빈펄 랜드는 픽업 비용 발생하므로 사전에 문의해야 한다)
09:30~12:00	진주농장, 후추농장, 와인숍, 꿀벌농장, 트란폭포(구운 새우, 야채 볶음면, 오징어 죽)
12:00~13:00	점심
13:00	함닌 어촌마을, 푸꾸옥 사원, 바이사오비치(수영)
14:30	코코넛 수용소, 피쉬 소스 공장
16:30	종료

4섬 호핑 투어

아름다운 푸꾸옥 섬에서 해양투어를 즐기는 액티비티이다. 최근 KBS 예능프로그램인 배틀트립에서 방영되어 관심이 많아지고 있다. CNN이 선정한 '세계 10대 해변', '유네스코가 지정한 세계 생물권 보존지역'으로 선정될 만큼 청정 섬으로 인식하고 있다. 휴양과 해양 스포츠에 몰두해도 부족하지 않은 최고의 휴양지가 되어 가고 있다.

푸꾸옥 남부에는 작고 아름다운 섬들이 많아서 여러 곳의 스노클링 지점이 있다. 그 지점들 중에 가장 아름다운 3개의 섬 근처를 4번에 나눠 옮겨 다니면서 낚시와 스노클링을 하게 된다.파인애플 섬으로 이동하고 나서 낚시를 한다. 투어 회사마다 낚시지점이 있어서 물고기가 잘 잡히는 지는 선장의 능력이다.

2번째로 몽타이 섬과 감기 섬으로 이동하고 나서 스노클링을 한다. 3번째로 다시 몽타이 섬으로 이동한 후에 점심식사를 하는 데 대부분 해양에서 이루어지는 스포츠이기 때문에 체력의 소모가 심하여 점심식사를 주지만 부족한 경우가 있으니 따로 초코바나 간단한 영양식을 준비하는 것이 좋다.

일정
09:00   숙소 픽업
09:30   선착장이동
10:00~11:00 파인애플 섬 이동 후 낚시체험
11:00~12:00 몽타이 섬 이동 후 스노클링
12:00~13:00 감기 섬 이동 후 스노클링
13:00~14:00 몽타이 섬 이동 후 점심식사
15:00~16:00 투어종료 / 숙소 이동

주의사항

스노쿨링 장비나 낚시장비는 모두 제공이 되는데, 구명 조끼를 잘 확인하고 착용해야 한다. 간혹 불편하고 괜찮다며 소홀히 다루는데 바다에서 이루어지는 해양 스포츠는 항상 조심해야 사고가 발생하지 않는다는 사실을 인지해야 한다. 또한 현지에서 하는 투어에는 여행자 보험이 가입되어 있지 않으므로 개인적으로 한국에서 미리 여행자보험에 가입하고 투어에 참여하는 것이 만약의 사고에 대비하는 것이다.

방수팩

생수

개인 준비물

햇볕에 노출이 되므로 선크림과 수건을 따로 준비하는 것이 좋다. 또한 바닷물 때문에 옷이 젖을 수도 있으니 방수팩에 따로 여분의 옷이 있으면 편리하다. 바다에서 오랜 시간 물놀이를 하기 때문에 맞는 옷차림과 준비물이 필요하다. 배 멀미를 하는 관광객은 미리 멀미약도 준비하는 것이 배에서 하루 종일 힘들어하지 않는다.

▶개인 타올, 수영복이나 래쉬가드, 썬 크림, 모자, 선글라스 등

방수팩 사용법

1. 딱딱한 플라스틱 부분을 앞으로 놓는다.

2. 공기가 들어간 상태에서 딱딱한 플라스틱 부분을 3회정도 접어 공기가 빵빵하게 들어가도록 한다.

3. 양 옆의 접합부분을 접는다.

즈엉 동 타운
Trưởng East Town

푸꾸옥Phu Quoc 섬에서 가장 유명한 마을인 즈엉Trưởng동에 가면 아름다운 해안의 활기 넘치는 시장을 비롯해 다양한 바와 레스토랑 등이 있다. 푸꾸옥 서부 해안의 주요 어촌 항구인 즈엉Trưởng동은 섬의 중심 마을로 수많은 즐길 거리를 경험해 볼 수 있다. 하지만 다채로운 거리와 북적이는 항구, 멋진 시장을 둘러보며 마을 자체를 알아가는 것도 좋다.

즈엉 동은 걸어서 둘러볼 수 있는 작은 마을로 대부분의 관광지는 반나절이면 구경할 수 있다. 도심에 있는 낡은 다리에서 해지는 최고의 경치를 감상할 수 있다. 다리 중간쯤 서서 강가에 정박한 어선들이 빚어내는 다채로운 광경도 사진에 담을 수 있다.

푸꾸옥 진꺼우 야시장
Phu Quoc Dinh Cau Night Marketr

푸꾸옥^{Phu Quoc} 여행에서 저녁에 즐기는 즐거움이다. 현지 음식을 좋아한다면 아

침시장에서 동쪽으로 걸어가면 보이는 활기 넘치는 진꺼우 야시장^{Dinh Cau Night Market}에 도착한다.

진꺼우 야시장은 섬의 주요 도시인 즈엉 동 서쪽에 있으며, 100m만 더 걸어가면 진꺼우 사원^{Dinh Cau Temple}이 나온다.

다양한 해산물

깔끔하게 배치된 100여 곳의 가판대에서 늦은 오후부터 자정까지 다양한 해산물과 생선요리를 판매하고 있다. 활기 넘치는 시장은 해산물 굽는 냄새와 현지 주민들의 왁자지껄한 대화 소리로 가득하다. 매력이 넘치는 야시장에 들러 현지에서 갓 잡은 대하를 비롯해 삶은 오징어와 크랩 차우더 같은 맛있는 음식을 맛볼 수 있다. 푸꾸옥Phu Quoc의 바다에서 매일 새벽마다 잡아오는 해산물은 푸꾸옥Phu Quoc에서 해산물 요리를 즐길 수 있는 곳 중 가장 인상적인 장소이지만 음식 값은 거의 흥정되지 않는다.

다채로운 풍경

맛있는 국수와 구운 생선을 맛보고 손수 만든 장신구나 조각상 같은 기념품 가격도 흥정할 수 있다. 수제 장신구와 기념품 매장을 둘러보며 가격을 흥정하거나 바에 앉아 눈앞에 펼쳐지는 다채로운 풍경을 구경할 수 있다.

전통 베트남 요리

야시장은 푸짐하고 다양한 전통 베트남 음식을 맛볼 수 있는 푸꾸옥 섬 최고의 명소이다. 500m에 걸쳐 길가에 늘어선 100여 군데의 깔끔한 가판대에서 생선, 고기, 야채로 만든 다양한 요리를 판매한다. 맛 좋고 신선한 야채로 만든 걸쭉한 국수나 구운 닭고기, 양고기, 소고기 요리를 즐길 수 있다.

액젓 / 달팽이 요리

색다른 맛을 원한다면 향이 강한 액젓이나 삶은 달팽이 요리에 도전해 보자. 원하는 음식을 고른 뒤에 길가에 놓인 긴 테이블에 앉아 시장의 활기찬 풍경을 볼 수 있다. 직접 요리할 재료를 구입하려면 갓 잡은 생선과 이국적인 과일, 야채를 판매하는 상점에서 구입하면 된다. 신선한 현지 허브와 향신료를 구입해 베트남 요리나 관광객 자국의 요리를 직접 만들어 먹는 장기 여행자도 많다.

기념품 가판대

진주와 화려한 조개껍질을 엮어 만든 아름다운 팔찌와 목걸이뿐만 아니라, 아름다운 목각상과 다양하고 화려한 옷도 구입할 수 있다. 대부분의 물건 값을 꼭 흥정해 구입해야 한다. 대부분의 관광객이 가격을 흥정할 것을 알기 때문에 가격을 비싸게 부르는 것이 일반적이다.

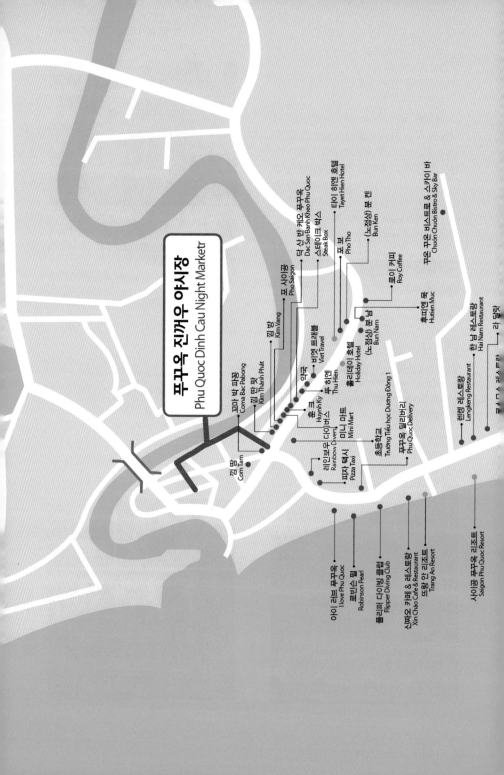

푸꾸옥 진깨우 야시장
Phu Quoc Dinh Cau Night Marketr

꼬마 박 파봉
Com Bac Pabong

낌 탄 팟
Kim Thanh Phat

낌 뱅
Kim Veng

포 사이공
Pho Saigon

닥 산 반 케오 푸꾸옥
Dac San Banh Kheo Phu Quoc

스테이크 박스
Steak Box

티엣 히엔 호텔
Tayet Hien Hotel

분 켄 (노점상)
Bun Ken

푸온 푸온 비스트로 & 스카이 바
Chuon Chuon Bistro & Sky Bar

로이 커피
Roy Coffee

비엣 트래블
Viet Travel

안똑
Thu Hien

후 힝엔
Huynh Ky

훙 끄

홀리데이 호텔
Holiday Hotel

분 남 (노점상)
Bun Nam

후띠엔묵
Hutien Muc

한 남 레스토랑
Hai Nam Restaurant

라 닷
La Dat

꼼 땀
Com Tam

미니 마트
Mini Mart

레인보우 다이버스
Rainbow Divers

피자 택시
Pizza Taxi

초등학교
Trường Tiểu học Dương Đông 1

푸꾸옥 딜리버리
Phu Quoc Delivery

렝켕 레스토랑
Lengkeng Restaurant

아이 러브 푸꾸옥
I love Phu Quoc

로빈슨 펄
Robinson Pearl

플리퍼 다이빙 클럽
Flipper Diving Club

신짜오 카페 & 레스토랑
Xin Chao Cafe & Restaurant

쯔랑 안 리조트
Trang An Resort

사이공 푸꾸옥 리조트
Saigon Phu Quoc Resort

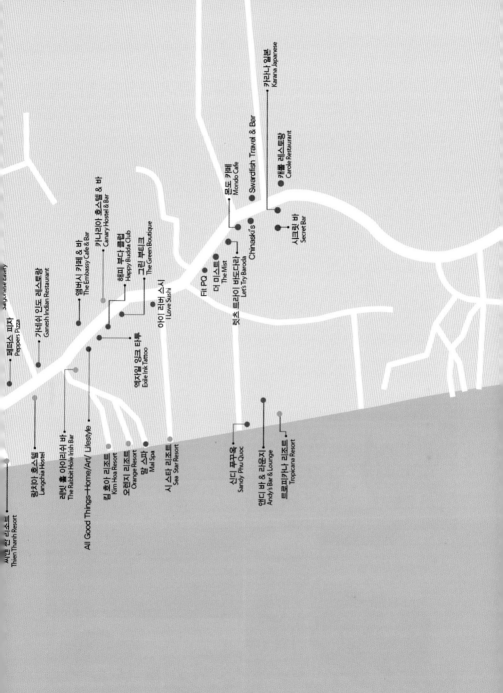

씨엔 썬 리조트
Thien Thanh Resort

페퍼스 피자
Peppers Pizza

사이고니즈 이터리
Saigonese Eatery

랑차이 호스텔
Langchia Hostel

가네쉬 인도 레스토랑
Ganesh Indian Restaurant

엠버시 카페 & 바
The Embassy Café & Bar

래빗 홀 아이리쉬 바
The Rabbit Hole Irish Bar

카나리아 호스텔 & 바
Canary Hostel & Bar

All Good Things+Home/Art/ Lifestyle

해피 부다 클럽
Happy Budda Club

킴 호아 리조트
Kim Hoa Resort

오렌지 리조트
Orange Resort

그린 부티크
The Green Boutique

말 스파
Mai Spa

엑자일 잉크 타투
Exile Ink Tattoo

아이 러브 스시
I Love Sushi

시 스타 리조트
See Star Resort

핏 PQ
Fit PQ

더 미스트
The Mist

렛츠 트라이 바로다
Let's Try Baroda

치나스키
Chinaski's

몬도 카페
Mondo Cafe

스워드피쉬 트래블 & 바
Swardfish Travel & Bar

카라나 일본
Karana Japanese

캐롤 레스토랑
Carole Restaurant

시크릿 바
Secret Bar

신디 푸꾸옥
Sandy Phu Quoc

앤디 바 & 라운지
Andy's Bar & Lounge

트로피카나 리조트
Tropicana Resort

진 꺼우 사원
Dinh Câu Shrine

매월 1, 15일에 바다를 나간 어부들을 위해 제사를 지내는 곳으로 야시장 근처에 있다. 푸꾸옥Phu Quoc 사람들의 대부분이 어부로 살아갔던 섬이기 때문에 중요한 사원이다. 진 꺼우 바위 위에는 바다의 여신에게 제물을 바치던 진 꺼우 사원Dinh Câu Shrine이 자리하고 있다.

지금도 푸꾸옥Phu Quoc 주민의 70%가 어업에 종사하고 있다는 것을 알 수 있는 장소 중에 하나이다. 어부로 삶을 살아가는 푸꾸옥Phu Quoc 사람들은 이곳을 찾아 소망을 빌기도 한다.

현지인에게는 사원의 제사가 중요하지만 관광객에게는 일몰의 풍경이 아름다워 중요한 사원이다. 해지는 시간이 되면 자리를 잡고 일몰을 기다린다. 진 꺼우 사원Dinh Câu Shrine 앞으로 아름답게 자연이 조각한 암석들이 있어 일몰의 풍경이 아름다운 것이다. 진 꺼우 사원Dinh Câu Shrine은 푸꾸옥Phu Quoc 섬에서 아름다운 석양을 감상할 수 있는 포인트 중 하나로 진 꺼우 사원Dinh Câu Shrine에서 바라보는 노을 진 항구의 모습이 소박하면서도 아름답다. 일몰의 풍경은 어디나 아름답지만 시간이 멈춘 듯 빠져드는 일몰의 풍경은 강렬한 구름과 해와 바람이 만들어낸다.

느억맘 공장
Nuoc Mam

베트남 일상에서 빠질 수 없는 소스를 하나 골라보라고 한다면 느억맘 소스라고 할 수 있다. 생선을 발효시킨 소스로 베트남 음식과 가장 잘 어울린다.

푸꾸옥^{Phu Quoc} 섬의 신선한 생선으로 만든 느억맘 소스는 베트남 전 지역에서 가장 유명하다. 또 수많은 여행객들이 느억맘의 명성을 알고자 자주 찾는 명소이기도 하다.

후추농장
Pepper Farm

푸꾸옥^{Phu Quoc} 섬은 베트남 최대의 후추 생산지다. 덩굴로 덮인 후추나무는 이색적인 풍경을 제공할 뿐만 아니라 베트남 최고 품질의 후추를 직접 맛볼 수 있는 색다른 경험도 제공한다.

즈엉동 시장
Duong Dong Market

야시장에서 나와 다리를 건너면 나오는 시장으로 신선하고 맛있는 해산물과 푸꾸옥Phu Quoc 현지인들이 이용하는 시장이다. 아침에 조금 일찍 일어나서 즈엉Trường동 북동쪽에 있는 시장에 들러 보자.

오전 내내 레스토랑 주인을 상대로 생선 값을 흥정하는 어부들의 모습을 볼 수 있다. 여기서는 베트남 요리에 자주 사용되는 액젓은 물론, 신선한 과일과 야채도 구입할 수 있다. 관광객을 대상으로 하는 시장이 아닌 만큼 보이는 위생 상태는 좋지 않지만 야채와 해산물이 다양한 레스토랑과 식당으로 판매가 된다. 그러므로 모든 채소나 과일, 물품의 가격은 야시장보다 저렴하다.

롱비치 / 바이 즈엉
Long Beach / Bãi Trường

푸꾸옥Phu Quoc에서 가장 긴 해변인 바이 즈엉Bãi Trường의 영어 이름은 롱비치Long Beach이다. 딘 카우Dinh Cau 케이프에서 타우 루 꾸Tau Ru Cuu까지 이어지는 최대 20㎞에 이어지는 해변이지만 현재 딘 카우Dinh Cau에서 남쪽으로 약 5㎞를 따라 이어진 도로인 딴 훙 다오Tran Hung Dao 도로를 따라 위치한 많은 숙소와 레스토랑들이 비치를 채우고 있다.

즈엉동 남쪽 끝에 있는 아름다운 롱비치Long Beach에서 여유롭게 휴식을 취하고 따뜻한 바다에서 수영을 즐길 수 있다. 모래 사장을 따라 음료와 간식거리를 판매하는 가판대에는 다양한 음식들이 있다.

호텔, 리조트 등 고급 숙소들이 들어서 있지만 지금도 많은 호텔과 리조트가 건설되고 있는 중이다. 즈엉Truong 해변은 푸꾸옥Phu Quoc 사람들이 더 자랑스럽게 생각하는 아름다운 해변이 고급 리조트들로 채워질 것같다.

EATING

띠엔 손 콴
Thien Son Quán

각종 해산물, 돼지고기, 소고기를 맛있게
먹을 수 있는 유명 레스토랑이다. 자리에
앉으면 메뉴를 고른 후 먹고 싶은 야채,
어묵, 새우, 고기 등의 종류를 주문서에
표시해서 직원에게 주면 표시한 양만큼
가져다준다. 생선과 새우 요리를 달짝지
근하게 먹을 수 있어 유명하다.

///

주소_ 63 Trán Hung Dáo, Duong Dong
요금_ 100,000동~ **시간_** 11~22시
전화_ +84-088-997-299

사이공 허브
Saigon Hub

식사와 음료를 간단하게 먹는 레스토랑
이다. 직원들이 친절하고 일몰 때 보는 아
름다운 풍경이 저녁식사와 함께 분위기
좋은 식사를 할 수 있는 곳이다. 칠리소스
와 볶음밥 등을 많이 주문한다.

주소_ Bach Dang
요금_ 70,000동~
전화_ +84-947-694-869

사이공이즈 이터리
Ssigonese Eatery

야시장에서 가까운 레스토랑으로 가격이
저렴하고 찾아가기 쉬워서 인기가 높다.
신선한 재료로 햄버거부터 스테이크까지
맛있는 음식을 유럽의 여행자들이 좋아
한다.
야시장에서 조금 떨어져 있어서, 투어를
끝내거나, 야시장을 보거나 산책을 하다
가 해 질 무렵에 방문 코스를 추천한다.

주소_ 73 Tran Hung Dao Duong Dong
시간_ 8~22시
전화_ +84-938-059-650

한인 식당

푸꾸옥에는 한인 식당이 많지 않아서 한국 음식을 먹는 것이 쉽지 않다. 하지만 그중에서 인기가 많은 식당들을 소개한다.

김씨 해산물(Kim's Seafood)

해산물로 유명한 한인 식당이다. 한국 스타일로 만든 해산물 요리가 주 메뉴이다. 게다가 다양한 반찬들과 음식이 있어서 가족여행객들이 많이 찾는다. 게다가 비싸지 않은 음식 가격과 양이 푸짐하고 맛까지 유명하다. 볶음밥, 새우구이, 오징어 요리를 대부분 주문한다. 또한 김밥이나 닭볶음탕 등의 한식 메뉴도 있다.

주소_ 114 Tran Hung Dao **시간_** 11~23시
요금_ 90,000동~ **전화_** +84-888-440-004

식객(Le Seoul by Sikgak)

푸꾸옥에서 유명한 한식당으로 노보텔 리조트 근처에 위치해 있다. 고급 한식을 맛볼 수 있어 푸꾸옥에서 증가하고 있는 관광객만큼 유명세를 떨치고 있다. 깨끗한 내부 인테리어와 단체석으로 가족여행객들이 많이 찾는다. 쭈꾸미볶음, 잡채, 김치찌개 등의 다양한 한식이 인기가 높다.

주소_ Duong Bao Hamlet, Duong
　　　(Sonasea Villas and Resort)
시간_ 11~22시
전화_ +84-986-396-911

즈엉동 해산물 맛집

활기 넘치는 즈엉동 거리Trần Phú Boulvard는 하얀 모래사장을 따라 코코야자 나무의 그늘 아래로 뻗은 푸꾸옥Phu Quoc의 중심가이다. 많은 레스토랑과 바, 호텔이 들어선 이 거리에는 밤까지 많은 사람들로 붐빈다.

나항 송 비엔(Nha Hang Song Vien)

활기 넘치는 즈엉동 거리Trần Phú Boulvard는 하얀 모래사장을 따라 코코야자 나무의 그늘 아래로 뻗은 푸꾸옥Phu Quoc의 중심가이다. 많은 레스토랑과 바, 호텔이 들어선 이 거리에는 밤까지 많은 사람들로 붐빈다.

주소_ 161 Duong 30/4, KP 1, TT Duong Dong **요금_** 100,000~300,000동 **시간_** 16~22시 **전화_** 2297-2235-666

신 짜오 시푸드 레스토랑(Xin Chao Seafood Restaurant)

다양한 베트남 음식과 바로 예쁜 앞 바다에서 잡은 싱싱한 해산물 요리를 맛볼 수 있는 곳이다. 큰 새우구이와 함께 밥을 먹을 수 있고 조리과정과 재료가 한눈에 보이기 때문에 음식을 기다리며 보는 재미도 있는 곳이다. 새우, 크랩, 오징어 튀김과 스프링롤 튀김 등을 많이 주문한다.

주소_ 66 Tran Hung Dao **요금_** 100,000~200,000동 **시간_** 10~22시 **전화_** +84-297-3999-919

꽌 캣 비엔(Quàn Cát Biên)

야시장으로 내려가다 보면 큰 도로에 있는 해산물 레스토랑이다. 해산물 요리 맛이 가장 좋다고 알려져 있는 레스토랑이다. 조용히 가족이나 일행이 식사를 할 수 있는데, 내부의 테이블도 많아 찾는 고객이 많아도 내부는 조용하지만 외부 테이블은 차량의 소음 등이 있어 조용하지는 않다. 어느 메뉴를 주문해도 기본적인 맛을 보장해주는 레스토랑이다.

주소_ Duong 30/4, TT Duong Dong **시간_** 16~22시 **전화_** 22973-992-339

푸꾸옥의 아침을 연다!

푸꾸옥Phu Quoc은 호이안Hoi An이나 다낭에 비해 아침에 쌀국수나 반미를 파는 가게들이 적다. 관광객용 레스토랑이 아닌 푸꾸옥Phu Quoc 현지인들이 먹는 쌀국수를 찾는 여행자라면 골목길의 허름한 가게도 아닌 작은 의자에서 먹는 쌀국수 한 그릇 만큼 정이 담긴 쌀국수도 없을 것이다. 푸꾸옥Phu Quoc 시민들을 단골손님으로 거느린 허름한 가게에서 파는 반미나 쌀국수 한 그릇은 푸짐한 양에 맛까지 푸짐하다.

현지인이 인정한 분켄(Bun Ken) 반미

야시장에서 오른쪽으로 걸어가면 관광객보다 현지인들이 아침을 먹고 커피를 마시는 바 무오이 짱 뚜Ba Mười Thang Tư거리의 가게이다. 가게이름은 유리 위에 적혀 있다. 분켄Bun Ken은 아침 8시 이전에 반미가 남아 있을 때까지만 팔고 골목길에 청소를 하고 노점을 놓아둔다. 20,000동의 가격에 다양하게 치킨, 돼지고기, 소고기 등의 고기와 다양한 야채가 섞여 소스에 맛있는 반미가 탄생하게 된다.

위치_ 찐 짠 즈엉(Đình Thần Dương Đông) 건너편 **주소_** DC SO 47, 310 KP 1, Dương Đông

찐 짠 즈엉(Đình Thần Dương Đông)

찐 짠 즈엉Đình Thần Dương Đông의 문 옆으로 이름조차 불분명한 쌀국수집이지만 국수 맛을 알게 된 관광객이 서서히 찾고 있다. "찐Đình"이라는 베트남어의 뜻은 대한민국의 마을 회관과 같이 사람들이 모여 이야기를 나누는 곳을 의미한다. 다행히 맛을 찾아 나선 많은 여행자가 알려 주면서 인기를 끌고 있다. 얇은 면발 때문에 자칫 밋밋할 수 있는 쌀국수의 국물이 살려주어 맛이 업그레이드가 되었다. 또한 외국인이 오면 미리 고수를 빼놓아 관광객을 배려하고 있다. 짜지 않고 구수한 국물에 고기를 올리고 파를 송송송 썰어 넣어서 다른 채소가 없는 데도 땀이 나게 되는 개운한 맛이 된다.

주소_ DC SO 47, 310 KP 1, Dương Đông **요금_** 쌀국수(3종) 30,000~40,000동 **시간_** 7~15시

하이 7(HI 7)

아침 일찍 일어나 관광을 준비하는 중국인 관광객이 깨끗하고 깔끔한 분위기의 레스토랑을 원하는 데 맞는 레스토랑이다. 가격도 저렴하고 다양한 아침 메뉴가 있어 관광객이 주로 찾는다. 대부분의 관광객은 중국인과 인근의 호텔에 있는 관광객이 대부분이다. 가장 인기가 높은 메뉴는 반꾸온Banh Cuòn과 롤을 같이 먹을 수 있는 모닝 세트이다.

주소_ 27 Trân Hoang Dao 요금_ 40,000~80,000동

푸드 트럭 반미 람브로(Lambro 550)

가네쉬Ganesh 인도 음식점 위로 길을 따라 걸어가면 푸드 트럭으로 아침마다 반미를 팔고 있는 조그만 자동차를 보게 된다. 반미를 고급화해 팔고 있는 푸드 트럭은 현지인보다 관광객을 상대하고 아침에만 장사를 하기 때문에 늦게 일어나는 관광객에게 많이 알려지지 않았다. 그렇지만 아침에 일찍부터 일을 시작하는 푸꾸옥Phu Quoc 시민에게 맛있는 반미를 제공해 주기도 한다.

시간_ 7~9시 요금_ 4반미 30,000~40,000동

분짜 하노이(Bún Chà Hanoi)

다양한 야채에 시큼한 육수에 살짝 담구어 먹는 분짜 맛집으로 베트남의 다른 도시에서도 볼 수 있다. 현지인들이 많이 찾는 음식점으로 주문 즉시 오픈된 주방에서 요리를 한다. 국물에서 발효국수로 식초향이 나지만 돼지고기가 바삭한 넴과 함께 먹으면 좋다.
하노이 북부의 쌀국수로 얇은 국수가 국물에 담궈 쉽게 풀려 먹을 수 있는데 조금 시간을 두어 국수에 맛이 벤 상태에서 먹는 것을 추천한다.

주소_ 121 Trân Húng Dao 시간_ 6~21시 전화_ +84-96-2123-679

푸꾸옥 대표 빵집 Best 3

아로이 카페(Aroi Cafe)

베트남에 몇 개의 지점을 가지고 있는 아로이 카페는 귀여운 곰 캐릭터로 유명하다. 하지만 아직 많은 지점을 가지지는 못했다. 안으로 들어서면 다양한 빵이 내뿜는 냄새가 구수하다. 베트남 반미도 있지만 나트랑 시민들에게 사랑받는 것은 곰돌이 케이크이다.
다양한 조각케이크와 머핀뿐만 아니라 생일 케이크도 판매하고 있다. 현지 브랜드이지만 유럽 관광객도 많이 찾는 브랜드로 바뀌고 있다.

주소_ 24 Trấn Húng Dao, Dúong Dông   시간_ 7~23시   전화_ 096-6962-190

란 베이커리(Lan Bakery)

러시아 관광객에게 오랫동안 사랑받아온 베이커리 가게이다. 깨끗하고 깔끔한 내부 인테리어는 유럽과 러시아 장기여행자가 매일 찾는 빵집이다. 특히 각종 빵과 케이크, 크루아상은 유럽 관광객을 위해 만들어져 있다. 그래서 맛은 고급스럽게 느껴지고 한쪽에는 직접 로스팅한 커피원두를 판매하고 있다. 현지인보다는 관광객에게 초점을 맞추어 운영하고 있다.

주소_ 106 Trần Húng Dao, Dúong Dông
시간_ 8~23시
전화_ 0973 545 968

뚜 히엔(Thu Hiên)

베트남 사람들이 빵을 많이 먹지는 않지만 최근에 케이크를 중심으로 판매가 늘어나고 있다. 그래서 어디를 가나 현지인들이 즐겨 찾는 케이크와 빵을 파는 상점들이 많다. 내부는 작지만 깨끗하고 깔끔하다. 다양한 케이크들은 크기가 크고 양을 많이 만들어 파는 편이다. 맛을 보면 한국인의 입맛에는 다를 수 있지만 푸꾸옥Phu Quoc에서는 상당히 유명한 곳이다. 현지인에 초점을 맞추어 운영하고 있다.

주소_ DC SO 47, 304 KP 1, Dúong Dông   **시간_** 8~20시   **전화_** 0949-779-171

푸꾸옥의 러시아 관광객이 찾는 맛집

베트남과 러시아는 오래 전부터 우방국이어서 러시아에 베트남의 나트랑^{Nha Trang}과 무이네 ^{Mui Ne}가 휴양지로 알려져 있지만 최근에는 푸꾸옥^{Phu Quoc} 섬까지 휴양지로 인기를 끌고 있다. 베트남에서 2~3주 동안 휴가를 즐기고 있다. 그래서 푸꾸옥^{Phu Quoc}에는 러시아 관광객이 찾는 레스토랑과 카페가 많다.
러시아인들을 대상으로 하는 레스토랑은 주로 해산물 요리와 볶음밥, 쌀국수가 러시아인들의 입맛에 맞게 바뀌어 있는 것이 특징이고 메뉴가 서양요리부터 베트남요리까지 다양해 주문하기가 힘들다는 단점이 있다.

피자 택시(Pizza Taxi)

푸꾸옥^{Phu Quoc}에서 가장 유명한 피자집으로 다낭에는 피자 4 피프가 있다면 푸꾸옥^{Phu Quoc}에는 피자 택시가 대표적이라고 말한다. 짜지 않고 느끼하지도 않고 주문하면 빨리 나오는 피자로 빨리 먹고 나가는 관광객이 많다. 카르보나라와 페페로니 피자를 가장 많이 주문한다. 빅 사이즈가 180,000동이라 저렴한 편이다.

주소_ 39 Tran Hung Dao **요금_** 100,000~200,000동 **시간_** 11~23시 **전화_** +84 297 3998 777

쭈언쭈언 비스트로 & 스카이 바(Chuồn Chuồn Bistro & Sky Bar)

아름다운 푸꾸옥Phu Quoc 시내를 감상하면서 식사를 즐길 수 있는 분위기 좋은 카페이자 스카이라운지로 연인이나 부부에게 추천한다. 칵테일과 나시고랭, 햄버거 세트를 많이 주문한다. 주변에 공사를 하고 있어서 소음이 있지만 일몰 후에는 분위기 좋은 스카이라운지가된다. 다만 일몰 후에는 사람들이 몰려들어서 주문이 늦어질 수 있으니 일몰 전에 가서 자리를 잡고 여유롭게 식사를 하고 나서 노을을 보는 것이 좋다.

주소_ Khu 1, Tran Hung Dao **요금_** 나시고랭 99,000동 / 버거 150,000동 / 맥주 35,000동
시간_ 7시 30분~22시 30분 **전화_** +84-98-805-7915

선셋 비치 바 & 레스토랑

도로에 있지 않고 바닷가를 볼 수 있는 안쪽에 있어서 찾기는 힘들지만 푸꾸옥Phu Quoc의 해변 노을을 바라보며 분위기 있게 식사를 할 수 있는 곳이다. 바다 소리와 은은한 조명 아래에서 여유를 즐길 수 있다. 로컬 음식점보다 가격대가 높은 편이지만 그만한 가치와 서비스가 된다. 여행 중 고급스럽고 세련된 식사를 원한다면 추천한다.

주소_ 100 C/2 Tran Hung Dao **요금_** 50,000~250,000동 **시간_** 9시~24시 **전화_** +84-97-728-7777

푸꾸옥의 미국 관광객이 찾는 맛집

윈스턴 버거(Winston's Burgur)

푸꾸옥에서 먹는 버거 중에 가장 맛좋다고 소문이 나있다. 미국의 정통 버거 맛을 느껴보고 싶다면 추천하는 맛 집이다. 두꺼운 패티를 야채와 함께 만들어 주는 버거는 정말 두껍다. 채식주의자를 위한 메뉴도 따로 있고 아침부터 즐길 수 있으니 해변에 가기 전에 테이크 아웃으로 직접 사서 바다를 보면서 먹는 햄버거의 맛도 일품이다. 해변과 가깝기 때문에 찾는 데 시간이 걸릴 수 있다.

주소_ 39 Tran Hung Dao **요금_** 100,000~200,000동 **시간_** 11~23시 **전화_** +84 297 3998 777

스테이크 박스(Steak Box)

미국인 관광객이 스테이크를 먹기 위해 자주 찾는 곳이다. 작지만 멋지고 맛있는 식사가 나오는 곳으로 한번 빠지면 자주 찾게 된다. 탁 트인 전망을 보며 식사를 할 수 있다. 스테이크 외에 다른 베트남 쌀국수와 넴 등의 음식의 맛은 상대적으로 떨어지지만 미국인들의 입맛에는 맛는 지 맛있게 먹는 모습을 볼 수 있어 혼동되기도 한다.

주소_ 11 Tran Hung Dao
요금_ 50,000~250,000동
시간_ 11시~22시
전화_ +84-126-3330-109

홀리데이 센스(Holiday Sense)

즈엉동에 만들어진 카페와 레스토랑이 모여 있는 몰^{Mall}이다. 최근에 문을 열어서 깨끗하고 깔끔하게 레스토랑과 카페들이 모여 있어 최근에 관광객이 많이 찾고 있다. 더운 푸꾸옥 날씨에 쾌적하게 식사를 할 수 있는 곳이다.

1층에는 베스틴 커피^{Bestin} Coffee가 입구에 있으며 건너편에는 SUMO 스시 전문점이 있고 그 뒤에 껌 가^{Com Ga}라는 베트남 음식점, 이 있다. 2층으로 올라가면 위너 펍^{Winner Pub}, 퀸즈 바^{Queens Bar}등의 맥주 전문점이 있다.

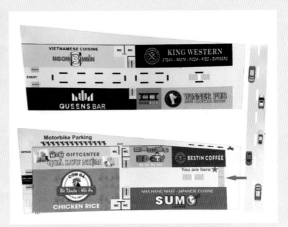

수모(SUMO)

일본관광객이 푸꾸옥에 별로 없는데 스시 전문점이 생겨 의아했지만 러시아 관광객이 스시전문점의 주고객이었다.

푸꾸옥에는 스시를 파는 전문점이 없는데 신선한 해산물이 많아서 많은 관광객이 찾고 있다. 관광객을 상대로 영업을 하고 있으므로 가격은 저렴하지 않다. 깨끗하고 깔끔하게 음식을 먹고 싶다면 추천한다.

껌 가(Com Ga)

베트남 전통음식을 파는 껌 가는 가격이 비싸지 않은 편이다. 점심이나 저녁 식사를 하러 온 관광객이 많아서 식사시간에는 붐비는 편이다. 식사로 적당한 가격과 깨끗한 분위기가 장점이다.

쫑우엔(Ngon)

2층에 베트남 음식과 열대과일 음료수를 팔고 있는 곳으로 1층보다 오픈된 분위기가 탁 트인 느낌을 받게 한다. 다양한 음식을 주문할 수 있어서 깨끗한 분위기에서 베트남 음식을 즐기고 싶은 관광객이 자주 찾는다.

베스틴 커피(Bestin Coffee)

즈엉동에 최근에 음식점이 몰Mall 형태가 들어서기 시작했다. 1층에 들어선 베스틴 커피는 어디에서나 볼 수 있는 전형적인 카페여서 깨끗하고 정돈된 프랜차이즈 커피 전문점이지만 우리가 마시는 커피와 다르게 맛이 진하기 때문에 특색이 있다.

주로 오후에 관광객이 시원한 에어컨이 있는 곳에서 쉬고 싶은 마음에 찾는다. 관광객이 주 고객이므로 라떼, 아메리카노 등 달달한 커피 음료를 주문한다. 커피 이외에 다양한 차 메뉴도 있다.

이외에 키즈 카페인 키즈 시티Kid City와 선물가게가 있다.

더 벤치 이터리 & 바(The Bench Eatery & Bar)

즈엉동에 만들어진 카페와 레스토랑이 모여 있는 몰Mall이 최근에 생겨나고 있다. 깨끗하고 깔끔하게 레스토랑과 카페들이 모여 있어 최근에 관광객이 많이 찾고 있다. 더 벤치 이터리 & 바는 케밥Kebab부터 인도음식, 차 전문점, 한국 치킨인 비비큐치킨bbq Chicken 등의 레스토랑이 있다.

비비큐 치킨(bbq Chicken)
베트남에는 양념 치킨이나 후라이드 치킨 같은 치킨을 먹을 장소가 많지 않다. 푸꾸옥에서는 더욱 먹기가 힘들지만, 최근에 문을 연 한국식의 후라이드 치킨을 맛볼 수 있는 곳이 생겼다. 양념과 바비큐 치킨까지 다양한 종류의 치킨을 맛볼 수 있다. 다만 가격이 저렴하지 않은 것이 단점이지만 야식을 먹고 싶다면 추천한다.

스파이스 인디아(Spice India)
정통 인도음식을 매콤하게 먹을 수 있는 레스토랑이다. 유럽여행자들이 찾아오더니 싱가포르 여행자들도 찾기 시작했다. 가네쉬 인도 레스토랑은 맵시 않아 여행자들이 좋아하는 것에 비해 조금 더 매콤해 대중적이지는 않다.

난엔케밥(Nan N Kebab)
푸꾸옥에서 케밥을 요리하는 곳이 거의 없어서 관심을 받은 레스토랑이다.
간단하게 먹을 수 있는 터키식의 케밥보다는 파키스탄식의 요리로 먹을 수 있는 곳이다.

꼬트차(Cotcha)
덥고 습한 푸꾸옥에서 힘들게 여행을 하고 난 후 달달한 밀크티를 마실 수 있는 곳이 많지 않아 반갑다. 다양한 국적의 사람들이 흐뭇하게 마시고 나올 수 있어서 좋다. 다양한 차 리스트를 보유하고 있으며, 외국 여행자들에게 특히 인기가 많은 곳이다. 저녁이 되면 선선한 바람을 맞으면서 야외에서 마실 수 있다.

즈엉동 타운 시내 풍경

후띠우
Hu Tieu

즈엉동 야시장 근처에 있는 현지인들도 줄 서서 먹는, 현지인들의 아침식사로 찾는 쌀국수로 유명한 곳이다. 베트남 남부에 위치한 푸꾸옥의 독특한 오징어 쌀국수를 맛볼 수 있다.

고기가 들어가지 않고 오징어와 해산물이 들어가 있어 깔끔한 국물이 아침식사로 술 먹은 다음날 해장으로도 제격이다. 레몬을 짜서 넣어 먹으면 얼큰하고 깔끔한 맛을 낼 수 있다. 화창하지만 더운 점심시간에 찾아가면 흐르는 땀에 쌀국수을 먹고 나오면 이열치열의 의미를 알 수 있을 것이다. 되도록 이른 아침이나 저녁에 방문하는 것이 좋다.

주소_ 42, 30/4 St.
시간_ 6~22시
요금_ 50,000동~
전화_ +84-899-518-369

라 코이
Ra Khoi

현지인들이 즐겨 찾는 해산물 레스토랑으로 즈엉동 야시장과 가깝다. 즈엉동 야시장보다 가격이 저렴하고 직원들도 친절하여 편안한 분위기를 느끼게 해준다. 20년이 넘게 영업을 지속해온 식당답게 현지인뿐만 아니라 푸꾸옥 관광객들에게도 인기가 올라가고 있다. 전통 가제요리, 칠리 새우, 갯 가제볶음밥 등의 음식도 맛있고, 가격도 저렴하다. 다만 영어로 소통이 힘들기 때문에 사진이나 번역기 등으로 의사소통을 하는 것이 좋다.

주소_ 131 Bis, St.30/4
시간_ 11~22시
요금_ 60,000동~
전화_ +84-186-546-7707

크랩 하우스
Crab House

푸꾸옥의 즈엉동 타운에서 대표적인 해산물 레스토랑이다. 즈엉동 타운에서 가까워 찾아가기도 쉽다. 오픈하자마자 현지인뿐만 아니라 외국인 관광객으로 넘쳐나고 있다.
싱싱한 해산물을 맛있게 즐길 수 있지만 가격대가 높은 것이 단점이다. 그래서 단품이나 콤보메뉴로 관광객이 주문을 한다. 이 외에도 싱싱한 생선구이, 새우구이 등 많은 해산물 요리가 준비되어 있다. 저녁 시간에는 조리시간이 많이 걸리니 조금 일찍 방문해서 여유롭게 먹는 것이 좋다.

헤븐 레스토랑
Heaven Restaurant

푸꾸옥 공항에서 가까운 로리스 비치에 있는 해산물 레스토랑이다. 유럽여행자들이 비치에서 즐기고 힘들 때 와서, 충전을 하고 갈 만큼 음식으로 유명하다.
해변에 있어서 찾기도 쉽고, 먹고 나와서 오토바이를 타고 푸꾸옥 여행을 할 수 있도록 대여도 하고 있다. 장기 여행자들은 후식으로 싱싱하고 저렴한 과일을 구입해 숙소로 돌아가는 경우도 많다. 아이들과 같이 먹을 수 있는 요리도 많이 있어서, 가족 여행객들도 많이 방문하는 곳이다.

주소_ 26 Nguyen Trai
시간_ 11~22시
요금_ 100,000동~
전화_ +84-297-3945-067

주소_ No. 141 Tran Hung Dao Str Ward 7
시간_ 10~22시 30분
요금_ 40,000동~
전화_ +84-975-542-769

선셋 사나토 비치 클럽
Sunset Sanato Beach Club

해안을 따라 레스토랑들이 늘어서 있지만 설치 미술과 고급스러운 테이블이 인상적인 곳이다. 아름다운 일몰을 볼 수 있어 유명한 푸꾸옥의 선셋 명소로 입장료도 받고 있다.

외국 여행자들에게 특히 인기가 많다. 저녁이 되면 선선한 바람을 맞으면서 야외에서 식사를 할 수 있다. 해산물 요리와 볶음밥이 유명하다. 내부도 나무로 인테리어 되어 있고, 벽면에는 다양한 소품으로 분위기를 아늑하게 해준다. 일몰부터 저녁까지 한가하게 레스토랑에서 고즈넉하게 식사를 할 수 있다.

주소_ North Bai Truong, Group 3,
　　　　Duong Bao Hamlet, Duong To
시간_ 9~21시 **요금_** 60,000동~
전화_ +84-297-6266-662

스쿠버 다이빙(Scuba Diving)

스쿠버 다이빙^{Scuba diving}은 물속에서도 숨을 쉴 수 있게 해주는 장비를 착용하고 수중 다이빙^{underwater diving}을 하는 것이다. 1년 내내 따뜻한 기온을 가지고 잔잔한 파도를 가진 섬 근처에서 스쿠버 다이빙을 즐기게된다. 영어의 'SCUBA'는 원래 잠수 장비를 가리키는 명사였지만 기구를 사용하는 잠수 활동 자체를 스쿠버로 일컫고 있다. 일반인들이 스킨

스쿠버를 즐기는 경우, 잠수가 가능한 깊이는 최대 40m정도이고 잠수를 하는 최대 시간은 3시간 30분 정도이다. 단, 잠수를 깊게 할수록 잠수 시간은 짧아지게 된다.

일반적인 인식과는 달리 사고율이 높지 않고, 여행에 대한 관심이 늘어남에 따라 즐기는 인구가 늘어나는 추세이다. 하지만 물속에서 이루어지는 스포츠이기 때문에 위험 요소를 가지게 되는 것은 당연한 것이다. 물속 압력의 변화에 따른 변화가 감압 병, 공기색전증을 일으키기도 하고 체온이 저하되거나 피부 외상이 일어날 수 있으므로 안전에 주의해 즐겨야 한다.

> **최대 허용 수심이 40m인 이유**
>
> 물속에서는 수심 10 m마다 1 atm씩 더 가중된다. 40m에서는 5 atm의 압력이다. 압력의 영향으로 신체 내 질소 용해량이 올라가게 되며, 갑작스럽게 압력이 낮아질 경우 용해되어 있던 질소가 거품이 되어 혈관과 신경 등을 막아버리는 잠수병에 걸리게 된다. 혈액 속 산소 분압이 1.6을 넘어서는 경우 산소중독에 의한 의식불명 상태를 야기한다.

스쿠버다이빙 투어

1. 7~8시에 숙소로 픽업을 하고 나서 선착장에 모든 투어 참가자가 모이면 배를 타고 푸꾸옥 남부로 이동한다.
2. 푸꾸옥 섬의 북부나 남부의 스쿠버다이빙 포인트까지 이동하는 배에서 스쿠버 장비의 사용법을 알려주는 데 이때 잘 듣고 이해가 안 가는 부분이 있다면 물어보고 알고 있어야 한다.
3. 강사 1명당 2~3명으로 강사가 책임질 수 있는 인원이 그룹으로 나뉘게 된다.
4. 스쿠버다이빙 포인트에 도착하면 초보자를 위해 2~3m 깊이의 바다에서 전문 강사가 장비 사용법이나 스쿠버 다이빙에 대한 설명을 하고 실습을 하게 된다.

보트다이빙(북부의 혼몽따이 섬(Hon Mong Tay), 혼도이모이 섬(Hon Doi Moi)과 남부의 안터이 군도)

보트를 타고 원하는 다이빙 포인트로 이동해서 입수하는 것을 말한다. 바로 깊은 수심으로 떨어질 수 있어 비치다이빙에 비해 체력소모가 적다. 보트를 이용하므로 비치다이빙에 비해 투어 비용이 높을 수밖에 없다. 보트에는 직원가 남아서 대기하다가 다이버가 SMB를 띄우면 그것을 육안확인하고 해당 위치로 이동하여 다이버들이 물밖으로 나올 수 있도록 돕는다.

조류 등으로 다이버들이 멀리 이동해버리면 보트에서 SMB를 보지 못하는 경우가 있으므로 다이버용 호루라기를 이용하여 청각신호를 보내거나, 반사경을 갖고 있다면 본인들이 타고 온 보트를 향해 햇빛을 반사시켜 보트를 호출한다.

5. 실습을 통해 물속으로 들어갈 수 있다고 판단을 하면 조금 더 깊은 바다로 이동하여 본격적인 스쿠버 다이빙을 하게 된다.

6. 1번의 스쿠버 다이빙을 하고 점심식사를 한다. 한번 물속에서 스쿠버 다이빙을 하면 수영을 하지 못해도 다이빙 장비가 물속에서 돌아다닐 수 있도록 추진력을 만들어 주기 때문에 물속에서 돌아다니는 재미를 알게 된다.

7. 추가적으로 스쿠버 다이빙을 하고 나머지 시간에는 스노클링을 하면 1일 스쿠버다이빙 투어는 마치게 된다.

장비 확인

수트	몸에 맞는지, 내가 들어가려는 다이빙 사이트의 수온과 맞는 두께인지, 찢어진 데는 없는지, 후드/장갑/부츠가 필요에 따라 있는지 확인한다.
웨이트	웨이트 버클이 제대로 되어 있고 허리에 맞는지, 필요 시 쉽게 풀어버릴 수 있는지 확인한다. 정신없이 챙기다보면 웨이트를 뒤집어 끼우는 경우도 있으니 주의한다.
핀	짝이 맞는지, 풀 풋 핀이라면 신고 / 스트랩 핀이면 스트랩 차고 편안한지 확인한다.
물안경/스노쿨	물안경의 경우 얼굴에 잘 밀착이 되는지, 스커트 쪽에 문제는 없는지, 신제품이라면 김서림 방지가 제대로 되었는지 확인한다. 스노클은 물고 숨을 쉴 때 문제가 없는지 확인한다. 이후 BC에 공기탱크와 호흡기 결합하고 확인한다.
BC	가장 중요한 확인사항으로 몸에 맞는지, 스트랩을 죄었을 때 빈 틈이 생기지 않는지, 인플레이터를 연결하고 주입버튼 눌렀을 때 문제없이 빵빵해지고 비상 디플레이터에서 방구 뽕뽕 소리가 나면서 여분의 공기가 배출되는지, 배출버튼 눌렀을 때 공기가 제대로 나오는지, 혹시 BC 안에 지난 번 잠수 때 들어간 물이 남아있는지를 확인한다.
호흡기	가장 중요한 체크사항이다. 제공되는 공기탱크와 정상적으로 결합되는지, 잔압계에 표시되는 압력이 정상적인지, 새는 부분은 없는지, 2단계로 옥토퍼스 물고 정상적으로 공기가 빨리는지, 배출 버튼을 눌렀을 때 공기가 제대로 빠지는지 확인한다.
공기탱크	남아 있는 입력이 제대로 200bar 또는 3000psi인지, 입으로 빨아 마신 공기에서 이상한 맛이나 냄새가 안 나는지 확인한다.

공기 호흡기(breathing apparatus)는 스쿠버 장
비로 수중 호흡기(Rebreather), 송기식 잠수,
SCBA(Self-contained breathing apparatus),
우주복, 잠수용 호흡기(Underwater breathing
apparatus)이다.

준비물
수건과 선크림 수영복을 입고 가야 한다. 수트를 벗게 되면 따로 옷을 갈아입기는 쉽지 않
다. 또한 방수 가방에 자신의 귀중품은 따로 넣어두고 핸드폰에 물이 들어가지 않도록 조
심해야 한다.

주의사항
물속으로 들어갈 때 강사는 깊이를 체크하면서 들어가지만 물속으로 깊이 들어갈수록 귀가
아프거나 눈이 아플 수가 있다. 이때 손으로 이상신호를 보내면 약간 위로 올라갔다가 다시
내려가야 압력이 조절이 된다. 무턱대고 아래로만 내려가는 일이 없도록 조심해야 한다.

투어회사
플리퍼 다이빙 클럽(Flippe Diving Club)
- **주소** : 60 Trăn Hùng Dao, Dúong
  (GPS 10. 212499, 103.959144)
- **시간** : 6시 30분~21시
- **요금** : 스노클링 35$, 초보다이빙 65$,
  스쿠버 다이빙(2회), 스노클링(2), 점심식사, 물,
  장비 일체
- **전화번호** : 077-3994-924
- **홈페이지** : www.flipperdiving.com

존스 투어(John's Tour)
- **주소** : 143 Trăn Hùng Dao, Dúong Tó, Phu Quoc
  (GPS 10. 194344, 103.967487)
- **요금** : 스노클링 30$, 초보다이빙 75$,
  스쿠버 다이빙(2회), 스노클링(2), 점심식사, 물,
  장비 일체
- **전화번호** : 0297 -3997-799
- **홈페이지** : phuquocsky.com

푸꾸옥 북부
Phù Quốc North

건저우 곶
Müi Gành Dãu

북부의 자이 해변을 지나면 나오는 건저우 곶이 있다. 작은 어촌 마을이었던 건저우 Gành Dãu는 빈펄 리조트가 들어서면서 급성장하는 장소이다. 아직도 작은 마을에는 생선과 작은 물건들을 상점에서 팔고 있다.

최근 여행사들이 이 곳 앞바다에서 투어를 진행하는 현지 여행사들이 늘어나고 있다. 앞에는 산호초 섬이 있고 파도가 잔잔하여 스노클링과 스쿠버 다이빙도 늘어나고 있는 추세이다.

자이 해변
Bãi Dài

빈펄 리조트가 들어서 있는 앞 바다에 있는 바다가 자이 해변이다. 북부의 해변은 사람들이 찾지 않는 해변이었지만 최근에 빈펄 리조트가 들어서면서 고급 휴양지로 탈바꿈하고 있는 추세이다. 특히 자연 그대로의 보존이 잘 된 해변에서 일몰 풍경을 즐긴다면 추억에 남을 수 있을 정도로 아름답다.

푸꾸옥 국립공원
Phu Quoc National Park

섬을 관통하는 메인 도로는 푸꾸옥의 자연을 가르는 기준점이 된다. 도로의 북동쪽 방면은 유네스코에서 생물보호구로 지정한 푸꾸옥 국립공원 Vườn Quốc Gia Phú Quốc으로, 산봉우리와 열대우림을 포함하고 있다.

90%가 숲으로 뒤덮여 있는 푸꾸옥 국립공원은 나무들과 해양 생태계가 공식적으로 보호받고 있다. 남쪽에 있는 마지막 숲의 일부로 2010년 유네스코 세계문화유산 '생물권 보존지역'으로 지정된 곳이기도 하다. 울퉁불퉁한 비포장도로에는 별도의 등산로가 있어 산악 오토바이나 자전거를 타고 갈 수 있다.

> **수오이 다 반(Suoi Da Ban)**
> 화강암 사이를 뚫고 나오는 하얀 물살이 매력적인 계곡이다. 5~9월 사이에 계곡에 있는 물은 천연수영장의 역할을 한다. 다만 그 외에는 물이 거의 말라서 보기가 힘들다.

옹랑 해변
Ông Lang Beach

옹랑 비치Ông Lang Beach는 푸꾸옥의 시내라고 할 수 있는 즈엉동 마을Dúong Dòng Town

에서 북쪽으로 약 20분 정도 거리에 있다. 즈엉동 마을Dúong Dòng Town을 기준으로 북쪽은 옹랑 비치Ông Lang Beach가 있고 남쪽은 롱 비치Long Beach가 있다. 빈펄 랜드로 가는 길목에 있어서 쉽게 갈 수 있는 비치이다.

옹랑 비치Ông Lang Beach에도 사원이 있어서 어부들이 고기잡이를 안전하게 다녀올 수 있도록 기원한다. 사원은 작지 않지만 볼 것은 없다. 옹랑 비치Ông Lang Beach는 고운 모래가 펼쳐진 곳도 있지만 바위나 돌들이 있는 해변도 있다.

EATING

리나 레스토랑
Lina Restaurant

옹랑 해변에 있는 리나 레스토랑은 옹랑 해변에서 즐기다가 쉽게 방문할 수 있는 곳이다. 해지는 일몰 풍경을 보면서 커피와 신선한 열대과일 주스를 마시는 관광객이 대부분이기 때문에 음식 주문은 많지 않지만 서양요리는 주문할 만하다. 베트남 요리는 맛이 떨어지므로 다른 레스토랑에서 주문하는 것이 좋다.

주소_ Cua Duong Ong Lang
시간_ 8~22시
전화_ 090-421-1277

더 트리 하우스 리조트 & 레스토바
The TreeHouse Resort & Restobar

옹랑 해변Ong Lang의 신선한 해산물을 먹고 싶다면 추천한다. 관광객이 방문하는 곳인데도 가격이 저렴하고 BBQ로 요리된 조개와 오징어를 주로 주문한다.
유럽여행자에게 잘 알려져 있어 리조트 내의 레스토랑이 최근에 중국인 관광객에게까지 유명해졌다.

주소_ Group 3, Ong Lang
시간_ 12~22시
전화_ 097-878-1691

전용해변을 가진 아름다운 리조트 & 호텔

앙카린 비치 리조트
Ancarine Beach Resort

3성급 리조트임에도 고급스럽게 꾸며 놓아 가성비가 높은 리조트이다. 옹랑 해변Ông Lang이 바로 보이는 비치 리조트로 자연주의로 리조트를 꾸며놓았다. 친절한 직원들이 머무는 동안 휴식을 느끼고 돌아갈 수 있도록 도와준다.

바다가 깨끗하고 아름다우며 바로 앞에서 스노클링이 가능해 다른 곳을 안가고 리조트 안에만 있게 되는 단점이 있다. 선베드에 누워 바다 소리를 들을 수 있고 해지는 풍경을 보면서 와인 한잔을 즐길 수 있다.

주소_ 3 Ông Lang
요금_ 스탠다드 더블룸 50$(바다전망 65$),
　　　 디럭스 더블룸 67$(바다전망 80$)
전화_ 0297-3996-684

코코 팜 비치 리조트
Coco Palm Beach Resort & Spa

옹랑 해변Ông Lang Beach의 작은 해변에 위치한 방갈로로 이루어진 리조트이다. 모든 객실에서 아름다운 바다를 조망할 수 있는 것이 장점이다.

작은 해변이지만 전용해변이 있고 선베드와 여유로운 분위기덕에 러시아와 유럽의 여행자들이 많이 찾는다. 주위에 레스토랑이 있어서 리조트에만 머무르게 되는 불편함도 적다. 수영장이 없다는 것이 단점이다.

주소_ Tổ 4 ấp Ông Lang, Cửa Dúong
요금_ 수페리어 55$, 디럭스 61$
전화_ 0297-3996-684

RENT

카미아 리조트
Camia Resort & Spa

아름답고 멋진 위치와 맛있는 조식뿐만 아니라 바다에서 즐기기에도 좋다. 바다가 모래해변이 아니어서 조금 위험할 수는 있지만 파도가 잔잔하고 카누로 아이들과 놀이를 즐기기에도 좋다. 해변 레스토랑과 위치, 맛은 모두 훌륭하다. 빌라형 숙소에 있는 아름다운 뷰를 느끼고 여유를 즐기는 좋은 숙소이다.

주소_ Lot 3 Ông Lang Hamlet, Cùa Dúong
요금_ 디럭스룸 정원전망 51$(바다전망 67$),
프리미엄 더블룸 바다전망 80$,
빌라 바다전망 92$
전화_ 0297–6258–899

체즈 카롤레 비치 리조트
Chez Carole Beach Resort

푸꾸옥의 경치 좋은 곳에 자리한 체즈 카롤레 비치 리조트Chez Carole Beach Resort는 꾸아깐 비치Cuakan BeACH를 따라 펼쳐진 전용 해변과 자연 논지로 둘러싸인 호수가 근처에 있다.

파라솔과 라운지가 구비된 야외 수영장과 스파, 피트니스 센터가 있다. 전원스타일의 객실은 전용 일광욕은 물론 다양한 엑티비티를 즐길 수 있다. 카약이나 수상 스포츠를 비롯해 다양한 재미를 즐길 수 있다.

주소_ Group 1 Halmet 4, Cua Can
요금_ 스탠다드 더블룸 53$ 수페리어 더블룸 64$
전화_ 0297-6534-679

푸꾸옥 빈펄랜드(Vinpearl Land)

베트남에 가면 워터파크의 대명사가 빈펄 랜드^{Vinpearl}

Land이다. 나트랑에서 시작된 빈펄 랜드^{Vinpearl Land}는 현
재 휴양지로 성장하는 푸꾸옥^{Phú Quốc}에서도 이름값을
하고 있다. 아직 대한민국의 워터파크처럼 크지는 않지
만 상대적으로 이용하는 고객이 적어 쾌적하게 워터파
크를 이용할 수 있는 장점이 있다.

베트남 리조트 중 가장 유명한 빈펄 리조트^{Vinpearl Resort}는

2베드 룸 풀 빌라부터 4베드 룸 풀빌라까지 다양한 객
실을 보유해 높은 인기를 끌고 있다. 푸꾸옥^{Phú Quốc}, 빈
펄 리조트에서 자체적으로 운영하는 빈펄 랜드^{Vinpearl}
Land가 있어 어린아이를 동반한 가족여행에 적합하다.

특히 푸꾸옥 빈펄 랜드^{Phú Quốc Vinpearl Land}는 사파리와 워터파크까지 갖춘 종합 테마파크로
남녀노소 누구나 즐거운 시간을 보내기에 좋다.

푸꾸옥 빈펄 랜드^{Vinpearl Land}의 최대 장점은 워터파크 시설을 정비하고 놀이기구도 추가로
설치하였다. 아쿠아리움과 국립공원에 있는 대규모 사파리를 체험할 수 있다는 것이다. 입
장객이 성수기를 제외하면 많지 않아서 원하는 놀이기구를 기다리지 않고 즐길 수 있고 사
파리도 한적하게 즐길 수 있어 가족 여행객은 계속 늘어나고 있다.

간 다우, 푸꾸옥^{Gành Dầu, Phú Quốc}
영업시간 : 9시~21시(사파리 9~16시 / 워터 파크 9~18시)
요금 : 850,000동(빈펄 랜드 + 사파리 1일 권 / 키1~1.4m 미만 어린이 700,000동)
　　　　 500,000동(빈펄 랜드 / 키 1~ 1.4m 미만 어린이 400,000동)
　　　　 1m이하의 어린이 무료
문의 : 1900-6677(내선 연결 2번) / 029-737-3737(셔틀버스)
홈페이지 : www.phuquoc.vinpearlland.com

빈펄 랜드 푸꾸옥 세부지도

06 ~ 15 워터파크	16 워터파크	37 아쿠아리움
18 ~ 23 야외게임존	17 야외게임존	38 실내오락실
24 ~ 37 놀이동산	03 놀이동산	🚻 화장실
	05 놀이동산	✚ 응급실

입장권

매표소, 여행사, 빈펄 랜드 홈페이지에서 구입할 수 있다. 콤포 티켓은 하루 종일 빈펄 랜드(Vinpearl Land)와 사파리를 출입할 수 있으므로 편리하여 대부분 콤보 티켓을 구입한다.

공연 시간

- 피딩 쇼(Feeding Show) : 10:00, 17:00(15분)
- 미인어 쇼(Mermaid Show) :11:00, 15:00(10분)
- 상어 피딩 쇼(Sharks Feeding Show) : 11:15, 15:15(10분)
- 뮤지컬 분수 쇼(Musical Water Fountain Shows) : 19:00(25분)
- 졸루족 쇼(Zulu Show) : 17:00(30분)
- 사일런스 공연(Silence Performance) : 16:30(30분)

빈펄 사파리(Vinpearl Safari & Conservation Park)

남극 펭귄과 아마존 악어를 보유한 거대 수족관과 매일 돌고래 쇼가 개최되는 돌핀 파크가 빈펄 사파리에서 펼쳐진다. 400여 종의 식물과 150종의 동물들이 서식하고 있으며 세계에서 2번째로 큰 규모로 아프리카를 연상케 한다. 사파리를 돌아보는 15분 이상 대기를 하는 경우가 많아서 여유를 가지고 돌아보는 것이 좋다.

뮤지컬 공연을 관람할 수 있으며 대형 수족관 시스템에서 백변종, 황색 산 거북, 도마뱀, 상어, 광선 등 희귀하고 귀중한 9,000개 이상의 물고기를 볼 수 있다. 기린과 코끼리에게 먹이주기, 동물과 교감이 가능한 다양한 프로그램이 있으므로 시간표를 미리 확인하고 둘러보는 것이 좋다.

주소_ Gành Dầu **시간_** 9~16시
요금_ 사파리 600,000동(키 100~140cm 500,000동), 콤보(빈펄 랜드 & 사파리) 850,000동(키 100~140cm 700,000동)
　　　유모차 50,000동 / 우산 20,000동 / 코끼리, 기린 먹이 주기 30,000동
홈페이지_ safari.vinpearlland.com, we-care@vinpearlland.com **전화_** 0297-3636-699, 093-1022-929

빈펄 랜드 한눈에 파악하기

빈펄 랜드^{Vinpearl Land}는 푸꾸옥 섬의 북서부에 위치해 외진 곳이라고 생각할 수 있지만 한적한 여행을 즐길 수 있다는 장점이 있다. 리조트부터 골프, 사파리, 워터파크, 놀이동산, 음악 분수 등의 모든 것을 한 곳에서 즐길 수 있다. 사파리는 약 5㎞ 떨어진 푸꾸옥 국립공원 내에 있으나 다른 놀이동산, 워터파크, 아쿠아리움 등은 한 곳에 모여 있다. 9시부터 오전에 사파리를

보고 오후에 워터파크를 즐기고 빈펄 랜드는 21시까지 즐길 수 있으므로 시원한 저녁에 즐기는 방법으로 하루에 빈펄 랜드^{Vinpearl Land}를 모두 즐기는 방법도 있다.

리조트 입구에서 빈펄 랜드^{Vinpearl Land}에 간다고 이야기를 하면 언제든지 버기카로 와서 빈펄 랜드^{Vinpearl Land}로 데려다 준다. 입구로 들어가면 상점들이 보이고 놀이기구가 이어져 있다. 성수기나 주말이 아니면 기다리지 않고 원하는 놀이기구를 마음대로 즐길 수 있는 것이 최대 장점이다. 가끔 방문객이 적어서 놀이기구는 운행을 안 하기도 한다. 너무 더운 날에는 게임 존에 들어가 해를 피해 시간을 보내면 피로가 풀리기도 한다.

셔틀 버스(Shuttle Bus)

푸꾸옥 섬의 즈엉동 타운에 있는 노보텔과 에덴 리조트 등부터 빈펄 리조트와 사파리를 돌고 있는 무료 셔틀버스가 있다. 셔틀버스는 사파리와 빈펄 리조트의 시간에 맞춰 30~60분의 시간 간격으로 운행되고 있다.

9~21시까지 놀이기구를 탈 수 있지만 사파리는 16시까지로 가장 짧은 시간에 이용할 수 있고 워터 파크도 18시면 이용이 안 되기 때문에 사전에 이용시간을 알고 이용하는 것이 헛걸음을 하지 않는다.

셔틀버스 안내

	정류장	정차시간 (차후 변동가능)					
1	노보텔	8:45	9:15	9:45	10:15	12:45	13:15
2	무엉탄 호텔	8:47	9:17	9:47	10:17	12:47	13:17
3	에덴 리조트	8:00~14:30까지 매시간 정각, 15분, 30분, 45분 정차					
4	Quoc Thang Hotel	8:02~14:32까지 매시간 02분, 17분, 32분, 47분 정차					
5	Dao Viet Travel	8:06~14:36까지 매시간 06분, 21분, 36분, 51분 정차					
6	존트 투어	8:08~14:38까지 매시간 08분, 23분, 38분, 53분 정차					
7	Highland Bungalow	8:08~14:38까지 매시간 08분, 23분, 38분, 53분 정차					
8	Ven Spa	8:10~14:40까지 매시간 10분, 25분, 40분, 55분 정차					
9	Galaxy Hotel	8:12~14:42까지 매시간 12분, 27분, 42분, 57분 정차					
10	Hiep Thien Agent	8:14~14:44까지 매시간 14분, 29분, 44분, 59분 정차					
11	Tan Thien Thanh Agent	8:16~14:46까지 매시간 16분, 31분, 46분, 01분 정차					
12	Agent Vietravel / Vietravel Agent	8:18~14:48까지 매시간 18분, 33분, 48분, 03분 정차					
13	Chen Sea Resort	*미리 요청 시에만 정차					
14	Ong Lang Agent	8:18~14:48까지 매시간 18분, 33분, 48분, 03분 정차					
15	Cua Can Brige	*미리 요청 시에만 정차					
16	빈펄 랜드, 사파리(종점)	빈펄 랜드 먼저 정차 후 10분 뒤 사파리 정차					

사파리 · 빈펄랜드에서 즈엉동 방향

	정류장	정차시간 (차후 변동가능)								
1	사파리	13:30		14:30		15:30		16:30		
2	빈펄 랜드	13:40	14:40	15:40	16:40	17:40	18:40	19:30	19:40	21:10
3	탑승 시 이용한 셔틀버스 정류장	*미리 요청 시에만 정차								
4	에덴 리조트(종점) *무엉탄, 노보텔 등지는 이곳에서 택시 이용	14:40	15:40	16:40	17:40	18:40	19:40	20:30	19:40	22:10

사오 비치
Sao Beach

푸꾸옥Phu Quoc 섬의 남동쪽에 위치한, 별처럼 반짝이는 해변이라는 사오비치는 베트남에서 가장 아름다운 해변으로 꼽히는 대표적인 해변이다. 사오 해변에 도착하면 잔잔한 파도가 햇빛을 머금고 관광객들을 반갑게 맞이한다. 베트남어로 '사오Sao'는 별을 의미하는 데, 이름에 '별'이 붙은 이유가 있다. 옛날에는 밤이 되면, 수천 마리의 불가사리가 파도를 타고 물가로 이동하여 붙여진 이름이다.

카약과 제트스키를 빌려 엑티비티를 즐길 수도 있고 선 베드나 해먹에 누워 가만히 휴식을 취하거나 독서를 하며 혼자만의 시간을 즐기기 좋은 해변이다.

아직 덜 알려진 만큼 사람도 많지 않아 여유롭게 휴식을 취할 수 있다. 석양으로 물든 사오 해변은 더욱 아름답게 빛난다. 붉은 태양을 삼킨 파도는 낭만을 싣고 넘실거린다.

맑은 물이 있는 하얀 모래에 평화로운 해변의 느낌, 휴식, 아름다운 코코넛 나무숲의 로맨스를 즐길 수 있을 것 같은 장소이다. 하얀 모래사장은 아이들이 뛰어놀기 좋은 청정 놀이터다. 맑고 투명한 바다는 적당히 따뜻하고, 깊숙이 들어가도 수심 1m를 넘지 않아 물놀이를 즐기기에도 그만이다. 특히 가족여행객이 물놀이를 하기에 이만한 장소를 찾기 힘들다.

주소_ Bãi Sao, An Thoi
요금_ 선베드 대여 20,000동, 파라솔 30,000동

함닌 마을
Hàm Ninh

푸꾸옥Phu Quoc 섬 동쪽 해안에 자리한 작은 어촌 마을로 가장 오래되고 유명한 마을이다. 아직 관광객이 많지 않아서인지 몰라도 때 묻지 않은 순박한 옛 모습이 그대로 남아 있다.

실제로 함닌 마을Hàm Ninh 주민들은 대나무를 이어 만든 벽에 짚으로 엮은 지붕을 얹은 수상가옥에 살면서 바다 속에서 진주를 캐고, 그물로 해삼이나 게 등 해산물을 잡아 생계를 유지한다. 마을의 입구부터 길가를 따라 늘어선 상점에서 진주로 만든 액세서리와 말린 해산물 등을 판매하는데, 가격이 저렴해 기념품으로 사기 좋다.

호국사
Chùa Hô Quôc

2012년 12월 14일에 완공된 현대적인 불교 사원으로 푸꾸옥에서 가장 큰 사원이다. 아직도 곳곳에서 공사가 이루어지고 있어서 산만한 느낌이 들기도 한다. 입구로 들어서면 옥으로 된 불상과 18개의 돌 조각으로 장식된 용 다리가 있다. 사원의 정상에는 커다란 종탑과 다양한 불교 예술 작품들을 볼 수 있다.

호국사로 가는 도중에 담 해변Bãi Dăm이 있으므로 같이 여행코스로 묶어서 여행하는 것이 좋다. 베트남의 설날에는 사원마다 신년 소망을 비는 사람들이 많은데 호국사도 설날에 많은 사람들로 북적인다.

주소_ Dúonh To. Phú Quôc
시간_ 7~19시 **요금_** 무료

코코넛 수용소
Nha Lao Cay Dua

철조망으로 둘러싸인 수용소 모습을 통해 베트남의 슬픈 현대사를 느낄 수 있다. 코코넛 수용소는 베트남 전쟁 당시 포로 감옥으로 사용된 곳을 보존해 베트남 전쟁의 실상을 알리는 장소로 활용되고 있다. 감시탑이 3곳, 12~14구역까지 점차 늘어난 시설로 가장 많이 수용을 했을 때는 약 40,000명까지 수용했으나 32,000명을 수용한 수용소로 알려져 있다.

식량으로 사용되던 코코넛을 다 먹은 뒤 코코넛의 껍질로 땅을 파 탈출을 시도했다고 해 '코코넛 수용소^{Nha Lao Cay Dua}'라고 이름이 붙여졌다. 다만 육지와 바다 모두에서 철저하게 감시가 이루어지고 고문이 자행되면서 탈출한 사람들은 없는 것으로 알려져 있다. 작은 박물관으로 만들어져 있지만 아이들은 관심이 없고 나이 많은 부모는 오히려 관심이 많은 곳이다. 잔인한 고문의 현장이 그대로 재현한 곳에서 여전히 죽지 않고 살아 있는 듯한 장면들을 볼 수 있다. 베트남 인들의 국가의 자존심, 나라에 대한 사랑을 재현할 목적으로 만들어진 수용소가 현재 관광지로 소개되고 있다.

주소_ 350 Nguyên Vân Cù, An Thoi

푸꾸옥 남부
Phù Quốc South

안터이 군도
Quần đào An Thòi

푸꾸옥Phú Quốc의 해상 국립공원에 속해 있는 안터이 군도Quần đào An Thòi는 유네스코가 지정한 생물권 보존지역에 속해 있다. 산호 군락이 형성된 지역에서 스노클링과 스쿠버 다이빙을 하고 아름다운 해변에서 여유롭게 하루를 보낼 수 있다.

최근 안터이 군도Quần đào An Thòi의 섬들을 돌아다니면서 섬과 바다를 아름다운 풍경과 해양스포츠를 즐기는 호핑 투어가 푸꾸옥Phú Quốc의 인기 투어로 자리를 잡고 있다. 또한 세계에서 가장 긴 7,899.9m의 해상 케이블카에서 푸꾸옥Phú Quốc 남쪽 바다와 영공의 생생한 아름다움을 즐기려는 관광객도 늘어나고 있다.

안티이 항
An Thối

Dam Trong Island

혼두아 섬
Hòn Dua

Dam Ngoai Island

혼조이 섬
Hòn Roi

홈텀섬(파인애플섬)
Hòn Thơm

Vang Island

혼낌끼섬(노랑거북섬)
Kim Quy Island

혼봉섬
Vong Island

Vang Island

Xuong Island

혼머이줏섬
May Rut Island

Trang Island

혼감기섬
Gam Ghi Island

혼몽따이섬
Mong Tay Island

선 월드 해상 케이블카
Cáp treo Hòn Thóm Phú Quốc

세계에서 가장 긴 7,899.9m의 해상 케이블카는 2018년에 운행을 시작하면서 점차 푸꾸옥Phú Quốc을 방문하는 관광객도 늘어나고 있다. 푸꾸옥이 아름다운 섬이지만 즐길 거리가 부족했던 이전과 비교해 푸꾸옥Phú Quốc의 남쪽 바다와 영공의 생생한 아름다움을 즐기려는 관광객도 늘어나고 있다. 지금도 다낭의 바나힐을 만들어 운영하는 선 월드에서 놀이동산을 조성하고 있기 때문에 앞으로 케이블카를 이용하는 관광객은 늘어날 것이다. 높은 위치의 케이블카에서 보는 바다와 섬의 풍경은 환상적이다. 높아서 무섭다고 느껴지지만 못 탈 정도의 무서움이 다가오지는 않는다. 케이블카는 작은 섬 3~4개를 지나가면서 옹기종기 모여 있는 작은 어선들을 보면서 약 25분 정도 이동한다. 케이블카를 내려서 버스를 타고 해변으로 오면 아름다운 해변이 펼쳐진다. 다양한 놀이를 즐길 수 있다. 햇빛이 강하므로 비치의자를 이용해야 편하게 쉴 수 있다.

홈페이지_ www.honthom.sunworld.vn
주소_ Bãi Dất Dò, Phú Quốc
시간_ 7~21시
요금_ 500,000동
(1.3m 이하 어린이 350,000동 / 1m 이하 무료)
무료 셔틀버스 안에서 케이블카 티켓 구입 가능
전화_ +84-258-3598-222

우기의 운행 금지

베트남의 우기에는 많은 비가 오기 때문에 안전 문제로 인해 실제로 케이블카의 운행이 수시로 중단된다. 그러므로 우기에는 날씨를 확인하고 케이블카를 타러 이동해야 한다. 또한 도착하고 나서 날씨가 갑자기 나빠진다면 운행이 중단되는 데 날씨가 좋아질 때까지 기다려야 하므로 시간을 허비하는 경우가 많다.

▶**케이블카와 혼 톰(Hon Thom) 섬을 즐기는 방법**
오전에 일찍 케이블카를 타고 혼 톰 섬에서 물놀이를 하면 오후에 케이블카를 타고 돌아오면 하루 일정으로 재미있게 즐길 수 있지만 오후에 케이블카를 타고 이동하면 관광객도 많고 케이블카만 타고 잠시 둘러보고 와야 하기 때문에 아쉬운 마음이 들게 된다.

▶**준비물**
선크림, 비치타월과 여분의 타월, 모자, 음료수, 간식

▶**운행시간**
7~12시 / 13~16시 / 17시 30분~18시 / 19~19시 10분 / 20시 30분~21시

혼 톰
Hon Thom(Pineapple Island)

활기차고 흥미진진한 바다의 천국인 혼 톰 섬은 누구나 물속으로 뛰어 들거나 코코넛 나무아래에서 흰 모래 위에 누워 쉬고 싶어 한다. 비치와 바다 위에 떠있는 보트가 인상적인 풍경을 만들어 낸다.

혼 톰Hon Thom 섬의 하얀 모래사장에서 맨발로 다니면 햇빛과 푸른 바다가 눈에 들어온다. 아직 개발 중이라서 어수선한 느낌을 받을 수 있지만 오른쪽 비치를 따라 걸어가면 나무들이 보이고 아름다운 풍경이 눈에 보인다.

선 월드 파크
Sun World Park

케이블카에서 내리면 셔틀버스를 타고
가게 된다. 솔 비치에 도착할 시간이 되면
자리가 차게 된다. 입석은 안 되기 때문에
자리가 없으면 계속 기다려야 한다. 섬 내
부에는 춤을 추고 다양한 공연을 보여주
기 때문에 가족 여행객은 자녀들이 특히
좋아한다. 비치에는 파도가 잔잔하고 물
놀이를 할 수 있도록 물놀이기구를 이용
해 즐길 수 있다.

안터이 항구
An Thoi Harbor

푸꾸옥Phu Quoc에서 가장 분주한 항구로 활기찬 생활 터전을 느낄 수 있다. 즈엉동 마을에서 차로 약 40분 거리에 있다. 바다에 조금 더 가까이 다가가면 야자로 만든 베트남의 전통 모자 논라Nón Lá를 쓰고, 갓 잡은 싱싱하고 통통한 생선을 손질하는 여인들을 볼 수 있다.

해 질 무렵이면 바다에 떠 있는 배와 석양이 조화를 이루는 아름다운 사진을 찍을 수 있다.

푸꾸옥의 커피 & 카페 Best 5

1. 트립풀 8 커피 바 & 푸드(Triple 8 Coffee Bar & Food)

망고베이를 가는 길에 있는 커피와 음식을 팔고 있다. 옹랑해변에는 유럽의 장기 여행자가 많아서 베트남 커피를 마시지 않고 유럽에서 마시는 에스프레소를 팔고 커피 머신으로 내린 아메리카노도 마실 수 있는 곳이 흔하지 않아 관광객이 많이 찾는다. 식사보다는 커피와 음료가 주로 판매되고 있다.

주소_ Ong Lang **시간_** 9~22시

2. 딩 티(Ding Tea)

버블티와 녹차를 오랜 시간 관리한 경험을 바탕으로 저렴하게 판매하고 있는 브랜드이다. 가장 유명한 메뉴는 역시 버블티이다. 시원하게 마시는 버블티는 더위를 날려 버릴 것 같다. 또한 다양한 차^{Tea} 메뉴가 있어서 한 곳에서 커피와 차를 즐길 수 있다. 커피 맛은 대한민국에서 먹던 커피 맛과 다르지 않아서 베트남 커피의 쓴맛보다는 친숙한 맛이 장점이다.

주소_ 43 Tran Hung Dao Khu 1 **시간_** 7~23시 30분 **요금_** 버블티 40,000동~ **전화_** +84-913-116-089

3. 카페 수어다(Ca Phe Sua Da)

진한 커피 향기와 다양한 케이크로 나트랑 관광객의 발
길을 사로잡는 카페이다. 실내가 크지만 항상 사람들로
북적이는 커피색 디자인이 눈에 띈다. 우리가 마시는 친
숙한 맛의 커피를 주문할 수 있어서 서울 한복판에 있는
것 같기도 하다.

주소_ 97 Tran Hung Dao **시간_** 7~22시
요금_ 아메리카노 44,000동~ **전화_** +84-297-6283-838

4. 로이 커피 & 티(Roy Coffee & Tea)

푸꾸옥 사람들이 커피 맛으로 인정하는 커피전문점이다.
신선한 원두만을 사용해 직접 추출한 커피 맛이 진하여
처음에는 쓴 맛만 느껴질 수 있다. 단순한 인테리어에 커
피를 한잔 마시기 좋은 정통 베트남의 커피를 내준다. 작
은 공간이지만 현지의 연인과 친구와 커피를 마시며 밀
린 이야기를 한다.

주소_ 40 30/4 Dúòng Dong **시간_** 8~22시
요금_ 커피, 차 39,000동~ **전화_** +84-96-915-2585

5. 바 & 커피(Bar & Coffee)

앤틱하고 유니크한 인테리어는 베트남에서는 볼 수 없는
세련미가 더해진 커피 전문점이다. 푸꾸옥 젊은이들과
관광객이 간단한 식사와 커피에 저녁에는 맥주를 한꺼번
에 마실 수 있는 활기찬 느낌의 카페이다. 메뉴의 종류도
다양하고 식사와 디저트까지 동시에 즐길 수 있는데 커
피도 정통 베트남커피의 진한고 쓴 커피가 아니고 에스
프레소 느낌의 커피 맛이 나온다.

주소_ 40 24/1 Dúòng Dong **시간_** 8~22시
요금_ 카페 쓰어다 45,000동 **전화_** +84-96-3253-186

미도리 하우스
Midori House

깨끗하고 편안한 분위기에서 저렴한 가격에 식사를 할 수 있는 곳이다. 선택할 수 있는 메뉴가 많고 아침 식사도 할 수 있어 항상 사람이 많다. 해산물이나 고기류 등의 다른 메뉴도 있지만 직접 화덕에서 굽는 피자가 양이 많고 맛있다.

주소_ Ong Lang **시간_** 11~22시
요금_ 피자 99,000동~
전화_ 090-108-4089

더 엠바시
The Embassy

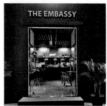

푸꾸옥에서 보기 힘든 세련된 디자인의 카페로 바로 앞 큰 나무가 상징처럼 우뚝 솟아있다. 2층에는 야외 테라스가 있고 알록달록 테이블과 의자가 인상적이며 직원들의 능숙한 라떼 아트와 샌드위치를 즐길 수 있다.
다양한 디저트와 간단한 식사를 원하는 관광객이 주로 찾는다. 최근에 한국인 관광객이 브런치를 먹기 위해 찾는 매장으로 알려져 있다.

주소_ 99A Tran Hung Dao
시간_ 8~22시
전화_ 126-882-5771

포 사이공
Saigon Pho

즈엉동 야시장 근처에 있는 현지 푸꾸옥 사람들에게 알려진 맛 집으로 메콤한 소스에 취향에 따라 첨가해 먹을 수 있다. 가격(40,000동)도 저렴하고 양도 푸짐하다. 개인적으로 아침에 쌀국수를 먹는 쌀국수 집으로는 푸꾸옥 최고라고 생각한다.

주소_ 30/04 TT Dúong Dông
시간_ 7~17시
전화_ 0773-846-333

노 네임 바비큐
No Name BBQ

최근 한국인들 사이에서 입소문을 타는 곳으로 이미 외국인 관광객들이 많고 싸고 다양하게 육류, 해산물, 닭고기 등을 즉석에서 특제 양념으로 고기와 옥수수를 구워주는데 말로 설명할 수 없이 맛있어 돌아와서도 생각나게 된다.

주소_ Group 3, Ong Lang Hamlet, Cua Doung
시간_ 11~14시, 17~23시
전화_ 93-776-0779

푸꾸옥 마트

푸꾸옥에서 거리를 지나가다가 보이는 작은 킹 마트King mart, K 마크K Mark와 미니 마트Mini Mart 정도이다. 또한 저녁 9시면 문을 닫기 때문에 늦은 시간에는 영업하는 상점이 거의 없다. 가장 큰 킹 마트King mart도 작은 슈퍼마켓이라고 생각하는 것이 더 맞는 것 같다. 다른 도시에는 빈 마트나 롯데마트가 있지만 푸꾸옥에는 대형 마트는 없고 22시까지 영업을 하는 마트가 대부분이어서 밤에 필요한 물건은 미리 구입해야 한다. 대한민국의 관광객보다 중국인과 러시아 관광객들이 실제로 많이 이용하고 있다.

미니 마트(Mini mart)

푸꾸옥 즈엉동 인근에 있는 미니 마트는 여행자가 가장 많이 찾는 큰 마트이다. 물론 푸꾸옥 현지인이 더 찾는 일 것이다. 생필품부터 공산품까지 필요간 물품은 다 있다고 생각해도 된다. 22시에 문을 닫기 때문에 음료, 가정 물품, 화장품 등을 늦은 시간까지 구입하려는 관광객이 늦은 시간까지 많이 찾는다.

미니마트는 현지인들도 많이 방문하는 마트 중에 품질이 보증된 품목이 많다고 알려져 있다. 러시아 인들이 많이 찾는 양주나 와인도 판매를 하고 있다.

주소_ 339A - 339B Nguyễn Trung Trực - TT. Dương Đông **시간**_ 8~22시 **전화**_ 0297-3993-366

킹콩마트(KINGKONG MART)

푸꾸옥을 70년대부터 휴양을 하러 온
관광객은 러시아 사람들이 처음이었
다. 그런 러시아 인들이 가장 많이 이
용하는 곳이다.
규모가 푸꾸옥에서 가장 크다고 알려
져 있지만 상품의 구성은 관광객의 구
미를 당기도록 전시를 하지는 못하다.
옷이나 수영복 등을 팔고 있지만 촌스
럽다는 이야기를 많이 한다. 러시아인
들은 푸꾸옥의 다양한 물건을 많이 사
가기 위해 여행용가방을 하나 더 사서
붙이는 경우가 많다.

주소_ 141A Đường Trần Hưng Đạo, Dương Tơ **시간_** 9~22시 **전화_** 094-321-6125

케이마크(K+Mark)

즈엉동 시내에 있는 한국 음식을 살 수
있는 마트로 간단하게 한국 라면이나
김치를 구매하기에 좋다. 최근에 한국
인 관광객이 늘어나면서 한국 음식의
판매가 늘어났다고 한다.
작은 마트보다는 큰 규모이고 조금 더
한국 식품에 집중되어 있다. 푸꾸옥의
특산품인 후추나 꿀 등을 저렴하게 판
매하기 때문에 선물을 사려는 고객들
도 많다.

주소_ Dương Đông- Cùa Can TT. Dương Đông
시간_ 9~22시
전화_ 097-7825-765

C 마트(C mart)

즈엉동 마을 중간에 있어서 접근성이
좋은 마트이다. 가장 많이 찾는 고객은
역시 러시아 관광객이다. 작은 크기의
매장을 가지고 있지만 푸꾸옥에서는
작은 매장이라고 볼 수 없다. 그만큼
푸꾸옥에는 마트 자체가 많지 않아서
어느 마트나 북적인다. 물품의 수가 많
고 저렴한 가격도 상당수이다.

주소_ 92A Đường Trần Hưng Đạo, Khu Phố 7, Dương Tơ
시간_ 8~22시

킹 마트(King Mart)

대량 구매를 하는 창고식 할인 매장으
로 상인이나 도매업자들이 사용하는
마트이다. 할인된 제품을 제공하는 마
트로 알려질 정도로 저렴한 물품이 많
다. 야시장 내에 있어서 야시장을 둘러
보면서 가격비교를 하고 선물을 구입
할 수 있는 장점이 있다. 의외로 많은
제품이 있어서 관광객이 추천하는 마
트이다.

주소_ Khu 1
시간_ 9시 30분~22시 30분
　　　(일요일 13시 30분부터 시작)
전화_ 097-5911-555

푸꾸옥(Phu Quoc) 숙소의 특징

1. 다른 베트남의 숙소가격보다 비싼 편이다.

푸꾸옥Phu Quoc은 휴양지로 개발 중이고 베트남의 신혼여행지로 인기를 끌면서 호텔, 방갈로, 리조트의 가격이 베트남의 다른 지역보다 높다. 저렴한 호텔이 성수기에도 다낭Da Nang에서 350,000~400,000동의 가격으로 예약할 수 있지만 푸꾸옥Phú Quốc에서는 찾기가 쉽지 않다.

푸꾸옥은 성수기에도 호텔이나 리조트가 만실이 되지 않아 빈 공실이 되어도 가격을 내리지 않고 비슷한 품질과 위치의 호텔이 450,000~500,000동으로 가격을 동결시키고 있다. 푸꾸옥Phú Quốc의 임대료가 다른 관광지보다 높다는 것이 이유였다. 다만 성수기에도 항상 숙소는 구할 수 있는 장점이 있다.

2. 고급 리조트나 호텔이 많아서 마사지 서비스나 수영장이 기본적으로 제공되는 곳이 많다.

푸꾸옥은 휴양지로 개발이 되고 있는 곳이다. 최근에 새로운 휴양지로 개발에 박차를 가하고 있을 정도로 새로 만들어지는 호텔과 리조트가 많고 섬 전체가 공사 중이라고 할 정도이다. 고급 리조트나 호텔에서 숙박이나 휴식에 필요한 서비스를 제공하여 리조트에서만 즐기다가 올 정도로 서비스가 좋다.

인터컨티넨탈 롱비치 리조트
Intercontinental Longbeach Resort

2018년에 문을 연 5성급 리조트로 서쪽 해변에 위치해 있다. 푸꾸옥 국제공항에서 약 20분 정도 소요된다.

인터컨티넨탈 푸꾸옥 롱비치 리조트는 459개의 우아한 객실, 스마트 룸과 빌라를 제공하고 리조트 윙과 스카이 타워로 이루어져 있다.

스카이 타워의 가장 위층에 위치한 INK360은 19층에 위치한 바Bar로 울창한 산들과 바다의 풍경뿐만 아니라 세계 각지의 양질의 음식과 푸꾸옥의 환상적인 일몰을 감상할 수 있다.

주소_ Bai Truong Duong
요금_ 클레식 킹룸 220$, 클레식 킹룸 바다전망 250$
전화_ 028-3978-8888

JW 메리어트 푸꾸옥 에메랄드 베이 리조트 & 스파

껨 해변 구역의 해안을 따라 자리하고 있는 JW 메리어트 푸꾸옥 에메랄드 베이는 유명 건축가인 빌 벤슬리의 기발한 디자인이 특징인 고급 리조트이다. 대학교였던 건물을 최대한 살려 고급스러운 분위기의 다양한 리조트를 한곳에 모아놓았다는 평가를 받고 있다. 전용 해변을 보유하고 있기 때문에 여유롭고 한적한 휴양을 즐기기에 적합하다. 고급 브랜드에 걸맞게 현대적이고 세련된 객실을 보유하고 있고 각 객실마다 럭셔리하게 꾸며진 인테리어를 엿볼 수 있다.

고급스러운 분위기의 스파도 함께 구비돼 있어 분위기를 만끽하며 마사지를 받을 수 있다. 야외에는 3개의 수영장이 있기 때문에 몸을 담그며 휴식을 취할 수 있다. 리조트 인근에는 사오비치와 푸꾸옥 비치, 푸꾸옥Phu Quoc 야시장이 가까워 접근성이 높다.

//

홈페이지_ www.marriott.com
주소_ An Thoi Town
요금_ 에메랄드 룸 263$, 디럭스룸300$,
　　　스위트룸341$
전화_ 0297-779-999

프리미어 빌리지
Premiere Village

푸꾸옥 해변가에 있는 5성급 호텔로 1베드룸부터 4베드룸까지 빌라형태로 구성되어 있다. 간이 주방도 있어 가족 여행객에게 적합하다. 도심을 벗어나고 싶은 여행자들이 주로 찾는 리조트로 안터이 지역의 경치를 즐기며 야외 수영장에서 휴식을 누리기에 적합하다.

풀 서비스 스파도 구비되어 있어 마사지와 얼굴 트리트먼트 서비스를 받으며 느긋한 시간을 보낼 수 있다. 리조트 인근에 사오비치와 수오이 짠 폭포, 피시 소스 공장, 호꾸옥 사원 등이 가깝다.

홈페이지_ premier-village-phu-quoc-resort.com
주소_ Müi Ông Dôi, An Thoi
요금_ 2베드룸 빌라 380$, 2베드룸 비치 프론트 540$, 3베드룸 비치 프론트 580$
전화_ 0297-3456-666

퓨전 리조트
Fusion Resort

퓨전 리조트는 완벽한 푸꾸옥 휴양을 위해 만들어졌지만 시내 중심에서 차로 15분 거리에 있는 것이 단점이다. 오랜 기간 휴양을 원하는 러시아 여행자들이 많이 찾고 있다. 리조트 전용 비치, 수영장 등이 있어, 다양한 스포츠를 즐길 수 있는 장점이 있다.

투숙객들이 가장 좋아하는 장소는 역시 전용 비치 앞에 놓인 선베드로 추운 러시아에서 온 여행자들이 이른 아침부터 점령해 선베드는 부족할 수 있다. 바람과 파도가 세고, 햇빛도 강해 선베드에서 태닝을 즐기는 이들이 많다. 조식 메뉴도 훌륭하고 만족할 만한 부대시설을 구비해놓았다.

홈페이지_ fusionresorts.com/fusionresortphuquoc
주소_ Hamlet 4 Bãi Biển Vũng Bầu, Cùa Can
요금_ 1베드룸 풀빌라 363$, 2베드룸 풀빌라 698$
전화_ 0297-3690-000

RENT

노보텔 푸꾸옥
Novotel Phu Quoc

현대적인 분위기의 5성급 호텔로 롱비치 남쪽 끝에 있어서 경치가 좋은 것이 장점이다. 아름다운 바다전망을 자랑하는 호텔은 야외 수영장과 식사는 만족스럽고 객실은 무채색으로 꾸며져 단조롭지만 깨끗한 분위기이다. 자연 채광을 하도록 전용 발코니를 갖추고 있다. 세련된 스파는 해변에서 놀고 피로한 몸을 편안하게 만들어준다.

홈페이지_ www.accorhotels.com
주소_ Duong Bao Hamlet Duong To Commune, Dúòng Bào
요금_ 슈페리어 150$, 디럭스 170$, 방갈로 260$
전화_ 0297-626-0999

솔비치 하우스
Sol Beach House

최근에 푸꾸옥 섬에서 가장 고급스러운 리조트가 들어서는 곳이 롱 비치 남쪽이다. 롱 비치에 있어서 새로운 호텔과 비치의 레스토랑과 식당, 해변이 모두 가깝다. 가격이 저렴한 데도 방음이 잘 되고 깨끗한 내부 분위기로 가성비가 높은 5성급 리조트로 알려져 있다. 다만 아직 근처에는 볼거리가 없다는 단점에도 전용 해변 구역과 스파를 이용할 수 있어 여성들의 만족도가 높다.

개인적으로 직원들이 친절하게 진심으로 도와준다는 인상을 받아 다시 오고 싶은 리조트이다. 남부의 해상 케이블카나 스노틀링, 스쿠버 다이빙 등이 가까워 새롭게 조성되는 섬 개발 장소로 알려져 있다.

홈페이지_ www.melia.com
주소_ Zone 1, Duc Viet Tourest Area Bãi Trường Complex, Dương Tó
요금_ 비치 하우스 105$, 주니어 스위트 160$
전화_ 0297-3869-999

그린 베이 리조트
Green Bay Phu Quoc Resort

완벽한 푸꾸옥 휴양을 위해 만들어졌지만 시내 중심에서 차로 15분 거리에 있는 것이 단점이다. 오랜 기간 휴양을 원하는 여행자들이 많이 찾고 있다.

인근에 관광 명소가 없지만 조용하게 지낼 수 있다. 리조트 전용 비치, 수영장 등이 있어, 투숙객들이 가장 좋아하는 장소는 역시 전용 비치 앞에 놓인 선베드이다. 바람과 파도가 세고, 햇빛도 강해 선베드에서 태닝을 즐기는 이들이 많다.

//

홈페이지_ greenbayphuquocresort.dom
주소_ Cùa Can, Phu Quoc
위치_ 옹랑 해변, 끄아깐 해변 북쪽
요금_ 방갈로 정원전망 125$(해변 전망 240$)
전화_ 0297-6267-799

첸 시 리조트
Chen Sea Resort

푸꾸옥에서 가성비 높은 5성급 같은 4성급으로 알려진 첸 시 리조트Chen Sea Resort은 안락하고 편안한 침구와 웅장한 풀장과 해변 전망까지 만족도가 높다.
다른 5성급 리조트에 비해 시설이 떨어지지 않은 4성급 리조트와 동일한 가격에 지낼 수 있어 가성비를 따지는 고객에게 만족도가 높다. 바로 연결된 비치에서 즐기는 엑티비티가 모두 무료라서 부담 없이 즐길 수 있다.
비치 프런트에서 들리는 파도 소리는 아침, 저녁마다 여유를 가지도록 도와준다.

주소_ Bai Xep Ong Lang Hamlet, Ong Lang
요금_ 빌라(바다 전망) 152$, 비치 프런트 빌라 225$
전화_ 0297-3869-000

망고 리조트
Mango Resort

최대 장점은 어느 룸에 숙박을 해도 바다 전망을 볼 수 있는 것이다. 푸꾸옥 비치 앞에 있어서 푸꾸옥 어디로든 걸어서 이동이 가능한 호텔이다.

스위트룸부터 침대 사이즈가 킹사이즈로 커지지만 디럭스와 클럽 룸도 쾌적한 숙박이 가능하다.

6층의 인피니티 풀은 여유롭게 바다를 보면서 수영을 즐기고 음료를 즐기면 기분이 좋아지게 만드는 풀장이다. 쉐라톤 호텔의 최대 장점은 루프탑 바인 얼트튜드 바Altitude Bar가 같은 호텔 내부에 있어 아침부터 저녁까지 호텔에서만 머물러도 지루하지 않게 지낼 수 있다는 점이다.

주소_ Ong Lang Beach
요금_ 수페리어 더블룸(바다전망) 90$,
　　　　수페리어 방갈로(정원 전망) 110$
전화_ 0961-947-821

아주라 리조트
Azura Resort

공항까지 20분 정도의 거리에 있는 즈엉 동 골목에 있는 리조트는 해변과 떨어져 있지만 시설은 매우 좋다. 공항에서 숙소까지 택시로 도착할 수 있도록 해 주는데 무료이다.

골목길에 있어서 밖으로 나가는 골목은 환경이 좋지 않지만 시내 중심에 있어 다양한 레스토랑과 맛집을 쉽게 찾을 수 있다. 다만 골목 안에 있어서 처음에 찾아가기가 쉽지 않고 룸 내부에 가끔씩 개미들이 보이는 단점이 있다. 저렴한 가격에 깔끔한 내부 인테리어는 가성비가 높은 리조트로 알려져 있다.

주소_ 101/5 Trần Hưng Đạo
요금_ 방갈로 테라스27$, 수페리어 더블룸34$
전화_ 93-273-6728

코랄 베이 리조트
Coral Bay Resort

잘 관리된 해변에 있는 가성비 높은 3성급, 리조트는 안락하고 편안한 침구와 웅장한 풀장과 해변 전망까지 만족도가 높다. 롱 비치Long Beach에 위치해 시내와는 떨어져 있지만 해변에 카약을 무료로 빌려주고 조식의 메뉴도 조금씩 달라져 가성비를 따지는 고객에게 만족도가 높다. 작은 풀장은 조용하게 수영할 수 있다.

주소_ Hamlet 8, Tran Hung Dao, Duong Dong
요금_ 수페리어(산 전망) 52$, 바다전망 65$
전화_ 0297-3869-000

네스타 푸꾸옥 호텔
Nesta Phu Quoc Hotel

방의 품질, 위치, 호텔의 서비스, 리셉션, 룸 등 직원들의 친절까지 가성비가 높다. 편안한 느낌을 주는 내부 인테리어와 쩐 푸^{Dinh Cau}가 항상 내려다보이는 전망이 아름답다.

호텔 리셉션은 친절하고 호텔 관리를 잘한다. 또한 해산물을 가지고 오면 호텔에서 추가 비용없이 끓여주기도 한다. 조금만 걸으면 야시장이 가까워 밤 시간도 효율적으로 사용할 수 있다.

주소_ 26 Nguyen Du, Duong Dong, Phu Quoc, Kien Giang
요금_ 스탠다드 룸 41$, 디럭스 48$
전화_ 297-3998-866

반다 호텔
Vanda Hotel

즈엉동 거리에 있는 반다 호텔Vanda Hotel은 전망은 좋지 않지만 깨끗한 내부와 직원들의 친절한 행동은 다시 머물도록 만드는 힘이다. 즈엉동 거리에 있는 호텔 중에는 저렴한 호텔은 아니지만 다른 호텔에 비하면 상당히 저렴한 호텔이다. 수영장은 관리가 잘되어 조용하게 여유를 즐기고 바다를 볼 수 있어 인기가 있다.

주소_ 107/1 Tran Hung Dao, Duong Dong
요금_ 수피리어(수영장 전망) 35$~,
　　　스위트 룸(정원전망) 55$~
전화_ 297-6606-565

오요 163 풍 홍 호텔
OYO 163 Phung Hung Hotel

안터이 항구에서 해변으로 나가는 코너에 있는 호텔로 해변은 보이지 않지만 위치가 좋다. 접근성이 좋고 다른 레스토랑이 즐비해 여행하기에 좋은 조건을 가지고 있다. 야외수영장이 있고 라운지에서 바라보는 해안의 풍경은 낮이나 야경을 보기에 적합하다.

주소_ 60~62 Nguyên Van Cu An Thoi
요금_ 디럭스 더블룸 31$~, 디럭스 스위트룸 52$~
전화_ 284-458-1611

루비 호텔
Ruby Hotel

2018년에 새로 문을 연 안터이 항구에서 5분 정도의 거리에 맛집을 쉽게 찾을 수 있으며 친절한 직원의 소개로 다른 투어 상품도 예약이 쉽다.
옥상에서 보이는 뷰도 아름답고 깨끗하고 저렴하지만 좋은 호텔이다. 다만 골목 안에 있어서 처음에 찾아가기가 쉽지 않고 룸 내부에 가끔씩 개미들이 보이는 단점이 있다. 저렴한 가격에 깔끔한 내부 인테리어는 가성비가 높은 호텔로 알려져 있다.

주소_ 5 Tang, 37 Phong, An Thoi
요금_ 스탠다드 18$~
전화_ 090-279-2793

빈펄 리조트(Vin Pearl Resort)

푸꾸옥 바이다이 비치에 자리한 빈펄 리조트는 현대적인 모습이 푸꾸옥 청정 자연과 대비되어 멋진 풍광을 이룬다. 워터파크는 물론 각종 해양스포츠와 골프, 다채로운 프로그램이 마련되어 있어 누구와 함께 와도 만족스러운 여행을 즐길 수 있다.
빈펄 리조트는 7층 건물 2개 동으로 이루어져 있다. 객실은 총 750실. 한번에 2000여 명이 투숙할 수 있을 만큼 거대한 규모를 자랑한다.
뭐니 뭐니 해도 가장 즐거운 것은 다양한 해양 스포츠를 경험할 수 있다는 점이다. 패러세일링과 카약, 스노클링을 즐기다 보면 하루가 짧게 느껴질 정도다. 어린이들에게 흥미로운 공간도 있다.

빈펄 리조트 & 스파(Vinpearl Resort & Spa)

푸꾸옥 섬 골프장 옆과 바이 다이 비치에 위치한 빈펄 리조트는 한국인들에게 인기가 많은 곳이다. 리조트는 약600개의 객실이 준비되어 있으며 각 객실마다 에어컨과 미니바, LED TV 등이 갖춰져 있다. 전용 발코니에서 바라보는 전망도 아름답다.
리조트 내에는 동양 최대 규모의 사파리를 비롯해 인공 파도풀과 슬라이드를 갖춘 워터파크, 빈펄 랜드, 아쿠아리움, 골프장 등 다양한 시설이 갖춰져 있기 때문에 즐길 거리가 풍부하다. 리조트의 규모가 커서 부대시설로 이동할 때는 무료로 제공되는 버기카를 타고 이동하는 것이 좋다. 4성급 호텔인 빈펄 리조트 인근에는 푸꾸옥 국립공원과 쩐꺼우 사원이 있다.

빈펄 리조트 & 골프(Vinpearl Resort & Golf)

빈펄 리조트 2번째 단지로 만들어져 '빈펄 2'로 줄여서 말하는데 골프장과 같이 만들어져 골프를 치고 쉴 수 있는 시설을 주로 만들었다. 빌딩에 있는 객실은 나중에 지어져 세련된 분위기를 만들어 놓았다. 스파가 없어 빈펄 리조트에서 같이 이용해야 하는 불편함은 있지만 키즈클럽이 있어서 아이들과 같이 여행 온 골프여행자가 주로 이용한다.

빈펄 디스커버리 3(Vin Pearl Discovery 3)

푸꾸옥Phu Quoc에는 빈펄 랜드와 빈펄 사파리가 있고 리조트도 있어서 다양한 놀거리를 선사하고 있다. 풀 빌라 리조트로 수백 개의 풀 빌라 객실부터 빈펄 리조트 1, 2가 있고, 최근에 5성급으로 격상된 빈 오아시스까지 상당한 큰 규모의 호텔이 한꺼번에 몰려 있다. 수영장. 레스토랑 등 각종 부대시설은 물론 사파리와 워터파크까지 갖춘 종합 테마파크인 빈펄 랜드가 가까워 다채로운 즐길 거리가 있다.

빈펄 컨트리 클럽, 푸꾸옥
Vinpearl Golf Club, Phu Quoc

현재 푸꾸옥에 유일하게 있는 골프장으로 2015년에 27홀, 파 72로 개장한 빈펄 골프장은 전장이 7021야드로 길이는 길지도 짧지도 않다. 2019년 골프 데스티네이션 매거진이 선정한 '아시아에서 가장 인상적인 골프 코스'로 선정되기도 했다. 세계적으로 유명한 골프코스 설계 회사인 IMG가 설계했고 서양 벤트그라스 양잔디로 잔디는 질긴 편이다.

푸꾸옥 북부의 빈펄 리조트 내에 위치하여 푸꾸옥 시내인 즈엉동에서는 약 30~40분 정도 소요된다. 그래서 대부분 빈펄 리조트에 숙소를 잡고 동물원과 놀이동산을 즐기고 골프를 친다. 한마디로 빈펄 리조트에서 모든 여행을 해결하는 원스톱 골프여행을 하게 된다. 리조트에서 무료로 이동할 수 있는 버스가 있어 골프장까지 쉽게 이동이 가능하다.

클럽 하우스는 큰 규모는 아니지만 아기자기한 동남아시아에 왔다는 느낌을 받게 된다. 입구는 대나무로 만들어져 이색적인 분위기를 연출한다. 샵도 있고 골프에 필요한 것은 다

구입이 가능하다. 하지만 로스트볼을 판매하지는 않고 있어서 사전에 준비하는 것이 필요하다.

첫 홀이 시작되기 전 연습장도 갖추고 있고 옆에는 어프로치 연습장과 같이 준비를 할 수 있도록 설계했다. 사전에 1시간 전 정도에 도착해 40개(100,000Dong)로 연습하고 출발하는 것이 최상의 선택이다.

Point 1

푸꾸옥 빈펄 리조트에 놀이동산과 동물원하고 같이 조성된 골프장은 빈펄 리조트에서 모든 것을 해결하는 여행을 추구하고 있다. 최근에 대한민국의 골퍼들이 베트남 골프장에 많이 방문하고 있지만 푸꾸옥의 골프장은 골퍼들이 많지 않다. 그래서 페어웨이와 그린이 다른 베트남 골프장에 비해 관리가 잘되고 사람이 적어 여유롭게 골프를 칠 수 있는 장점이 있다.

Point 2

페어웨이가 넓고 평지로 구성되어 쉽다고 느끼게 되지만 곳곳에 벙커를 만들어 무작정 쉽다는 인식이 들지는 않을 것이다. 다만 바다를 볼 수 없는 것이 약점이다.

베트남 도로 횡단 방법 / 도로 규칙

베트남에서는 횡단보도를 건너는 것보다 무단횡단을 하는 모습이 일반적이다. 그래서 처음 베트남 여행을 하는 관광객들은 항상 어떻게 도로를 건널지 고민을 하게 된다. 도로 규정이 명확하지 않은 것 같으므로 붐비는 거리를 건널 때에는 지나가는 오토바이와 차를 조심해야 한다.

호치민이나 하노이에 사는 사람들은 모르지만 호이안Hoian이나 푸꾸옥Phú Quốc의 작은 도시에 사는 사람들도 호치민 같은 대도시로 여행을 간다면 조심하라는 이야기를 할 정도이니 해외의 관광객이 걱정하는 것은 당연하다. 무질서의 대명사처럼 느껴지는 오토바이의 물결이 처음에는 낯설고 무서운 존재일 수 있다. 그렇지만 이 무질서에도 나름의 규칙이 있고 무단횡단도 방법이 있고 주의사항도 있다.

도로 횡단하기(절대 후퇴는 없다.)

베트남 여행에서 도로를 횡단하는 것이 처음 여행하는 관광객에게는 무섭기도 하고 걱정되기도 한다. 가장 먼저 하지 말아야 하는 행동은 절대 뒤로 물러서면 안 된다는 것이다. 가끔 되돌아오는 여행자가 있는 데, 이때 사고가 나게 된다. 오토바이는 속도가 있어서 어느새 자신에게 다가와 있는 데 갑자기 뒤로 돌아오면 오토바이도 대처를 할 수 없게 된다. 이때 오토바이와 부딪치는 사고가 발생한다.

도로 건너기

1. 처음 도로로 나가는 방법은 약간의 거리를 두고 다가오는 오토바이가 있을 때에 도로로 내려와 무단 횡단을 한다.
2. 앞으로 나아갈 수 없다면 멈추고 그 자리에 서 있기
   앞으로 나아갈 수 없다면 그 자리에 서 있으면 오토바이들은 알아서 피해간다.
3. 오토바이가 내 앞에 없다면 앞으로 나아간다. 오토바이가 오는 방향을 보고 빈 공간이 생기게 되므로 이때 앞으로 나아가면 횡단할 수 있다.

도로 운행

1. 2차선

왕복 2차선에는 오토바이든 자동차이든 같이 지나
갈 수밖에 없다. 오토바이가 도로를 질주하다가 자
동차가 지나가려면 경적을 울린다. 이 때 오토바이
는 도로 한 구석으로 이동하면 자동차가 지나간다.

2. 4차선 이상

일방도로가 2차선 이상이 되면 다른 규칙이 있다.
1차선에는 속도가 느린 자동차가 다니는 것처럼 속
도가 느린 오토바이가 다닌다. 2차선에는 속도가 빠
른 자동차가 다닌다. 오토바이가 2차선을 달리고 있
는 상태에서 자동차가 다가오면 경적을 울려 오토
바이가 1차선으로 이동하도록 알려주게 된다. 때로
오토바이가 2차선으로 속도를 빠르게 가려면 손을
올려 차선 변경을 한다는 사실을 알려주게 된다. 자
동차가 차선을 이동하려면 깜박이를 올려 알려주는
것과 동일한 방법이다.

3. 회전교차로

호치민이나 하노이의 출, 퇴근시간이 되면 회전교
차로의 수많은 오토바이의 물결에 깜짝 놀라게 된
다. 그리고 이 회전교차로에서 사고가 나는 경우가
많다. 회전교차로에는 차선이 그려져 있지만 오토
바이가 많으므로 차선은 무의미하다.

비가 올 때 도로 횡단은 조심해야 한다. 비가 오면 도로가 미끄럽고 오토바이를 운전하는 운전자가 오토바이를 통제하지 못하는 상황이 발생하기 쉽다. 핸들을 좌우로 자주 움직이지 않는 자동차와 다르게 핸들을 자주 움직이는 오토바이는 비가 오면 타이어가 미끄러지는 상황이 자주 발생하고 사고도 많아지게 된다. 그러므로 도로를 횡단하는 사람을 봐도 오토바이가 통제가 되지 않을 상황이 발생하므로 조심하면서 건너야 한다.

버스 타는 방법

소도시에는 작은 버스라서 버스문도 하나이기 때문에 탑승과 하차가 동일한 문에서 이루어진다. 하지만 대도시에는 큰 버스들이 운행을 하고 있다. 버스는 우리가 타는 것처럼 앞문으로 탑승하여, 뒷문으로 내리는 구조와 동일하다.

탑승할 때 버스비를 내고 탑승하는 데 작은 버스는 먼저 탑승을 하고 나서 차장이 다가와 버스비를 걷어간다. 이때 버스비는 과도하게 받는 경우가 많아서 다른 사람들이 내는 것을 보고 있다가 버스비의 가격을 대략 가늠할 필요가 있다. 일반적으로 6,000~18,000동까지 버스비 금액의 차이가 크므로 확인하는 것이 좋다.

베트남 여행 전 꼭 알아야할 베트남 이동수단

베트남이 지금과 같
은 교통 체계를 갖추
기 시작한 시기는 프
랑스 식민지 시대부
터였다. 수확한 농산
물을 운송해 해안으
로 가지고 가기 위한
목적이었다. 하지만

베트남 전쟁으로 파괴된 교통 체계는 이후에 재건하고 근대화하였다. 지금, 가장 대중적인
교통수단은 도로 운송이며, 도로망도 남북으로 도로가 만들어지면서 활성화되었다. 도시
간 이동에 일반 시외버스와 오픈 투어 버스Open tour bus를 이용할 수 있다.
철도는 새로 만들지 못하고 단선으로 총길이 2,347㎞에 이르는 옛 철도망을 사용하고 있
다. 가장 길고 주된 노선은 호치민과 하노이를 연결하는 길이 1,726㎞의 남북선이다. 철도
로는 이웃한 중국과도 연결되어 중국과의 무역에 활용되고 있다.

베트남에서 최근 여행에 많이 활용되고 있는 방법이 '항공'이다. 하노이, 다낭, 나트랑, 호
치민, 달랏, 푸꾸옥을 기점으로 공항에 활성화되고 있다. 특히 유럽의 배낭 여행자들은 항
공을 적극 활용하고 있다.

베트남 여행에서 도시 간 이동에서 이용하는 도로 교통수단으로 일반 시외버스와 여행사의 오픈 투어 버스Open tour bus가 있다. 일반 시외버스는 낡은 데다 시간도 오래 걸리기 때문에 장거리 이동이 불편하다. 베트남에서 '오픈 투어Open tour', '오픈 데이트 티켓Open Date Ticket', '오픈 티켓Open Ticket'이라는 단어를 들을 수 있는데, 이것은 저렴한 예산으로 여행하려는 외국인 여행자를 대상으로 하여 제공되는 '오픈 투어 버스'로 여행자들은 '슬리핑 버스'라고 부르고 있다. 이유는 버스에는 에어컨이 갖추어져 있고 거의 누운 상태에서 야간에 잠을 자면서 이동하는 버스이기 때문이다. 호치민 시와 하노이 사이를 운행하며 사람들은 도중에 주요 도시에서 타고 내릴 수 있다. 경쟁이 치열하여 요금이 많이 내려간 상태여서 실제로, 가장 저렴한 교통수단이다.

베트남 도시와 도시를 연결하는 슬리핑 버스

하노이, 다낭, 나트랑, 호치민은 베트남의 여행을 하기 위한 거점 도시이다. 각 버스 회사들이 각 도시를 연결하고 있다. 북, 중, 남부의 대표적인 도시마다 각 도시를 여행을 하기 위해 버스를 타고 이동을 하는 데 저녁에 탑승해 다음날 아침 6~7시에 다음 도시에 도착하게 된다. 예를 들어 하노이에서 18~19시에 숙소로 픽업을 온 가이드의 인솔을 받아, 어딘가로 차를 타고 가서 큰 코치버스를 탑승하게 된다. 이 버스를 타고 이동하면 다낭에 아침에 도착한다. 그러므로 베트남 전체를 모두 여행을 하려면 버스에 대해 확실하게 알고 출발하는 것이 좋다. 이렇게 버스를 야간에 자면서 간다고 해서 '슬리핑 버스Sleeping Bus'라고 부른다.

슬리핑버스라서 야간 이동만 생각할 수 있는데 최근에는 도시 간 이동하는 버스는 대부분 슬리핑 버스형태로 동일하다. 오전이나 오후에 4~5시간 이동하는 버스도 슬리핑 버스와 동일하기 때문에 도시 간 이동을 하는 버스는 모두 슬리핑 버스라고 알고 있는 것이 좋다.

버스를 예약하는 방법은 여행사를 통해 예약하거나 숙소에서 예약을 해달라고 하면 연결된 버스회사에 예약을 해주는 것이 가장 일반적인 방법이다. 버스를 예약하는 방법은 원래 각 버스회사의 홈페이지를 통해 온라인 예약을 하거나 전화로 예약, 직접 버스회사의 사무실을 찾아가면 된다. 버스 티켓을 구입하면 버스티켓은 노선 명, 탑승시간, 소요시간 등이 기재되어 있다.

베트남 여행자들에게 유명한 버스 회사는 신 투어리스트Shin Tourist, 풍짱 버스Futa Bus, 탐한 버스Tam Hanh Bus 등이 있다. 각 버스마다 노선마다 운행하고 있는 버스가 모두 다르므로 여행 전에 차량 정보를 미리 확인하는 게 안전하다. 각 버스회사마다 예약을 하는 방법이 조금씩 차이가 있다. 슬리핑 버스가 출발하면 3시간 정도마다 휴게소에 들리게 된다. 이때 내려서 화장실에 가거나 저녁을 먹도록 시간을 배정한다. 보통 10시간 정도 이동한다면 2~3번의 휴게소에 들리게 된다.

슬리핑 버스 타는 방법

1. 좌석이 버스티켓에 적혀 있는 경우도 있고 좌석을 현지에서 바로 알려주는 경우도 있다. 그러므로 좌석을 확인하고 탑승해야 한다.

2. 자신의 여행용 가방은 짐칸에 먼저 싣기 때문에 사전에 안전하게 실렸는지 확인하고 탑승해야 한다. 간혹 없어졌다는 문제가 발생하기도 한다.

3. 베트남의 슬리핑버스는 신발을 벗고 타야 한다. 비닐봉지를 받아서 신발을 넣고 자신의 좌석으로 이동한다.

4. 버스 내부는 각각의 독립된 캡슐처럼 좌석이 배치되어 있으며, 침대칸으로 편하게 누워서 이동이 가능하다. 한 줄에 3개의 좌석이 있는 데 가운데 좌석은 답답하므로 창가좌석이 좋다. 인터넷으로 예약을 하면 좌석을 지정할 수 있으므로 바깥 풍경을 보면서 이동하는 게 조금 편하게 이동하는 방법이다.

5. 좌석은 1층과 2층이 있는데 2층보다는 1층이 흔들림이 적어 편하고 때로 멀미가 심한 사람들에게는 멀미가 덜하다. 연인이나 부부, 가족일 때는 사전에 좌석을 지정하거나 탑승하면서 이야기를 하여 앞뒤보다는 양옆자리로 배치해 서로 보면서 이동하는 것이 좋다.

6. 와이파이는 무료로 되지만 와이파이가 약하기 때문에 기대를 안 하는 것이 낫다.

버스 회사의 양대 산맥

풍짱 버스(Futa Bus)

1992년에 설립되어 운행하고 있는 버스 회사로 최근에 도시 간 이동편수를 가장 많이 늘리고 있다. 그래서 풍짱 버스는 시간표가 촘촘하게 잘 연결되어있는 편이다. 배차되는 버스가 많다보니 좌석이 여유가 있는 편이므로 급하게 도시를 이동하려는 버스는 구하려면 추천한다. 주말이나 공휴일 같은 특수한 경우가 아니라면 당일 예약이 가능하다.

풍짱 버스는 인터넷으로 예약이 가능하고 선착순으로 버스회사에서 표를 구할 수 있다. 풍짱 버스 예약사이트에서 예약과 결제를 진행하고 나서 바우처를 지참해 풍짱 버스 사무실에 가서 버스티켓으로 교환하면 된다.

주의사항
1. 1시간 정도의 여유를 가지고 출력한 표로 티켓을 교환해야 한다.
2. 셔틀 버스로 터미널로 이동하나 2시간 전에 이동하므로 개인적으로 시간에 맞추어 이동하는 경우도 있다.

풍짱 버스(https://futabus.vn) 예약하는 방법

1. 출발지(Origin)와 목적지(Destination)를 선택한다.

2. 예약날짜와 티켓수량을 선택한 후 [Book Now]를 클릭한다.

3. 출발 시간(Departure time)과 픽업 장소(Pickup point)를 선택한다.

4. 예약을 하면 바우처가 메일로 오고, 그 바우처를 가지고 풍짱 버스 사무실로 가게 된다. 그래서 픽업장소에서 탑승해 가지 않고 개인적으로 이동하는 경우도 많다.

5. 좌석을 선택한다. 멀미가 심한 편이면 FLOOR 1 중 가능하면 앞 좌석으로 선택하는 것이 가장 좋다. 좌석 선택을 마치면 [Next]를 클릭한다.

6. 개인정보를 입력한다. 별표로 표시된 필수 입력칸만 채우면 된다. 이름, 이메일, 핸드폰 번호를 적는데, 본인 핸드폰을 로밍해서 간다면 +82-10-xxxx-xxxx 로 적어주면 된다. Billing Country, Billing City, Billing Address는 자신의 한국주소를 영문으로 적는다. 대충 간단하게 기입해도 상관없다 정책동의 체크표시를 한 후 [Next]를 클릭한다.

7. 카드 종류를 선택하고, [Pay Now]를 클릭한다. 가끔 결제를 할 때 에러가 발생할 수도 있으므로 확인한다. 영어로 변경할 경우에 에러가 발생하는 경우에는 베트남어로 변경 후 다시 처음부터 결제 단계를 진행해야 한다.

---

8. 카드상세정보를 입력한다.

9. [Payment]를 클릭하면 풍짱 버스 온라인 예매가 끝이 난다. 10분정도 지나면 이메일로 바우처가 날
   아온다. 인쇄를 하거나 핸드폰 화면에서 캡쳐를 해 놓으면 된다.

신 투어리스트(Shin Tourist)

베트남 버스 회사 중 가장 대표적인 회사라고 할 수 있
다. 베트남 여행 산업의 신화라고 불리며 도시 간 이동
에서 두각을 나타내는 버스회사로, 베트남뿐만 아니라
동남아시아에 여러 사무소가 있다. 또한 각 도시마다
즐길 수 있는 당일 투어를 신청할 수 있다.
온/오프라인 모두 버스 티켓을 구입할 수 있다. 가장
큰 장점은 버스 티켓을 구입하면 버스 출발까지 남은 시간에 사무실에서 짐을 보관해 주기
때문에 빈 시간을 활용할 수 있다.

3대 버스 회사는 신 투어리스트^{Shin Tourist}, 풍짱 버스^{Futa Bus}, 탐한 버스^{Tam Hanh Bus} 등이지만 3대
버스 회사 외에 한 카페, Cuc Tour, Queen Cafe 등의 다양한 버스회사가 현재 운행 중이다.

신 투어리스트^{Shin Tourist} 예약하는 방법(www.thesinhtourist.vn)

홈페이지에 접속한다. 홈페이지의 언어가 베트남어로 표시된다면 우측 상단의 영국 국기를 클릭해서
영문으로 변경한다.

1. 메뉴에서 [TRANSPORTATION 〉 Bus Tickets] 을 클릭한다.
2. 버스 시간표가 나오면 [Search] 버튼을 누른다.
3. 원하는 시간대에 [Add to Cart] → [Proceed]를 클릭한다.
4. 'Checkout as Guest'에서 [Continue]를 클릭한다.
5. 예약정보를 입력하고 [Accept] → 약관에 동의를 하고 [Confirm]을 클릭한다.
6. 신용카드 정보를 입력하고 [Process Payment]를 클릭하면 끝이 난다.

예약이 완료되면 이메일로 E-ticket이 오게 된다. 바우처를 사무실에서 실제 티켓으로 교환을 하는데,
간혹 결제 시 사용했던 카드를 함께 보여 달라는 경우도 있으니 카드를 챙기는 게 좋다.

버스 이동 간 거리와 시간(Time Table)

베트남은 남북으로 길게 해안을 따라 이어진 국토를 가지고 있어서 북부의 하노이Hanoi와 남부의 호치민Ho Chi Minh은 역사적으로나 문화적으로 다른 특징을 가지고 있었다. 프랑스의 식민지가 되면서 베트남이라는 나라로 형성되면서 현대 베트남의 기초가 만들어졌다. 호치민이 베트남전쟁을 통해 남북을 통일하면서 하나의 베트남이 탄생하게 되었다.

그러므로 베트남 전체를 여행을 하려면 남북으로 길게 이어진 도시들을 한꺼번에 여행하기는 쉽지 않다. 그래서 베트남 도시들은 북부의 하노이Hanoi, 중부의 다낭Da Nang, 중남부의 나트랑Nha Trang, 남부의 호치민Ho Chi Minh이 거점도시가 된다. 이 도시들은 기본 도시로 약 12시간이상 소요되는 도시들로 베트남의 대도시라고 할 수 있다. 중간의 작은 도시들이 4~8시간을 단위로 묶여서 하루 동안 많은 버스들이 오고 가고 있다.

남부의 호치민Ho Chi Minh과 중남부의 나트랑Nha Trang은 10시간을 이동하는 도시로 해안을 따라 이동하므로 이동거리가 길지만 시간은 오래 걸리지 않는다. 하지만 호치민Ho Chi Minh에서 고원도시인 달랏đà lạt 까지 거리는 짧지만 이동시간은 길다.

각 도시를 연결하는 버스들은 현재 4개 회사가 운행 중이지만 넘쳐나는 베트남 관광객으로 실제로는 더 많은 버스회사들이 운행을 하고 있다. 호치민에서 달랏, 무이네과 푸꾸옥에서 무이네, 달랏까지는 매시간 다양한 버스회사의 코치버스가 운행을 하고 있다.

베트남의 각 도시를 이어주는 코치버스는 일반적으로 앉아서 가는 버스도 있지만 이동거리가 길어서 누워서 가는 슬리핑 버스가 대부분이다. 예전에는 앉아서 가는 버스도 많았지만 점차 슬리핑버스로 대체되고 있는 상황이다.

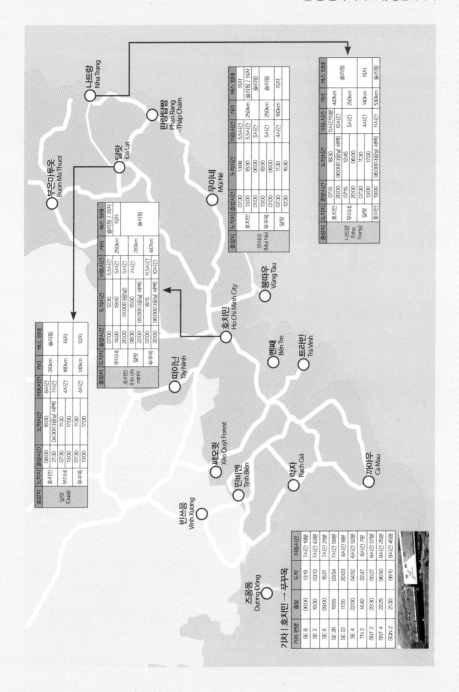

푸꾸옥 VS 나트랑의 공통점

베트남의 인기가 뜨겁다. 저렴한 물가, 비교적 짧은 비행시간, 발달한 관광인프라가 어우러졌기 때문이다. 특히 다낭을 지나 나트랑과 푸꾸옥은 인근의 아름다운 해변을 가까이 끼고 있다는 점이 매력이다.

1. 자연경관

천혜의 자연을 누릴 수 있는 베트남 도시라는 공통점이 있다. 자연경관으로 유명한 베트남 푸꾸옥은 유네스코가 지정한 세계 생물권 보존지역인 만큼 청정하고 아름다운 풍경으로 베트남 내에서도 손꼽히는 곳이며, 나트랑도 '동양의 나폴리'라는 별칭처럼 6㎞에 달하는 길고 넓은 나트랑 비치가 있다.

2. 가족 여행지

편안한 여행과 휴양을 선호하는 가족단위 여행객에게 매력적인 여행지이다. 액티브한 여행을 즐길 수 있고 재방문율이 높은 여행지로 알려져 있다.

3. 신선한 공기

미세먼지와 스모그로 푸른 하늘을 볼 수 있는 깨끗한 공기가 절실한 대한민국 사람들에게
상쾌하고 한적함뿐만 아니라 대중적이지 않아서 신선함까지 있다. 점차 활기차고 고도로
발달된 도시보다 맑은 공기를 마실 수 있고 아직 잘 알려지지 않은 여행지를 선호하고 있
다. 이 중에 베트남의 나트랑과 푸꾸옥으로 향하는 여행자가 늘어나고 있다.

4. 신규 취항 집중

점점 많은 신규취항으로 푸꾸옥과 나트랑이 올해 새로운 여행지로 급부상하고 있다는 공통점이 있다. 베트남 남부의 나트랑의 인기가 상승하고 있는 데, 남서부의 섬인 푸꾸옥이 가세하고 있다. 푸꾸옥 여행자는 직항 노선이 없어 점차 하락하고 있는 추세였지만 비엣젯 항공과 이스타 항공이 직항 노선을 개설하면서 증가세가 올라가고 있다.

나트랑과 푸꾸옥은 저가항공 LCC의 신규 취항이 늘어나는 상황을 보면 알 수 있다. 푸꾸옥은 이스타 항공이 2월 15일 직항을 시작했고, 나트랑은 이스타 항공(2월 1일)과 티웨이 항공(2월 20일)이 정기 노선을 운항하고 있다.

라오스

| 루앙프라방 |

| 방비엥 |

Laos

Luang Prabang

르앙프라방

루앙프라방에서 한 달 살기

루앙프라랑Luang Pravang은 대한민국 여행자에게 생소한 도시가 아니다. 하지만 라오스에서 불교유산을 가장 많이 가지고 있는 서양인들에게는 생경한 도시로 인기가 높다. 라오스의 한 달 살기는 루앙프라방Luang Pravang에서 대부분을 지내게 된다. 유럽의 여행자들이 루앙프라방Luang Pravang에 오래 머물면서 불교문화와 상대적으로 선선한 날씨에 매력을 느끼게 된다. 루앙프라방Luang Pravang의 레스토랑은 전 세계 국적의 요리 경연장이라고 할 정도로 다양한 나라의 요리를 먹고 즐길 수 있다.

라오스는 현재 대한민국에서는 단기여행자가 많지만 서양의 장기여행자들이 모이는 나라로 알려져 있다. 경제가 성장하지도 않고 여행의 편리성도 떨어지지만 따뜻한 분위기를 가진 도시로 태국의 치앙마이 못지않은 한 달 살기로 알려져 있다. 여유를 가지고 생각하는 한 달 살기의 여행방식은 많은 여행자가 경험하고 있는 새로운 여행방식인데 그 중심으로 루앙프라방Luang Pravang이 있다.

장점

1. 유럽 커피의 맛

루앙프라방Luang Pravang은 1년 내내 맛있는 커피를 마실 수 있는 도시이다. 그래서 유럽의 여행자들은 아침을 커피와 크로아상으로 시작한다. 루앙프라방에서 커피 한잔의 여유를 즐길 수 있는 즐기는 순간을 오랫동안 느낄 수 있다.

2. 색다른 관광 인프라

루앙프라방Luang Pravang은 베트남의 다른 도시에서 느끼는 해변의 즐거움이나 베트남만의 관광 인프라를 가지고 있지는 않다. 프랑스 식민지 시절의 느낌을 담은 도시이기 때문에 모든 도시의 분위기는 프랑스풍의 색다른 관광 컨텐츠가 풍부하다. 해변에서 즐기는 여유가 아니라 새로운 관광 인프라를 가지고 있다.

3. 몰랐던 자연의 세계

1년 내내 푸시 산과 빡우 부처 동굴에서 해지는 대자연의 선물을 감상하면서 몸과 마음이 한결 가벼워지는 것을 알 수 있다.

전통 예술과 민족학 센터 같은 자연사 박물관에서는 다채롭고 흥미로운 전시물을 둘러보는 것도 좋다. 하지만 꽝시 폭포에 가서 폭포수가 떨어지는 장관을 감상하지만 몰랐던 자연의 세계도 알게 되는 경험을 하게 된다.

4. 유럽 문화

라오스는 경제성장이 떨어지고 항상 같은 풍경을 가진 저성장 국가이다. 그런데 프랑스의 식민시절의 분위기와 란상 왕국의 강력한 불교문화가 섞여 새로운 문화를 받아들이는 라오스 유일한 도시가 루앙프라방^{Luang Pravang}이므로 장기 여행자에게 인기는 높아지고 있다.

5. 다양한 국가의 음식

루앙프라방^{Luang Pravang}에는 한국 음식을 하는 식당들이 많지 않다. 다른 동남아시아 국가에는 한국 음식점이 있지만 루앙프라방^{Luang Pravang}에는 많지 않다. 그나마 한국 문화를 접한 사람들이 만든 음식점이다. 가끔은 한국 음식을 먹고 싶을 때가 있지만 루앙프라방^{Luang Pravang}에서는 쉽지 않다. 하지만 전 세계의 음식을 접할 수 있는 레스토랑이 즐비하다. 그래서 루앙프라방^{Luang Pravang}에서는 라오스 음식도 즐기지만 전 세계의 음식을 즐기는 여행자가 많다.

은근 저렴하지 않은 물가

라오스 여행의 장점 중에 하나가 저렴한 물가이다. 하지만 루앙프라방Luang Pravang은 라오스의 다른 도시보다 접근성이 떨어지므로 물가는 다른 도시보다 상대적으로 물가가 높은 편이다. 그래서 라오스 음식을 즐기는 여행자보다는 다양한 국가의 음식을 즐겨도 비싸다는 인식이 생기지 않는다. 특히 피자나 스테이크, 프랑스 음식을 즐길 수 있는 다양한 레스토랑이 있다. 다양한 국가의 요리를 합리적인 가격으로 즐겼다는 생각 때문에 여행자들이 느끼는 만족도도 높다.

접근성

방비엥에서 6~8시간 동안 버스를 타고 이동하면 루앙프라방Luang Pravang에 도착할 수 있다. 또한 인천공항에서 루앙프라방Luang Pravang으로 향하는 직항이 없어 비엔티엔Vientiane을 거쳐 항공으로 이동할 수 있다. 그래서 가기 힘든 도시이므로 접근성에 제한이 있다.

루앙프라방 시내지도

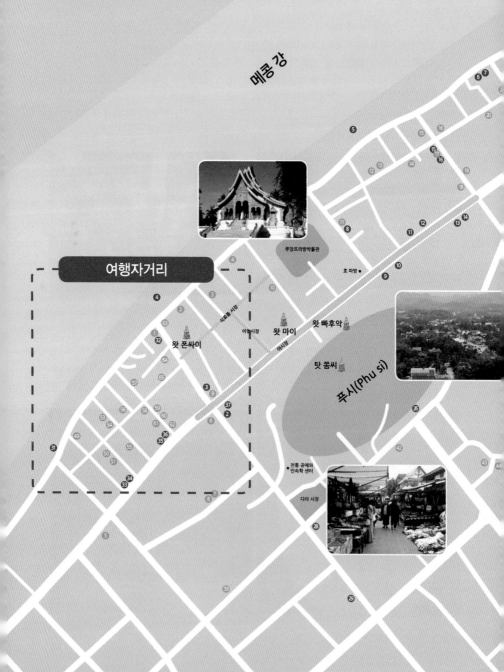

메콩 강

여행자거리

루앙프라방박물관

호 파방 ●

왓 마이

왓 빠후악

왓 폰싸이

아침시장

야시장

식료품 시장

탓 쫌씨

푸시(Phu si)

전통 공예와
민속학 센터

다라 시장

왓 씨엔통

왓 쎈

남칸 강

레스토랑

1 조마 베이커리
2 바게트 샌드위치 노점
3 야시장 노점식당 골목(1만깁 뷔페)
4 리버사이드 바비큐 레스토랑
5 캠콩
6 사프란 에스프레소 카페
7 빅 트리 카페
8 블루라군
9 루앙프라방 베이커리
10 코코넛 레스토랑
11 코코넛 가든
12 나짐(인도음식점)
13 더피자
14 다오파 비스트로
15 빡훼이미싸이 레스토랑
16 카페 뚜이
17 엘레팡
18 르 카페 반 왓쎈
19 딸락 라오
20 왓 쎈 맞으면 카우쏘이 국수집
21 르 바네통
22 씨앙통 누들 숍
23 타마린드
24 쌀라 카페
25 엔싸바이
26 에트랑제 북스& 티
27 유토피아
28 낭애 레스토랑
29 니샤 레스토랑
30 감삿갓(한식당)
31 쏨판 레스토랑
32 사프란 에스포레소 카페(분점)
33 델리아 레스 토랑
34 라오 커피숍(한 까페 라오)
35 조마 베이커리
36 바게트 샌드위치 노점

호텔

1 루앙프라방 리버 로지
2 타흐아메 게스트하우스
3 라오루로지
4 메콩 홀리데이 빌라
5 메종 쑤완나품 호텔
6 푸씨 호텔
7 분짤른(분자런) 게스트하우스
8 쏨쿤므앙 게스트하우스
9 에인션트 루앙프라방 호텔
10 라마야나 부티크 호텔
11 푸씨 게스트하우스
12 씨앙무안 게스트하우스
13 싸요 씨앙무안
14 남쑥 게스트하우스3
15 남쑥 게스트하우스
16 빌라 짬빠
17 낀나리 게스트하우스
18 빌라 싸이캄
19 삐파이 게스트하우스
20 라오우든 하우스
21 반팍락 빌라
22 암마따 게스트하우스
23 벨 리브 부티크 호텔
24 로터스 빌라
25 르 깔라오 인
26 씨앙통 팰리스
27 쿰 씨앙통 게스트하우스
28 씨앙통 게스트하우스
29 메콩리버뷰 호텔
30 빌라 산티 호텔
31 스리 나가(홍햄 쌈 나까)
32 창인(홍햄 쌍)
33 빌라 쌘쑥
34 빌라 쏨풍
35 부라싸리 헤리티지
36 압사라 호텔

37 싸이남칸 호텔
38 폰쁘라섯 게스트하우스
39 레몬 라오 백팩커스(도미토리)
40 짜리야 게스트하우스
41 타위쑥 게스트하우스
42 씨따 노라씽 인
43 위라이완 게스트하우스
44 퐁피락 게스트하우스
45 메리 게스트하우2
46 콜드 리버게스트하우스
47 르 벨 애 부티크 리조트
48 선웨이 호텔
49 나라씸 게스트하우스
50 쑤언 깨우 게스트하우스
51 왓 탓 게스트하우스
52 싸이싸나 게스트하우스
53 피라이락 빌라
54 랏따나 게스트하우스
55 쏨짓 게스트하우스
56 호씨앙1 게스트하우스
57 호씨앙2 게스트하우스
58 쌩펫 게스트하우스
59 씨야나 게스트하우스
60 마이 라오 홈
61 파쑥 게스트하우스
62 루앙프라방 리버 로지
63 메콩 문 인
64 텝파원(우동풍2)게스트하우스

LUANG PRABANG

루앙프라방Luang Prabang은 수도인 비엔티엔Vientiane에서 약 407㎞ 떨어져 있어서 버스로 약 10시간 이상 소요되고, 방비엥에서는 버스로 약 273㎞로 6~7시간 정도 거리에 위치해 있다. 그래서 루앙프라방은 버스를 주로 이용해 이동하지만 비엔티엔에서 항공으로도 이동이 가능하다.

비엔티엔과 방비엥에서 버스가 매일 오전, 오후에 운행되고 있다. 가장 많이 이용하는 버스는 VIP버스로 장거리를 달리는 2층짜리 코치버스를 말한다. 일반버스와 미니밴도 운행을 하고 있지만 사용빈도는 높지 않다. 비엔티엔과 방비엥에서 야간 슬리핑버스로 자면서 이동하는 경우도 많다.

비엔티엔,방비엥
→ 루앙프라방

투어회사나 호텔에서 버스티켓서비스를
하고 있다.
비엔티엔에서 방비엥까지는 평탄한 도로
이지만 방비엥에서 루앙프라방까지는 우
리나라의 대관령도로를 지나는 것처럼
꾸불꾸불한 도로를 지나서 이동을 하기
때문에 멀미가 날 수도 있다.

낮에 오랜 시간을 차에서 보내면 상당히
지루하기도 하다. 비엔티엔에서 루앙프라
방을 갈때는 중간에 점심식사 가격이 버
스티켓에 포함되어 있는 경우도 있다(VIP
버스).

노선	출발	도착	소요시간	요금
비엔티엔	7시	19시	10~12시간	14~17만낍(Kip)
	18시 30분(Sleeping)	아침 7시		19~19만낍(Kip)
	18시 30분(Sleeping)	아침 7시		19~21만낍(Kip)
방비엥	09시	15시	6~7시간	10~12만낍(Kip)
	10시	16시		
	14시	20시		
	15시	21시		
	9시(슬리핑버스)	새벽4시		14~17만낍(Kip)

주의사항

버스로 이동을 할 때 가끔이지만 도난사고가 발생하고 있다. 짐을 싣고 버스의 자리에 앉아 있을 때 짐
을 훔쳐가는 사고가 발생하기 때문에, 짐을 잘 확인하고 탑승해야 한다. VIP버스는 1층에 짐을 싣고 2
층에 탑승을 하고 미니벤은 버스위에 짐을 싣게 된다. 미니벤은 짐을 내리기가 쉬워서 도난사고가 더
많은 편으로 조심해야 한다.

루앙프라방 이해하기

루앙프라방은 동서로 비스듬히 메콩강
이 흐르고, 남북으로 꾸불꾸불 칸 강이
흐르고 있어 강 안쪽의 분지지형처럼
되어 있다. 루앙프라방 남부 버스터미
널에서 내리면 뚝뚝이가 여행자거리의
조마 베이커리앞에 내려준다. 동서로
나있는 이 도로가 '타논 시사윙왕' 거리
이다. 이 도로가 여행자거리부터 동쪽
끝의 왓 씨엔통까지 이어지기 때문에,

타논 시사윙왕 도로를 따라 아침시장과 야시장, 탁발과 사원들, 푸시(산)가 있다.

많은 여행사, 투어회사들, 음식점, 오토바이나 자전거를 빌려주는 가게들이 즐비하다. 여행
자거리에서 왓 씨엔통에서 작은 도로들이 나와 있어서 작은 도로들을 여유롭게 보는 즐거

움이 있다. 배낭여행객들이 자전거가게와 여행사
나 카페를 찾아 루앙프라방을 둘러본다.
타논 시사윙왕 거리 중간부분에 푸시를 넘어가면
왓 아함, 왓 위쑨나랏이 이어지면서 루앙프라방의
맛집들이 상당히 많다. 또한 다른 루앙프라방의 모
습도 볼 수 있다. 주로 유럽 배낭여행자들이 많이
묵는 게스트하우스와 호텔들이 푸시 넘어 위치하
고 있다.

루앙프라방 시티안내도

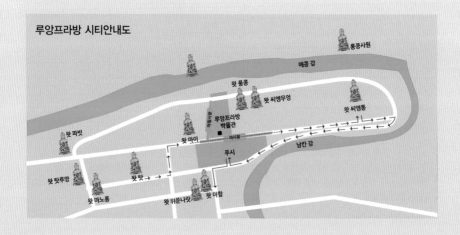

머니트랜드(Money Trend)

루앙프라방에서는 거의 신용카드보다 현금을 사용한다. 루앙프라방인포메이션 센터 건너편에는 많은 ATM이 있어 시간에 관계없이 돈을 인출할 수 있다. 또한 환전소도 많아 달러를 가지고 있다면 환전하여 이용하면 된다.

타논 시사왕왕 거리를 따라 동쪽으로 가다보면 카페와 야시장 등이 열리기 때문에 여행자들은 사전에

▲인포메이션 센터 건너편 ATM

미리 현금을 준비해 두자. 숙박은 호텔 25~50달러($)정도, 게스트하우스는 도미토리는 4만낍(Kip), 2인실은 12만낍(Kip)정도의 가격으로 이용하고 있다.

사원은 왓 시엥통 정도만 입장료가 2만낍(Kip)이고 다른 사원들은 입장료가 없다. 꽝시폭포까지 이동하는 뚝뚝비용이 4~6만낍(Kip), 입장료는 2만낍(Kip)이다. 노점에서는 바게뜨 샌드위치가 1만~2만낍(Kip), 커피가 5천~1만낍(Kip)으로 매우 저렴하다. 오히려 조마 베이커리나 분위기 좋은 카페들이 먹다보면 가격이 조금 비싸다고 느껴질 수가 있어 가격을 확인하고 한끼식사를 하는 것이 좋다.

About 루앙프라방

라오스의 메콩 강가에는 아름다운 도시 루앙프라방이 있다. 루앙프라방은 각종 물건을 사고파는 상업 도시이자 불교 사원이 많아 승려들이 모이는 종교의 중심지였다. 특히 1300년대 이후부터는 란상 왕국의 수도였다.

커다란 황금 불상

원래 루앙프라방의 이름은 '무웅스와'였다. 1353년에는 파눔 왕이 '황금 도시'라는 이름을 가진 '무옹 시엥 통'으로 바꾸었다. 그러다가 스리랑카에서 불상 프라방을 만들어 선물하자, 이 불상을 기념해 도시의 이름을 루앙프라방으로 바꾸었다. 프라방은 무게가 53kg이나 나가는 커다란 황금 불상이다. 루앙은 '크다', '프라방'은 '황금 불상'이라는 뜻이다.

불교 사원인 와트가 많다

루앙프라방은 도시 전체가 박물관이라고 할 만큼 오래된 건축물과 유적이 많다. 여기에 1800년대~1900년대에 프랑스의 지배를 받으면서 생긴 유럽식 건물도 많아서 도시 풍경이 아주 독특하다. 하지만 루앙프라방의 핵심은 옛 시가에 많은 불교 사원인 '왓(Wat)'이다. 메콩 강과 칸 강이 만나는 지점에 있는 왓 시엥 통은 전통적인 라오스 건축의 걸작으로 손꼽힌다. 그밖에도 왓 비순, 왓 아함, 왓 마이, 왓 탓 루앙 등이 유명하다.

탁발
Tak Ba

루앙프라방을 찾는 관광객들에게 하고 싶은 한가지를 물어보면 누구나 탁발수행을 보고 싶다고 한다. 그래서 새벽 6시부터 일찍, 졸린 눈을 비비며 일어나 거리에서 기다리는 관광객들을 매일 보게 된다. 탁발은 불교국가인 라오스에서 매일 행해지는 종교의식으로, 마치 관광상품처럼 느껴지지만 라오스의 전통의식이므로 사진만 찍는데 집중해서는 안 된다. 이 의식은 승려들의 수행 중 하나로 인정해줘야 하기 때문에, 조금 멀리 떨어져서 수행을 보고 탁발의 의미를 느껴보려고 해야 한다. 라오스 여행은 아름다운 자연이나 엑티비티도 있지만 미려한 문화를 보고 느끼면서 힐링되는 점도 무시할 수 없다. 탁발의식을 하는 승려들의 수행을 방해하지 말고 신체의 접촉도 하지말아야 한다. 침묵으로 그들의 수행을 바라보면서 자신을 다시 한번 돌이켜보는 시간을 가져보자.

시주를 하고 싶다면 대나무통에 찰밥을 미리 준비하고 신발을 벗고 현지인처럼 앉아서 시주를 하면 된다. 탁발은 시간이

정확하게 새벽 6시에 시작되기 때문에, 조금만 더 자자고 생각해 늦어지면, 탁발이 끝난 후에 나오게 된다. 탁발이 끝나고 나면 바게뜨 샌드위치 노점에서 아침을 먹으면서 하루를 시작해도 좋다.

위치_루앙프라방 박물관 앞이나 조마베이커리 건너편
시작시간_ 06시

꽝시폭포
Kuang Si Waterfall

루앙프라방에서는 방비엥처럼 투어상품을 만들어놓지는 않았다. 코끼리투어가 있지만, 유럽인들이 주로 하고 우리나라 관광객들은 주로 꽝시폭포만 이용한다. 꽝시 폭포는 뚝뚝이기사와 이야기를 해서 가면 되는데 5명 정도가 모여져야 한다. 일행이 있다면 다행이지만 일행이 없다면 뚝뚝이 기사아저씨가 모아서 갈때까지 기다리면 된다. 가격은 5만낍(Kip)이다. 만약 5명의 일행이 있다면 총 20만낍(Kip)으로 갈 수 있다.

꽝시폭포는 라오스 최고의 절경을 가진 폭포이다. 석회암지형으로 된 지형이 내려오는 물을 에매랄드 빛으로 물들여 놓은 꽝시폭포는 유럽의 크로아티아에 있는 플리트비체 국립공원과 비슷한 풍경을 가지고 있다. 플리트비체 국립공원도 석회암지형의 물이 떨어지면서 폭포를 만들어 물이 에메랄드 빛을 내뿜는다.

오전에 뚝뚝이가 출발하면 50~60분정도면 도착한다. 꽤 먼거리를 뚝뚝이를 타고 지나는데 총 6개의 다리를 지나가게 된다. 지나가는 풍경에서 순박하게 살아가는 라오스인들을 다시 만나게 될 것이다.

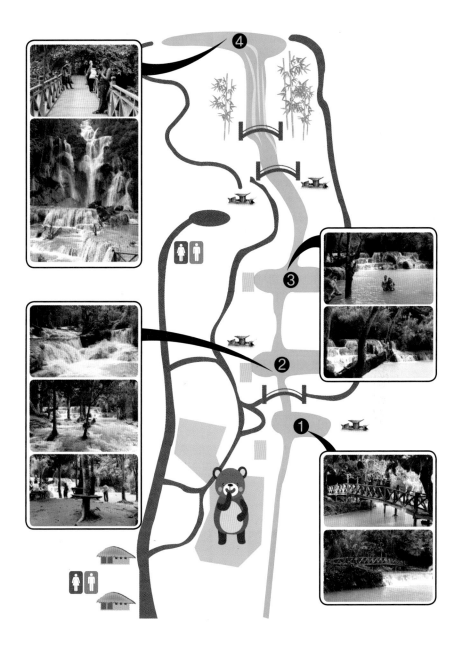

꽝시 폭포로 올라가기

50~60분을 지나 꽝시폭포입구에 도착하면 뚝뚝이 기사아저씨가 언제까지 오라는 시간을 알려준다. 그 시간까지 꽝시폭포에서 즐겁게 놀고 돌아오면 된다. 뚝뚝이 요금은 돌아갈 때 주면 된다. 사전에 미리줄 필요가 없다.

입구에서 2만낍(Kip)의 입장료를 내고 올라가면 곰구조센터를 보게 된다. 이곳에서는 야생에서 조난을 당한 곰들 약 20마리 정도를 키우고 관리하고 있다. 먹이를 주지 말라는 문구가 보여서 곰들을 자세히 보지 못할 수도 있다.

곰 구조센터를 지나 위로 올라가다보면 울창한 나무를 지나고, 그렇게 올라가다 보면 졸졸졸 물소리가 들려온다. 폭포수가 흘러내리며 곧게 뻗은 나무들이 울창

한 숲을 이루고 나무사이로 빛들이 흩어진다.

이때부터 천천히 올라가면서 폭포수가 흘러 내리며 여러 개의 작은 폭포를 만들고, 이 아담한 폭포들이 둘러싸고 있는 사람들이 즐길 수 있는 옥빛의 자연 수영장을 보게 될 것이다. 올라가는 과정이 조금은 힘들지만 에메랄드 빛의 3단 계곡을 만나면 탄성을 지르게 된다.

우리나라 폭포에서는 수영하기가 힘들지만 꽝시폭포의 에메랄드 빛의 자연적인 수영장은 이곳을 찾는 이들에게 더 큰 추억을 선사한다. 이는 자연이 인간에게 준 최고의 선물일지도 모른다.

꽝시폭포 바로 아래에는 레스토랑이 있어서 여유를 즐기며 점심을 먹을 수도 있고, 싸 온 음식이 있다면 테이블과 의자에 앉아 서로 이야기하며 즐겨도 된다.

4번의 계곡을 지나 올라가면 온 보람이 있는 꽝시폭포를 볼 수 있다. 시원하게 내려오는 물줄기는 바라보는 이들을 행복하게 만드는 매력이 있다. 안보면 후회하게 된다.

푸시산
Phu Si

라오스어로 '푸(Phu)'는 '산'이라는 뜻이고 '씨(Si)'는 '신성하다'라는 뜻으로 100m높이의 정상까지 328개의 계단으로 이루어져 있다. 해질 무렵이면 많은 관광객들이 푸시산으로 올라가 해지는 풍경을 보곤 한다.

노란색의 '탓 씨' 꼭대기 모습이 보이면 정상에 도착한 것이다. 계단의 중간 오른쪽 공터에는 해지는 풍경이 아름다워 보는 사람마다 사진을 찍게 된다. 정상에서 산의 뒤를 보면 칸 강과 루앙프라방의 아름다운 도시모습을 볼 수 있다.

왓 파 후악
Wat Pa Huak

푸시 산 입구에 있는 작은 사원이다. 1861
년 완공이 되었지만 보수가 거의 이루어
지지않아 낡은 모습이 역력하고, 대법전
안에는 벽화들로 장식되어 있다. 중국이
나 유럽, 페르시아에서 온 사절단을 맞이
하는 내용이나 중국인들에 대한 내용이
나와 있다. 상인방에는 머리가 3개 달린
코끼리와 하늘의 신인 '인드라' 조각이
있다.

왓 탐모 타야람
Wat Thammo Thayalam

푸시 산을 넘어가면 서쪽 강을 바라보는
쪽에 경사진 산의 바위 밑에 만들어진 사
원이다. 1851년 루앙프라방에 정착한 유
럽인들이나 중국의 청나라 사절단이 머
물던 곳으로 다양한 모양의 불상이 곳곳
에 흩어져 있다. 동굴사원이라 '왓 탐 푸
시'라고 부르기도 한다. 부처님의 발자국
이 새겨진 석판도 의미가 있지만, 관광객
인 우리에게는 칸 강을 해질 때에 바라보
면 아름다운 루앙프라방을 느낄 수 있다.

위치_ 푸시산 뒤

왓 씨엔 통
Wat Xieng Thong

루앙프라방에서 가장 유명한 사원으로 세계 유네스코 문화유산으로 등재되어 있다. 라오스 말로 씨엔Xieng은 '도시', 통 Thong은 황금으로 '황금도시의 사원'이라는 뜻이다. 서양인들에게는 루앙프라방에서 반드시 방문해야 하는 아름다운 사원으로 인식되고 있을 정도이다.

씨엔 통은 루앙프라방의 예전이름으로 쓰일 정도로 왓 씨엔 통 사원은 아무리 사원에 관심이 없어도 봐야하는 대표적인 사원이다.

1599년 세타타랏 왕이 세워 1975년 비엔티엔으로 수도를 옮기기 전까지 왕의 관리 하에 있던 사원이다. 메콩 강에 인접한 곳에 사원을 만들어 왕이 메콩 강에서부터 나와 계단을 따라 사원까지 연결되도록 만들어졌다.

메콩 강은 과거 루앙프라방의 물자가 나오고 들어가고 왕이 손님을 맞이하는 관문의 역할을 했기 때문이다.

보는 순서
입구 → 왕실 납골당 → 대법전 → 붉은 예배당 → 메콩강으로 나가기

왓 씨엔 통은 과거 국왕의 대관식이 열리는 왕실의 사원이며, 루앙프라방에서 열리는 축제가 왓 씨엔통에서 시작이 된다. 입구에서부터 "왕이 걷는다"라는 생각으로 사원을 둘러보면 색다른 느낌을 가지게 될 것이다.

입구 오른쪽에 왕실 납골당이 있는데 납골당 안에 12m 높이의 장례운구배가 있다. 외벽에는 고대 인도의 라마야나 에로틱벽화가 금박으로 그려져 있다. 안의 운구배는 계속 보수를 하고 있는 중이고,

대법전 뒤쪽에 2개가 서 있는데 왼쪽의 붉은색 법당이 유명하다. 대접전 안에는 16세기때 만든 청동 와불상이 있다.

사진을 통해 보수작업을 어떻게 하고 있는지를 알려주고있어 더 생생한 느낌이 난다.

대법전은 새들이 날개를 펴고 날아가는 모양을 형상화하여 지붕을 나타내었고 꽃무늬 장식과 전설 곳에 나오는 동물들의 신들로 그려져 있다. 힌두 신화의 라마야나의 지옥도 등이 둘러싼 벽화에 그려져 있다. 메콩강 쪽에는 은색 유리의 코끼리 머리 조각상이 돌출되어 나와 있다. 힌두교 지혜의 신으로 '가네샤'라고 부른다. 대법전 전면 전체에는 Tree of Life(삶의 나무)라는 모자이크로 조각되어 있다.

붉은 예배당이라고 부르는 와불 법당이

메콩 강 포토존
Photo Zone

루앙프라방 오른쪽으로 올라가면 왓 씨엔 통이 마지막으로 나온다. 왓 씨엔 통 끝으로 메콩 강과 칸 강이 만나는 지점에 카페 뷰 포인트가 있고 그 밑으로 나무다리가 보인다. 이 나무다리에서 일몰 때 많은 관광객들이 다리 통행료 7,000낍(Kip)을 내고 지나가면, 아름다운 해지는 메콩 강의 일몰을 볼 수 있고 사진도 찍을 수 있다.

왓 마이
Wat Mai

루앙프라방 박물관 바로 옆에 있는 사원으로 18세기 후반에 지어졌고 루앙프라방에서 남아 있는 사원 중에 오래되어 가치가 있다. 왕족들이 왕실 사원으로 사용하여 라오스의 명망있는 스님들이 거주하던 사원이며 라오스 불교의 대표적인 본산으로 일컬어지고 있다.
황금불상인 파방(프라방)을 안치하여 왕실사원의 위용을 자랑하였지만, 현재 그

불상은 루앙프라방 박물관에 옮겨 놓았다. 라오스 최대의 신년 축제인 삐 마이 라오때는 루앙프라방 박물관에서 파방을 가지고 와서 3일간 왓 마이 사원에서 물로 불상을 씻기며 새로운 한 해의 행운을 기원하는 행사를 한다.
왓 마이 사원은 루앙프라방 왕국의 초기 사원양식인 낮은 지붕의 내림으로 지어져, 대법전의 붉은색 지붕이 5층으로 웅장한 느낌을 준다. 그래서 왓 마이 사원이 오히려 왕궁사원같은 느낌을 받기도 한다. 대법전 입구의 기둥과 출입문 양 옆을 장식한 황금부조는 부처님의 생애를 기록해 놓았다.

위치_ 메루앙프라방 박물관 옆
입장료_ 대법당만 3만낍(Kip)

왓 탓
Wat That

여행자거리의 숙소들이 몰려 있는 조마 베이커리 건너편 계단 위에 위치한 사원이다. 아침에 탁발을 마치고 계단을 올라가 해뜨는 장면을 보는 것도 인상적인 루앙프라방의 하루를 시작하는 방법 중 하나이다. 라오스어로 '탓'은 탑을 뜻한다. '파 마하탓'라는 탑 때문에 유명한 사원으로, 라오스 사람들은 신성한 탑으로 생각하고 있다.

중간에 태풍 등의 문제로 계속 보수공사를 하고 있고, 1991년에 마지막으로 보수를 한 탑이다. 왓 탓도 대법전과 탑, 승려 등의 방, 법고를 가지고 있는 제법 큰 사원이다.

대법전을 올라가는 계단은 머리가 5개인 '나가'라는 용으로 장식되어 있고, 지붕의 처마는 삼각형의 판으로 된 박공으로 둥글게 장식되어 있다. 겉면은 부처님의 일대기를 장식해 놓았다.

위치_ 조마베이커리 정면 건너편
입장료_ 무료

루앙프라방 국립 박물관
LUANGPRABANG National Museum

왕궁박물관 안에 왕궁과 호파방, 왕궁박물관이 같이 위치한다. 왕궁박물관이라고 씌여 있어 단순하게 지나치기도 하지만 박물관부터 호파방 왕궁을 보다보면 다 둘러보는데 상당한 시간이 걸린다. 입구에서 보이는 건물이 왕궁이자 왕궁박물관이고 오른쪽에 호파방, 왼쪽에 씨싸왕웡 왕의 동상이 있다.

위치_ 왓 마이 바로 오른쪽 옆
요금_ 박물관 안 입장료만 3만낍(Kip)

▲오른쪽, 호 파방

왕궁박물관

루앙프라방 왕국시절에 사용했던 왕궁터에 자리한 박물관이다. 19세기말 청나라 말기의 무장세력들이 라오스로 밀려 내려오면서 라오스를 일부 점령한 시기에 왕궁은 소실되었다. 프랑스가 라오스를 점령하면서 라오스 왕이 머무를 장소로 다시 건설해 주었던 곳이 지금은 왕궁박물관으로 사용되고 있다. 1904년부터 5년 동안 건설되었고, 1924년까지 보수와 증축이 계속 이루어졌다.

프랑스 건축가가 설계를 하였기 때문에 완전한 라오스 양식의 건물은 아니다. 프랑스와 라오스 양식의 '혼합'이라고 말할 수 있을 것이다. 유럽식의 십자형 바닥구

왕궁박물관 내부도

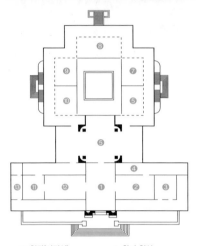

1. 현관(의전실)
2. 국왕 접견실
3. 파방(황금 불상) 전시실
4. 황동 북 전시실
5. 국왕 집무실
6. 서고(도서관)
7. 왕비 침실
8. 국왕 침실
9. 라마야나 전시실
10. 다이닝 룸
11. 왕비 접견실
12. 국왕 비서 접견실
13. 사물 보관소

조에 황금색으로 탑장식을 하여 화려하지는 않다.

라오스가 식민시절 당시 지어져, 웅장한 느낌은 전혀 없다. 그래도 이름은 '황금의 방'이라는 '호캄(Ho Kham)'으로 불렸다고 한다. 1975년 사회주의 라오스 정부가 수립되면서 왕궁을 박물관으로 사용하여 지금에 이르고 있다.

호캄 왕궁

란쌍 왕국과 루앙프라방왕국 시절에 사용했던 왕궁이다. 입구를 들어가면 탁 트인 전경이 가슴을 시원하게 만들어준다. 야자수 길을 걸어가면 오른쪽에 화려한 장식이 보인다. 왕 씨엔 통도 마찬가지지만 코끼리 장식이 보인다.

라오스의 란쌍 왕국때에 '란쌍'이라는 이름이 '백만의 코끼리'라는 뜻이며, 강력한

힘을 가지고 있었다는 뜻으로 생각하면 된다. 동남아에서는 코끼리를 타고 전쟁을 수행했기 때문에 코끼리는 군사력을 의미한다.

왕궁을 들어가면 중앙에 국왕이 일을 하던 집무실이 있고, 오른쪽에 왕의 접견실로 지금은 라오스, 마지막 국왕들의 동상과 내부에는 루앙프라방 풍경을 그린 그림으로 전시되어 있다. 왼쪽은 왕을 수행하는 비서들이 사용했던 방이 배치되어 있다.

> **왕궁의 방문시 주의사항**
>
> 왕궁을 들어가려면 무릎이 보이는 반바지와 미니스커트를 입지말고 긴바지를 입어야 한다. 어깨가 보이는 민소매도 제한된다. 왕궁 현관 왼쪽에 영어로 신발을 벗고 입장하라는 표시가 되어 있다. 가방과 모자, 카메라도 사물함에 넣어야만 입장이 가능하다.

호 파방(Ho Pha Bang)

초록색과 황금색이 만나 햇빛에 빛나는 호 파방은 관광객의 시선을 끈다. 황금불상인 '파방(프라방)'을 모시기 위한 건물이 호 파방(Ho Pha Bang)이다. 1963년에 왕실 사원으로 짓기 시작했지만 1975년 사회주의 국가가 들어서면서 중단되었다가 1993년에 다시

지으면서 2005년에 완공된 사원이다.

파방에는 높이 83cm, 무게 50㎏인 90% 금과 은, 동을 합금해 만든 불상이 있다. 1359년, 크메르왕이 라오스를 최초로 통일한 자신의 사위, 란쌍왕국의 국왕, 파응엄에게 선물한 불상이다.

왓 아함
Wat Aham

왓 위쑨나랏 옆에 있는 사원이라 같은 사원처럼 느껴진다. 아함은 '열린 마음의 사원'이라는 뜻으로 1818년, 루앙프라방을 지키기 위해 사원을 만들었다고 한다. 관광객들은 여행자거리에서 떨어져 있어 많이 찾지는 않는다.

대법전 내부에는 지옥도가 그려져 있다고 한다. 계단에는 사자 동상을 세워 루앙프라방을 지키고 힌두 신화의 하누만과

랏 사원은 루앙프라방 시민들이 찾는 시민들의 사원이다. 특히 해지는 밤의 야경이 인상적이라 저녁에 보는 모습이 아름답다. 사원의 이름처럼 위쑨나랏 왕(1501~1520)이 황금불상을 모시기 위해 만든 사원으로, '왓 위쑨'이라고 줄여서 부르기도 한다.

루앙프라방에서 사원으로 가장 오래된 건물이기도 하고 건물의 모든 부분을 목조로 만들어 가치가 있었지만, 1887년 청나라때 흑기군이라는 무장세력이 내려와 소실되었다. 지금 건물은 1898년에 재건축한 건물로 원형은 같지만 벽돌을 사용해 목조건물은 아니다. 대법전 내부에 다양한 불상의 종류가 전시되어 있고 루앙프라방에서 가장 큰 불상이 있는 사원이다. 특히 대법전 앞에 탓 빠툼이라는 35m의 '위대한 연꽃 탑'이라는 뜻의 둥근 연꽃 모양의 탑이 인상적이다.

위치_ 푸시산은 넘어가면 밑으로 보이는
2개의 사원이 타논 폼마탓 거리 중심
요금_ 2만낍

라바나의 조각상이 지키고 있는데, 사원 앞에는 루앙프라방을 지키는 신이 있다는 보리수나무가 심어져 있다. 아침이나 해질 때의 사원모습이 아름답다.

왓 위쑨나랏
Vat Visounnarath

루앙프라방의 많은 사원들이 관광객들이 주로 보러 가는 사원들이지만, 왓 위쑨나

아침시장
Morning Markets

아침에 탁발이 끝나면 아침시장이 인포
메이션 센터 옆에 열린다. 골목 중간에는
왓 마이 사원(Wat Mai)이 있어 아침시장
과 같이 사원을 둘러보는 것도 좋은 방법
이다. 우리나라의 5일장과 그 모습이 닮
아 있는 아침시장은 루앙프라방 사람들
이 직접 재배한 것들을 파는 현지인들을
위한 시장으로, 라오스인들의 삶을 알 수
있는 곳이다.

야시장
Night market

아침시장이 현지인들을 위한 시장이라면 야시장은 관광객들을 위한 시장이다. 씨 싸왕웡거리를 해가 지는 오후 5시 정도부터 가로 막고 수공예품들을 팔기 시작한다. 루앙프라방을 밤까지 재미있는 여행지로 만들어주는 고마운 밤의 명물이다. 서양인들은 루앙프라방의 수공예품에 관심이 많아 스카프, 공예품과 그림들을 많이 구입하지만 우리나라의 관광객들은

아이쇼핑을 많이 한다. 푸시산으로 올라가는 언덕에서 내려다보는 야시장도 운치가 있어 관광객들이 많이 찾는다.

만낍뷔페
푸시산 앞쪽에 야시장의 명물로 야시장을 들르는 누구나 한 번씩은 먹어보는 인기있는 만낍뷔페가 있다. '꽃보다 청춘' 방송에서도 싸고 양이 많은 뷔페에 놀라기도 했다. 음식의 맛은 좋지 않지만 저렴한 가격과 많은 양으로 배낭여행자들에게 매우 인기가 많다. 원하는 양대로 먹고 싶은 음식을 정하여 아저씨에게 주면 그 자리에서 볶아서 먹을 수 있다. 음료수와 라오맥주는 5,000낍(Kip)으로 같이 구입할 수 있다.

카놈빵 바게뜨 노점거리
(바게뜨 샌드위치)

루앙프라방 사거리 인포메이션 센터 건너편에 위치한 바게뜨 샌드위치를 파는 노점들이 모여 있는 곳이다. 방비엥 바게뜨 샌드위치와 거의 비슷하지만 약간의 차이가 있다. 아침에 바게뜨와 라오스 커피를 마시면서 하루를 시작하는 배낭여행객들이 많다. 초입에 있는 노점들이 가장 바게뜨 내용물이 많고 신선하다.

방비엥 바게뜨는 재료를 그 자리에서 익히지만 루앙프라방 바게뜨는 사전에 준비가 되어 있다. 바게뜨의 내용물은 방비엥이 더 많고 방금 익힌 따뜻한 맛이 더 좋다. 가격은 루앙프라방이 조금 더 저렴하다.

**루앙프라방 바게뜨 vs
방비엥 바게뜨의 차이점을 알아보자.**

1. 먼저 바게뜨 빵을 일부 반으로 자르고 미리 준비된 야채를 넣는다.

2. 손님이 선택한 참치, 베이컨, 비프를 야채 위에 놓으면 끝.

3. 케찹과 소스는 손님이 원하는 대로 뿌리도록 테이블에 비치되어 있다.

EATING

조마 베이커리
Joma Bakery

비엔티엔에도 있는 라오스의 유명한 빵집으로 여행자거리 입구에 있어 뚝뚝이를 기다리면서도 많이 커피를 마신다. 여행자거리 중심에 있어 루앙프라방에서는 "조마에서 만나자?"라고 이야기하면 될 정도로 위치를 찾는 지표로도 사용된다. 커피와 빵이 유명하다. 비엔티엔처럼 유럽인들이 넘쳐나는 카페로 케이크와 샐러드를 많이 주문한다. 루앙프라방 버스터미널에도 광고를 할 정도로 성장한 조마 베이커리는 라오스에서 한번은 꼭 둘러봐야 할 정도로 인지도가 높다.

위치_ 여행자거리 입구
        (버스터미널에서 뚝뚝이가 내려주는 장소)
요금_ 5천~5만낍

베이커리 스칸디나비안
Bakery Scandinavian

유럽인들이 즐겨찾는 빵집으로 바게뜨와 케익이 특히 유명하다. 사원과 박물관을 어느정도 둘러보고 힘들 때 찾게 되는 중간정도에 위치해 있다. 유럽의 분위기를 느낄 수 있는 케익과 커피맛이 인상적이다. 브런치를 즐기는 유럽인들이 많고 거리에 나와 있는 테이블에서 마시는 아침의 커피맛은 느긋한 여행 맛을 느끼게 해준다.

위치_ 루앙프라방 박물관에서 오른쪽으로 이동
요금_ 1만~5만낍

더 피자 루앙프라방
The Pizza LuangPrabang

루앙프라방에는 피자가 유명한 곳이 몇 군데 있다. 유럽인들이 즐겨찾는 장소로 도우가 특히 맛이 좋다.

라오스에는 프랑스 식민지였던 탓에 먹 거리가 유럽에서 먹는 음식들로만으로도 여행이 가능하다. 그 중에 한 곳으로 필수 피자집으로 인식되고 있다.

위치_ 스칸디나비안 베이커리 옆
요금_ 1만 5천~3만낍

루앙프라방 베이커리
LuangPrabang Bakery

루앙프라방 박물관에서 왓 씨엔 통을 가 다보면 유럽풍의 빵집과 피자를 커피와 같이 파는 카페가 늘어서 있는데 이 곳도 마찬가지이다. 베이커리가 특히 유명하 고 인기도 높지만 달달하여 우리입맛에 는 맞지 않는다.

위치_ 더 피자 루앙프라방 건너편
요금_ 1만~3만낍

금빛노을 식당

입구에 한글로 되어 있는 메뉴가 보이고 메콩 강을 보면서 식사를 할 수 있는 곳 으로 해질 때에 더욱 아름다운 식당이다. 가격이 싸지는 않지만 분위기를 내면서 먹을 수 있고 번잡하지 않은 루앙프라방 을 느낄 수 있다. 가끔 너무 떠드는 사람 들로 분위기를 망칠 수도 있다.

위치_ 여행자거리에서 메콩 강 보트 정거장
요금_ 2만 5천~5만낍

가든 레스토랑
Garden Restaurant

역시 유럽인들이 즐겨찾는 음식점으로 사원과 박물관을 어느 정도 둘러보고 힘 들 때 찾게 되는 중간정도에 위치해 있 다. 유럽의 분위기를 느낄 수 있는 커피 맛이 인상적이다. 테이블에서 마시는 아 침의 커피맛은 느긋한 여행의 여유를 느 끼게 해준다.

위치_ 루앙프라방 베이커리 오른쪽
요금_ 1만~5만낍

3나가스 레스토랑
Nagas Restaurant

왓 씨엔 통에서 메콩 강변으로 나오면 고급 호텔과 레스토랑들이 즐비하다. 그 중에 하나가 3나가스 레스토랑인데 전형적인 고급 생선요리와 스테이크를 잘한다. 해질 때에 아름다운 메콩 강을 보면서 저녁식사를 할 수 있다. 번잡하지 않은 루앙프라방을 느낄 수 있다.

달트 앤 페퍼 레스토랑
Dalt and Pepper Restaurant

라오스와 유럽의 분위기가 섞인 분위기인 곳으로, 맛도 라오스 전형적인 맛이 아니고 유럽의 맛도 아니다. 유럽인들이 라오스의 분위기를 즐기는 유럽인들이 많고 저녁식사를 하러 오는 관광객이 많다.

위치_ 왓 씨엔 통에서 메콩강으로 나가 오른쪽
요금_ 2만 5천~5만낍

뷰 포인트 카페
View Point Cafe

메콩 강과 칸 캉이 동싱에 보이는 지점에 있는 카페이다. 가장 해지는 장면이 멋진 카페이다. 바로 밑에는 나무다리를 건너 많은 아름다운 사진을 찍기 위해 모이는 장소가 보인다. 비싼 음식과 커피이지만 맛은 보통이다. 루앙프라방 연인들도 많이 찾는다.

위치_ 왓 씨엔 통에서 메콩강과 칸 강쪽으로 이동
요금_ 2만~10만낍

유토피아
Utopia

루앙프라방에서 여유를 갖고 싶은 여행자들이 가장 선호하는 카페로 칸 강을 볼

수 있어 인기가 높다. 잘 갖추어진 정원과 여유로운 의자들이 오랜 시간 유토피아에 머물게 한다.
방석이 깔린 방석과 쿠션을 베개삼아 진짜 유토피아에 온 것 같은 착각에 빠지게 될 것이다.

홈페이지_ www.utopialuangprabang.com
위치_ 왓 아함 건너편 강변에 있는 좁은 골목으로 끝
요금_ 2만 5천~7만낍

Vang Vieng

방비엥

VANG VIENG

방비엥^{Vang Vineg}은 수도인 비엔티엔^{Vientiane}에서 약 135㎞ 떨어져 있는데, 버스로 약 4시간 정도 소요된다. 루앙프라방에서는 약 273㎞로 6~7시간 정도 떨어져 있다. 방비엥은 버스로만 이동이 가능하다. 비엔티엔이든, 루앙프라방이든 버스가 매일 운행되고 있다. 가장 많이 이용하는 버스는 VIP버스로 장거리를 달리는 2층짜리 코치버스를 말한다.

일반버스와 미니밴도 운행을 하고 있지만 사용빈도는 높지 않다. 일반버스는 우리나라의 일반 고속버스라고 생각하면 되고 미니벤은 우리나라의 봉고차인 9~11인승을 말한다. 실제로 라오스에서는 현대자동차의 스타렉스가 많이 이용되고 있다.

라오스 버스 이용

비엔티엔에서 방비엥으로 가는 버스티켓은 호텔이나 게스트하우스, 투어회사에서 판매하고 있어서 대부분의 관광객들은 버스터미널로 가서 버스탑승권을 구입할 필요가 없다.

숙박업소부터 투어회사들이 고객의 도시이동예약을 받으면 버스터미널에 전화를 하여 신청을 대행해주고 수수료를 받는 구조로 버스티켓을 구입하는 것이다.

그리고 루앙프라방에서는 버스터미널까지 대개 2만낍(Kip)을 내고 뚝뚝을 타고 이동하기 때문에, 추가 비용도 생각해 주어야 한다.

비엔티엔 → 방비엥

아래 표에서 보듯이 비엔티엔에서 방비엥까지는 오전 9시 30분과 오후 1시 30분, 2번 운행을 하고 있다. 버스비용은 4~6만낍(Kip)이다.

루앙프라방 → 방비엥

아래 표에서 보듯이 루앙프라방에서 방비엥까지는 오전 8시, 9시 30분과 오후 7시나 7시 30분, 슬리핑버스가 오후 8시에 운행을 하고 있다. 버스 비용은 11~12만낍(Kip)이고 슬리핑버스는 15~16만낍(Kip)이다.

VIP BUS
9:00, 9:30,19:00 & 19:30pm

To Vang Vieng	6시간
To Vientiane	9시간
To Houay	13시간
To LuangNamtha	9시간
To Bangkok(Form Vientiane)	13시간

Sleeping VIP BUS
20:00pm

To Vang Vieng	6시간
To Vientiane	9시간
Form Vientiane **10:00, 13:00 & 21:30pm**	
To Kang lor Cave	12시간
To Thakhek	6시간
ㅁTo Pakse	11시간
To 4,000 Island	13시간

비엔티엔에서 방비엥까지 이동하는 경로는 평탄한 도로가 대부분이라서 힘들거나 시간이 오래 지연되지는 않는다. 중간에 한번 휴게소를 들르는데 휴게소라고 할 수 있는 정도는 아니고 화장실과 국수 정도를 팔고 있다.

한인투어회사에서 신청을 하면 한국인이 운영하는 '쉼터'라는 휴게소를 들른다. 버스를 타고 이동하는 창밖의 풍경들을 보면서 라오스의 생활상을 조금이라도 엿볼 수 있으니 버스에서 잠을 자는 것보다는 창밖 풍경도 감상해 보길 바란다.

방비엥은 라오스발음으로 '왕위앙'이지만 외국인들은 어느 누구도 왕위앙이라고 발음하는 관광객은 없다. 그러므로 '방비엥Vang Vieng'으로 알아두면 된다.

방비엥에서 꼭 해야 할 Best 6

쏭 강의 다리를 건너 일몰풍경 바라보기

아름다운 블루라군에서 다이빙하기

쏭 강을 따라 카약킹과 튜빙해보기

방비엥 시내를 천천히 자전거로 둘러보며
슬로우 라이프 즐기기

바게뜨 샌드위치와 팬케익 맛보기

주민들이 먹는 쌀국수 먹어보기

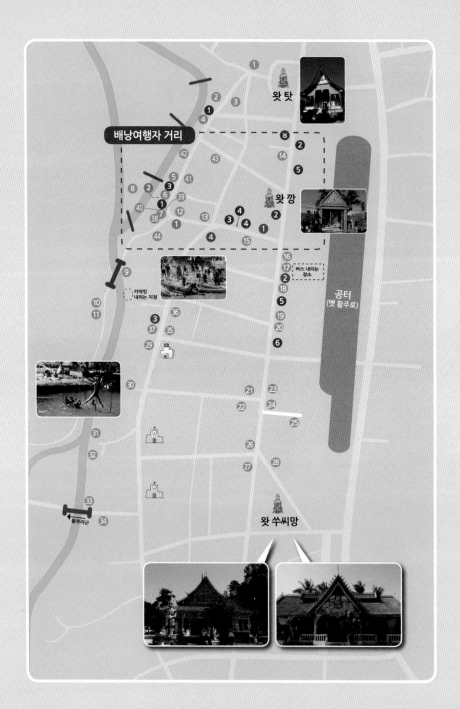

왓 탓

배낭여행자 거리

왓 깡

공터
(옛 활주로)

버스 내리는
장소

카약킹
내리는 지점

블루라군

왓 쑤씨망

426

호 텔

1. 스파이시 라오(도미토리)
2. 마운틴 리버뷰 게이스트하우스
3. 짬빠 라오 더 빌라
4. 남쏭 가든 게스트하우스
5. 방비엥 오키드 게스트하우스
6. 그랜드 뷰 게스트하우스
7. 싸이쏭 게스트하우스
8. 리버 듀 방갈로
9. 푸반 게스트하우스
10. 바나나 방갈로
11. 아더사이드 방갈로
12. 루앙나콘 바이벵 팰리스
13. 위앙위라이 게스트하우스
14. 칠라오 유스호스텔
15. 독쿤1 게스트하우스
16. 씨싸왕 게스트하우스
17. 방비에 센트럴 백패커스 게스트하우스
18. 말라니 빌라
19. 말라니 호텔
20. 인티라 호텔
21. 캄폰 게스트하우스
22. 캄폰 호텔
23. 판 플레이스
24. 비비 게스트하우스
25. 독쿤2 게스트하우스
26. 라오스 헤븐 호텔
27. 씨완 방비엥 호텔
28. 품짜이 게스트하우스
29. 반 싸바이 바이 인티라
30. 엔리펀트 크로싱 호텔
31. 타원쑥 리조트
32. 빌라 남쏭
33. 리버사이드 부티크 리조트
34. 빌라 방비엥 리버사이드
35. 리버센셋
36. 암폰
37. 실비나가호텔
38. 플라뷰
39. 그랜드 뷰
40. 리버뷰
41. 메미레이

42. 쏙쏨본
43. 독푸
44. 포반

여행사

1. 그린 디스커버리
2. 폰 트래블
3. V.L.T 내추럴 투어
4. 원더플 투어
5. TCK 투어

한인업소

1. 블루 게스트하우스
2. 미스터 치킨 하우스(한식당)
3. 도몬 게스트하우스
4. 한국노래방
5. 바이크 온 더 클라우드

레스토랑

1. 바나나 레스토랑
2. 나짐 레스토랑
3. 아레나 레스토랑
4. 루앙프라방 베이커리
5. 말라니 호텔 옆 쌀국수 노점
6. 아리야 누들(란 퍼 쌥 아라야)
7. 캥거루 선셋 바
8. DK3 레스토랑

마트

1. m-마트
2. K-마트

방비엥 이해하기

방비엥에는 남북으로 흐르는 쏭 강 오른쪽으로
2개의 중심도로가 자리잡고 있다. 방비엥 버스
터미널에서 내리면 25인승 정도의 버스나 뚝뚝
이가 방비엥 시내의 말라니 호텔앞에 내려준다.
남북으로 나있는 이 도로가 중심도로인 Pared
road(Thanon Luang Prabang)이다. 이 도로에 많
은 여행사, 투어회사, 음식점, 오토바이나 자전
거를 빌려주는 가게들이 즐비하다. 위로는 왓 탓
사원이 아래로는 왓 씨쑤망 사원까지가 시내의
구분지점으로 생각하면 된다.

쏭 강 바로 옆에 있는 도로는 요즈음 강을 조망
하도록 호텔이나 게스트하우스가 새로 들어서
는 '배낭여행자의 거리'이다. m마트부터 원더풀 투어까지의 거리가 배낭여행자들이 가장
많이 돌아다니는 거리이다. 말라니 호텔 왼쪽으로 3개의 쌀국수가게는 현지인이 아침마다
쌀국수를 먹는 현지인들의 맛집이다.
한인이 운영하는 미스터 치킨하우스, 알리바바 투어, 바이크 온 더 클라우드, 한국노래방
등이 있다. 30분이면 시내를 다 둘러볼 수 있을 정도의 작은 마을이라 언제든지 쉽게 돌아
보면 될 것이다. 밤 늦게까지 영업을 하는 음식점과 술집이 많다.

머니트랜드(Money Trend)

방비엥에서 신용카드는 사용이 불가
능한 경우가 많다. 되도록 ATM에서 현
금을 인출해 사용하거나, 환전소에서
달러를 환전하여 이용하면 된다. ATM
이나 환전소는 시내 곳곳에 많이 있어
사용하는데 문제는 없다.

방비엥은 라오스에서 가장 즐길거리
가 많아 여행비용을 많이 사용하기 때
문에 사전에 미리 현금을 준비해 두
자. 숙박은 호텔은 25~50달러($)정도,
게스트하우스는 4만~12만낍(Kip)정도
의 가격으로 이용하고 있다.

평균적으로 블루라군과 카약, 튜빙투
어, 짚라인 15~20만낍(Kip), 마사지
4~5만낍(Kip), 하루에 삼시세끼를 먹
고, 다양한 과일주스, 라오식 커피 등을 사용하는데 5~9만낍(Kip)정도를 사용하고 있다.

방비엥의 투어회사와 마사지

방비엥에는 현재 14개정도의 투어회사들이 운영되고 있다. 앞으로 계속 투어회사들은 늘
어날 것으로 예상된다. 바이크나 버기카를 빌려주는 곳까지 합치면 20곳이 넘는다. 사진을
보면서 투어회사들을 살펴보길 바란

다. 투어를 선택 할때는 투어회사뿐만
아니라 회사에서 근무하고 있는 직원
에 의해서도 가격이 달라지기 때문에,
몇 곳의 투어회사를 돌아다니면서 반
드시 가격 협상을 하고 블루라군이나
카약킹, 짚라인투어를 신청하면 된다.
방비엥에서 저녁에 패키지여행자들
이나 배낭여행자까지 여행의 피로를
푸는 마사지를 많이 받는다. 마사지
가게들도 매우 많아서, 가격을 보고
마사지를 잘하는 샵으로 가야 한다.
일부 마사지가게들은 마사지인지 개
인이 주무르는 수준인지 착각이 되는
경우도 있다.

블루라군
Blue Lagoon

라오스, 방비엥에서 '꽃보다 청춘' 방송이 후에 가장 많이 가는 곳이 되었다. 방비엥 시내에서 약7km 떨어진 탐푸캄Tham PHU Kham지역으로 동굴보다는 에메랄드 빛의 석호가 더 유명하다. 에메랄드 빛의 석호색때문에 '블루라군'이라는 별칭을 얻게 되었는데 이곳을 찾은 모든 이들은 천국처럼 즐기고 있다.

처음에는 자전거를 타고 유유히 경치를 즐기면서 가려고 하였으나 자전거의 바퀴가 얼마못가 펑크나는 바람에 걸어서 트레킹으로 가게 되었다. 트레킹이 왕복 14㎞로 힘들기는 하지만 그것보다는 길을 지나가는 오토바이, 차량들의 먼지 때문에 힘들었다.

블루라군은 특히 건기에는 먼지나지 않는 차량이 이동에는 최고인 것 같다. 그래도 가면서 주변에 있는 아름다운 경치는

원없이 볼 수 있다. 블루라군 투어는 블루라군 차체로는 하루에 두 번 이동을 하는 투어들이 각 투어회사들마다 있다. 물이 차가운 오전보다는 오후가 블루라군을 즐기기에 좋다.

방비엥의 블루라군을 가는 방법은?

1. 자전거를 타고 가는 방법

2. 오토바이를 타고 가는 방법

3. 버기카를 타고 가는 방법

4. 자동차를 타고 가는 방법

투어회사_ 폰트레블, 그린 디스커버리, 바이크 온더 클라우드
위치_ 방비엥 중심거리
요금_ 5만낍(kip)

반나절 블루라군 투어 순서

▶ 09:00 혹은 14:30 출발

투어차량으로 이동

▼

블루라군으로 이동

▼

타잔줄타기 점프

▼

자유수영 & 일광욕

▼

탐뿌캄동굴 자유체험(후레쉬 지참)

▼

블루라군 자유시간/ 2시간 후 재집합

▼

투어 종료

블루라군 투어 주의사항

1. 시간이나 방문지 및 순서는 현지 상황에 따라 변동 가능
2. 투어차량, 다이이용료, 안전조끼, 방수백 무료 렌탈 포함(단, 블루라군 입장료 1인 10,000낍, 동굴입장료 10,000비 불포함)
3. 귀중품 본인관리(엑티비티 투어이므로 분실 및 파손 변상 안됨)

블루라군 가는 길

방비엥 거리를 다니다보면 다양한 회사들이 있다. 폰트레블, 그린 디스커버리, 등의 회사들이 영어가 아닌 한글로 씌여 있는 책자들로 설명을 하고 있어서 편리하게 투어를 선택할 수 있다.

블루라군 투어는 짚인라인과 같이 1일투어로 선택할 수도 있다. 투어를 선택하고 시간에 맞추어 회사 앞으로 가면 뚝뚝이나 차량이 대기하고 있다. 투어인원이 다 오면 출발한다.

블루라군은 처음에 2개의 다리를 지나간다. 이때 다리 통행료를 내야 한다. 통행료는 걸으면 4,000낍, 자전거는 6,000낍, 차량이나 뚝뚝이는 8,000낍이다. 다리를 지나갈 때 보이는 아름다운 경치를 즐기면서 이동하자.

다리를 건너 조금만 걸으면 오른쪽으로 가라는 표지판이 나온다. 표지판을 따라 오른쪽으로 다시 100m정도를 걸으면 정면에는 리조트와 게스트하우스(INKEN)가

나오고 왼쪽으로 돌아가면 지금부터는 계속 직진을 하면 된다.

지금부터 약 7km를 가야한다. 가는 길이 힘들어도 천천히 가면서 보는 풍경은 힘든 만큼의 보상을 해준다. 길을 가는 도중에 현지인들의 생활을 알 수 있는 집들과 가게들, 아이들과 소들을 볼 수 있다. 나무로 길 표시를 해둔 비포장도로를 지나면 오르막길과 내리막길이 나온다. 오르막길을 가다보면 동굴CAVE이라는 표지판이 보이지만 우리는 직진한다.

내리막길을 지나면 노란색 표지판으로 잘 안보이는 라군이라는 글자가 보이는데 이때 조심해야 한다. 절대 직진이지 오른쪽으로 이동하면 안된다. 우리가 가는 곳은 블루라군BLUE LAGOON이지 라군 Lagoon이 아니다. 이곳을 혼동할 수 있는 것이 블루라군을 들어가기전에 1만낍의

입장료를 낸다고 하는데 이곳도 사진에 보이는 아이가 같은 입장료를 받는다. 하지만 조금 더 들어가면 왼쪽의 짝퉁 블루라군을 보게 될 것이다.

만약, 잘못 들어가지 않고 좌측으로 계속 직진하여 조금만 더 가다보면 노란색의 2km, 1km가 남았다는 표지판을 보게 된다. 이 표지판이 보인다면 다왔다고 생각하고 1만낍(Kip)을 준비해 입장료를 내면 블루라군에 들어갈 수 있다. 힘들어도 블루라군을 보고 놀다보면 힘든 수고는 보상을 받을 수 있다.

입구에서 오른쪽 정면으로 많은 차들이 주차되어 있는 곳을 보게 될 것이다. 걸어가면 에매랄드 빛을 보게 될 때, 블루라군에 들어서게 된다. 블루라군 다리를 지나면 오른쪽에는 놀이터와 휴식처가 있다. 왼쪽에는 유일한 블루라군 매점과 앞에

는 테이블과 의자들이 있는데 대부분 더
워서 음료수를 마시고 블루라군에서 놀
다가 배가 고프면 먹거리를 사먹게 된다.
물놀이가 무섭다면 매점에서 구명조끼를
빌려서 즐기면 된다.(유료)

아름다운 자연에서 놀 수 있는 블루라군
은 인공의 놀이터가 아닌 자연의 놀이터
에서 즐기는 맛을 선사한다. 가격은 좀 비
싸지만 라오스의 물가가 싸서 부담스럽
지 않다.

요즈음은 우리나라 관광객이 매우 많이
늘어나서 우리나라에 온 착각을 일으킨
다는 이야기를 듣지만 우리나라에서는
볼 수 없는 자연 그대로의 놀이터이니 그
네를 타고, 수영도 하고 다이빙을 직접하
면서 실컷 즐기다 돌아오면 하루가 정말
재미있게 지나갈 것이다.

블루라군 1일투어에는 짚라인을 타는 투
어도 같이 포함되어 있는데 짚라인은 블
루라군의 나무들을 이어서 블루라군을
위에서 본다는 장점이 있다. 패키지상품
을 선택하는 경우는 많이 짚라인을 하기
도 하지만 우리나라에서도 할 수 있기 때
문에 선택을 안하는 경우도 많다.

걷기때는 보통 5시 정도에 해가 지기 시
작하기 때문에 5시 정도에는 블루라군에
서 나와 방비엥 시내로 돌아오는 것이 좋
다. 돌아오는 길은 피곤하지만 재미있는
추억을 담아간다면 그보다 더 좋은 일은
없을 것이다.

탐 짱 동굴
Tham Chang

블루라군을 가다가 왼쪽에 조그맣게 표
시되어 있는 동굴로 지나치는 경우도 많
다. 방비엥에서 가장 가깝고 유명하여 조
명으로 동굴 안을 밝혀놓아 편안하게 동
굴을 구경할 수 있다.

이 동굴의 핵심은 동굴보다는 동굴의 전
망대에서 보는 방비엥 전경이다.

아름다운 방비엥이 뻥뚫려있는 장면은
가슴을 시원하게 만들어준다. 동굴입구
에 있는 다리에 보면 푸른 물색이 아름다
워 수영을 즐기기도 한다. 블루라군에서
즐기다가 탐 짱 동굴을 가려면 피곤해서
안가는 경우가 생기므로 들리려면 블루
라군을 가기 전에 탐 짱 동굴을 보고 블
루라군으로 이동하자.

요금_ 15,000낍(Kip)

몬도가네 아침시장
Tham Chang

방비엥 시내에서 북쪽으로 30분 정도를 걸어가면 찾을 수 있다. 몬도가네 아침시장은 쏭 강을 보면서 아침시장을 구경할 수 있어 관광객들이 찾기 시작한 시장이다. 아직은 루앙프라방의 아침시장처럼 관광객이 많지는 않지만 찾는 관광객은 계속 늘어나고 있다. 각종 과일과 채소들, 산 닭들을 사고 파는 장면도 볼 수 있다.

탐 남 동굴 튜빙과
탐 쌍 동굴 체험
Tham Nam Cave Tubing &
Tham Xang cave experience

라오스, 방비엥에서 카약킹Kayaking과 같이 1일투어로 같이 진행되고 있다. 튜빙이라는 뜻은 튜브타기인데, 투어의 튜빙은 탐남동굴로 가서 종류석 동굴 안으로 튜브를 타고 들어갔다가 나오는 것을 '튜빙'이라고 부른다. 튜빙 후에는 코끼리 모양의 종류석을 보러가는 탐 쌍Tham Xang 동굴 체험을 한다.

튜빙을 하려면 방비엥 시내에서 30~40분 정도를 북쪽으로 올라가는데, 약 8㎞ 떨어진 곳에 위치해 있다.

방비엥의 탐남 동굴 안은 더운 여름이어도 차가운 물이 있어 튜빙을 즐기고 나오면 춥기 때문에 몸을 덥을 수 있는 수건을 가지고 가는 것이 좋다. 남섬 동굴 튜

빙을 하기 전에 헤드랜턴을 머리에 쓰고 들어간다.

방비엥에서 외국인들이 사고가 나는 경우의 튜빙은 쏭 강을 따라 튜브를 타고 내려오면서 술을 마시는 것 때문에 매년 사고가 나는 것이다. 하지만 투어상품에는 이런 튜빙은 포함되어 있지 않아서 사고가 날 가능성은 적은 편이다. 짚라인 투

어도 같이 포함된 상품도 있는데 짚라인은 블루라군과 탐 남 동굴에서 다 할 수 있다.

1일카약킹 투어 순서

> 숙소 픽업/투어회사 집합(09:20)

▼

> 투어차량으로 북쪽으로 이동(09:30)

▼

> 캄쌍마을 트래킹(10:10)

▼

> 물동물 캄남(10:40)

▼

> 강변 피크닉투어/석식(12:00)

▼

> 천연종유석 코끼리동물 탕상(13:30)

▼

> 카약투어 시작(14:30)

▼

> 남쏭강 강변도착 후 투어 종료(16:30)

투어 주의사항

1. 시간이나 방문지 및 순서는 현지 상황에 따라 변동 가능
2. 투어차량, 전문가이드, 일정상 방문지 입장료, 투어 중식, 카약투어 포함
3. 생수, 방수백, 구명조끼 무료제공
4. 귀중품 본인관리(분실 및 파손 변상 안됨)

탐남 동굴 튜빙 Tham Nam Cave Tubing **순서**

1. 튜빙 투어는 카약킹과 같이 1일투어로 포함된 상품을 선택하는 것이 일반적이다. 투어는 오전 9시에서 오후4시까지 진행된다. 9시 전까지 투어회사 앞으로 가면 뚝뚝이가 대기하고 있다.

투어신청자를 확인하고 다 오면 출발한다. 시간에 맞추어 출발하는 경우는 많지 않고 지연 출발하는 경우가 대부분이다.

2. 30~40분 정도 지나서 도착하면 가이드가 하루의 일정을 설명하고 탐남 동굴로 먼저 이동한다. 생수와 방수팩, 구명조끼를 지급하고 남섬 동굴로 출발한다. 남섬 동굴로 가는 풍경도 아름다워서 이동할 때 지루하지는 않다.

3. 동굴 입구에 도착하면 다른 투어회사들과 도착한 순서대로 남섬 동굴 안으로 튜빙을 하기 위해 대기를 한다. 방비엥의 투어회사들만 다른 뿐 동굴안에서 튜빙을 즐기는 장소는 동일하다.

4. 순서가 되면 헤드랜턴을 받아 머리에 쓰고, 구명조끼를 입고 튜브 안으로 엉덩이를 넣고 얼굴로 하늘을 볼 수 있으면 줄을 타고 동굴 안으로 들어간다. 바깥은 덥지만 동굴 안은 차가운 물로 처음에는 깜짝 놀라게 된다.

▲튜빙하러 내려가는 곳

동굴 안은 동굴의 천장이 낮은 곳이 더러 있어 조심하면서 들어간다. 계속 튜빙만 하는 것이 아니라 수위가 낮은 곳에서는 조금 걸었다가 수위가 깊어지면 다시 튜빙을 한다.

5. 약 20분 정도 동굴의 종류석과 석회동굴을 보고, 오고가는 튜빙을 하는 사람들과 물놀이를 즐기다 보면 다시 처음의 입구로 나오게 된다.

6. 튜빙이 끝나면 사전에 준비된 점심을 먹고 쉬었다가 탐 쌍Tham Xang을 보러간

카약킹
Kayaking

다. 탐 쌍 동굴에서 탐^{Tham}은 동굴이라는
뜻이며, 쌍^{Xang}이라는 뜻은 라오스어로
'코끼리'를 뜻하는 말이다.
코끼리 모양의 종유석 때문에 탐 쌍 동굴
이라고 부른다. 탐 쌍^{Tham Xang}동굴체험이
끝나고 나서 쏭 강 카약킹을 하러 간다.
약 오후 2시 정도에 다시 쏭 강으로 돌아
가 간단한 설명 후에 카약킹을 시작한다.

라오스, 방비엥에서 튜빙과 같이 1일투어
로 같이 진행되고 있다. 오전에 탐 남 동
굴에서 튜빙을 하고 나서 점심을 먹고 2
시정도부터 카약킹이 시작된다. 방비엥
시내에서 북쪽으로 약 8㎞ 떨어진 쏭 강
에서 시작해 방비엥 시내입구의 쏭 강까
지 도착해 끝이 난다. 개인적으로는 가장
재미있고 슬로우 여행을 즐길 수 있다고
생각한다.
카약을 즐기려면 먼저 사전에 준비할 것
들이 있다.

썬크림

모자(안 덮히는 더 좋음)

선글라스

구명조끼

타올

샌들 또는 아쿠아슈즈

방수팩   생수

투어회사에서 제공되는 물품(구명조끼와 방수팩)

오전에 받은 방수팩 안에 중요한 물품들은 다 넣어두어야 카약을 타다가 물에 빠질 경우, 물건들이 손상을 입지 않는다. 특히 카메라는 물에 빠뜨려도 문제가 생기지 않도록 사전에 준비를 해둔다. 아니라면 카메라는 방수팩에 넣어두는 것이 좋다.

쏭 강 카약킹은?

쏭 강에 도착하면 카약을 강에 준비시키고 가이드는 노를 젓는 방법과 주의사항을 설명해 준다. 영어를 못 알아듣는다고 딴 짓을 하지말고 경청하다보면 알아들을 수 있다. 노는 자신의 몸통정도의 간격으로 오목한 면이 앞으로 가도록 손으로 잡는다. 이때 너무 꽉 잡을 필요가 없다. 살짝 쥐어준다는 생각으로 강물 안으로 넣어서 좌우로 젓다보면 금방 방법을 알게 된다. 보통 2명씩 짝을 지어 카약을 타는데, 혼자왔다면 가이드와 같이 타게될 가능성이 높다.

카약은 처음에 노를 힘껏 저어 속도를 내면 어렵지않게 카약을 탈 수 있다. 방향을

방수팩 사용법

1. 딱딱한 플라스틱 부분을 앞으로 놓는다.

2. 공기가 들어간 상태에서 딱딱한 플라스틱 부분을 3회정도 접어 공기가 빵빵하게 들어가도록 한다.

3. 양 옆의 접합부분을 접는다.

많이 바꾸려면 노를 깊게 반대방향으로 저으면 방향을 바뀌게 되니 원하는 방향으로 카약머리가 바뀔 때까지 저어주면 된다.

중간중간에 물살이 빠른 곳을 몇 번 지나가고, 쏭 강 좌우로 펼쳐지는 풍경들을 보고 있노라면 여행의 쉼표같은 느낌을 받게 된다. 이럴 때 대부분 노를 카약에 놔두고, 하늘을 보고 경치를 즐기면 신선노름이 따로 없다는 생각이 든다.

1시간이 더 지나면 중간에 휴게소에서 카약을 잠시 두고 쉰다. 화장실도 가고 음료수도 마시면서 강에서 튜빙을 즐기는 장면을 보며 쉬었다가 다시 출발한다. 상류에서는 튜빙이 없지만 물살이 빠르지않은 하류에서는 튜빙을 즐기는 서양인들

을 많이 보게 된다. 이 튜빙이 매년 사고가 난다는 튜빙이다. 술을 마시며 즐기다 물에 빠져 사고가 나게되니 혹시 튜빙을 즐기더라도 조심해야 한다.

쏭 강에서는 물고기를 잡는 현지인들도 보고 빙벽타기를 즐기는 관광객들, 튜빙을 즐기는 서양인들까지 다양한 장면을 보게 된다. 어느새 집들이 많이 보이고 다리가 나타나면 방비엥 입구까지 도착한 것이다.

빌라 남송 리조트 근처에 카약을 놔두고 투어를 하던 사람들이 다 모이면 인사를 하고 돌아가게 된다.

왓깡
Wat Kang

방비엥의 사원들은 역사적으로 인정받을 만한 사원은 아니다. 하지만 불교가 매우 중요한 종교인 라오스는 어딜가나 사원을 볼 수 있다. 아침에 사원을 가보면 스님들이 살고 있는 현재 라오스를 볼 수 있다.

위치_ 루앙프라방 거리 북쪽으로 가는 중간지점.

왓 탓
Wat That

방비엥 시내에서 북쪽으로 올라가면 가장 위쪽에 있는 사원으로 방비엥에서 두 번째로 큰 사원이다.

왓 씨쑤망
Wat Sisumang

방비엥에서 가장 큰 사원으로 잘 꾸며진 사원이다. 방비엥 남쪽에 위치하여 블루라군을 가는 다리를 건너기 전에 볼 수 있다.

위치_ 방비엥 거리 가장 남쪽에 위치

EATING

방비엥에서만 특징적으로 먹는 음식은 바게뜨 샌드위치가 있다. 루앙프라방이나 비엔티엔도 있지만 조금 만드는 방법이 다르다. 게스트하우스 앞에는 주로 바게뜨 샌드위치를 만드는 노점상들이 많이 있어서 배낭여행객들의 가벼운 주머니를 도와주고 있다.

방비엥의 메인 거리인 루앙프라방 거리에는 노점상보다는 현지인들의 쌀국수집과 북쪽으로 한국식의 삼겹살과 바비큐 고기집들이 늘어서 있다. 가운데 부분에 각종 바와 한국식 노래방들이 위치해 있다. 가격을 보고 음식점과 술집을 결정하고 강을 볼 수 있는 뷰(View)가 좋은 곳도 많이 있어 여행객들을 즐겁게 해주고 있다.

카이 쌀국수
Kai rice noodles

말리니 호텔 양쪽으로 현지인들의 아침을 책임지는 쌀국수와 쌀죽 들을 먹는 가게들에 사람들로 가득찬다.

"까삐악 센"이 특히 얼큰한 국물에 가는 면발과 두꺼운 면발을 선택해서 먹을 수 있어 맛있다. 저녁에도 열고 있는 경우가 있으니 주인에게 문의를 해보면 된다.

왼쪽 첫 번째집은 까삐악 센의 국수가 맛이 좋고 가운데 집은 죽이 특히 맛이 좋다.

위치_ 말라니호텔에서 왼쪽으로 3개,
오른쪽으로 1개의 쌀국수 가게들
요금_ 1만 5천~2만낍(Kip)

차런 레스토랑
Chaleune Restaurant

서양인들에게 인기가 있는 레스토랑으로 현지인들의 음식과 서양인들의 입맛을 알맞게 결합시킨 음식을 내준다.

15,000~30,000낍(Kip)사이의 가격으로 식사를 해결할 수 있다. 적당히 안주로도 시킬 수 있는 음식들이 많다. 주인장이 너그러워 짐도 맡아주어 오랜 시간을 있어도 특별히 문제가 안된다.

위치_ 번화가인 유러피언 스트리트의 시작점에 있다.
요금_ 1만 5천~3만낍(Kip)

루앙프라방 베이커리
Luang Prabang Bakery

꽤 오래전부터 영업을 하고 있는 빵집으로 서양 여행자들에게는 매우 잘 알려져 있다. 빵과 커피를 여유롭게 먹을 수 있어 방비엥을 분위기 있는 장소로 생각하도록 해준다. 바게뜨 샌드위치, 쌀국수, 피자, 스파게티 등이 인기가 많다.

위치_ BCEL은행 앞
요금_ 3~10만낍(Kip)

사쿠라 바
Sakura Bar

방비엥에서 누구나 알고 있는 사쿠라 바는 대나무 장식이 인상적이다. 또한 밝은 음악으로 방비엥의 밤을 재미있도록 해주는 장소이다. 스포츠 중계로 서양 배낭 여행자들에게 인기가 많다.

요금_ 10~15만낍(Kip)

미스터 치킨 하우스
Mr. Chicken House

방비엥에서 한국인 부부가 운영하고 있는 식당으로 같은 언어를 자유롭게 쓰고 이야기를 나눌 수 있다는 이유 하나만으로 즐겁다. 한국음식을 먹을 수 있지만 엄청 맛이 좋지는 않다. 한국음식을 먹고 싶고 친절한 아주머니의 이야기를 듣고 싶다면 추천한다.

위치_ 왓깡 사원 앞쪽에 위치한 한국인이 운영
요금_ 2~13만깁(Kip)

어더 사이드 레스토랑
Under side restaurant

'꽃보다 청춘' 방송이후에 한국 관광객들이 꼭 들르는 레스토랑이다. 한끼 식사부

터 라오비어를 함께 먹을 수 있는 레스토랑으로 밤 늦게까지 술잔을 기울이며 여행의 분위기를 낼 수 있는 좋은 장소이다.

위치_ 루앙프라방 거리에서 북쪽으로 왓깡 사원 전에 있음
요금_ 2~12만깁(Kip)

피핌쏭 레스토랑
Peeping Som's restaurant

'꽃보다 청춘' 방송을 가장 효율적으로 활용하고 있는 레스토랑으로 대부분은 한국식의 삼겹살을 먹기 위해 온다. 라오스식의 삼겹살이 나오지만 한국의 분위기

를 최대한 내려고 한다. 단지 다른 곳보다 조금 비싼 편이다.

위치_ 루앙프라방 거리에서 북쪽으로 왓깡 사원 전에 있음
요금_ 2~12만낍(Kip)

SLEEPING

방비엥에는 현재 200개가 넘는 게스트하우스와 호텔이 있다. 대부분은 게스트하우스가 대부분이지만 강을 바라보는 장소에 좋은 호텔이 생겨나고 있다. 게스트하우스는 소형이 대부분이지만 중간규모의 게스트하우스도 있다. 2012년 이후에 게스트하우스가 새로 생겨나면서 게스트하우스와 보통의 호텔들은 시설의 차이가 많이 없어지고 있다.

방비엥의 메인 거리인 루앙프라방 거리에는 거의 호텔이 대부분이고 K마트를 중심으로 쏭 강을 따라 게스트하우스가 많다. 게스트하우스는 먼저 직접 보고 깨끗한지를 확인해보고 숙박을 결정하는 것이 좋다.

루앙프라방 거리의 호텔들은 거의 시설이 비슷하니 가격을 보고 호텔을 결정해도 된다. 강을 볼 수 있는 뷰View가 좋은 곳이 같은 숙박업소라도 더 비싸다.

타워쑥 리조트
Towersok Resort

등나무로 된 바닥과 방갈로가 강이 바라보이는 곳에 지어진 시설이 좋은 리조트

이다. 강의 전망이 특히 아름다워 서양인들이 좋아하는 곳이다. 레스토랑과 각종 휴식공간이 갖추어져 있다. 밤에 조용하여 강을 바라보며 슬로우 라이프를 실현할 수 있는 리조트이다.

위치_ 말라니호텔에서 왼쪽으로 약 20m
전화_ 023-511-124
요금_ 싱글 35$ / 더블35~49$
　　　(에어컨, 화장실과 욕실,TV와 냉장고가 있다)

도몬 게스트하우스
Domon Guesthouse

2010년에 콘크리트로 된 게스트하우스로 시설이 좋아 인기가 높다. 타일이 깔려 있고 창문이 강을 바라보게 되어 전망이 좋다. 발코니에서 테이블에 앉아 해지는 풍경이 일품이다. 주변에는 많은 배낭여행객들이 있어 항상 북적인다.

위치_ K마트 오른쪽으로 두 번째 게스트하우스
전화_ 023-511-210
요금_ 더블(선풍기) 10~12만낍
　　　더블(에어컨) 11~15만낍

방비엥 오키스 게스트하우스
Vang Vieng orchis Guesthouse

남 쏭강을 따라 있는 인기가 높은 게스트 하우스이다. 타일이 깔려 있고 창문이 강을 바라보게 되어 전망이 좋다. 선풍기 방은 전망이 안 좋은 위치이고, 에어컨 방에 발코니가 딸려 있다. 발코니에서 보는 해지는 풍경이 일품이다.

위치_ K마트 오른쪽으로 네 번째 게스트하우스
전화_ 023-51-172
요금_ 더블(선풍기) 8~10만낍
　　　더블(에어컨) 11~15만낍

그랜드 뷰 게스트하우스
Grand View Guesthouse

시멘트로 만든 3층짜리 건물로 발코니는 목조로 되어 있어 멋이 있다. 나무만으로 되어 있는 곳이 많아 게스트하우스지만 호텔만큼 시설이 좋다. 욕실은 작지만 뛰어난 강 전망과 위치적으로 배낭여행객들이 몰리는 지점이기 때문에 항상 인기가 많다. 주변에는 술집과 많은 배낭여행

객들이 있어 항상 북적이기 때문에 조용하지 않을 수도 있다.

위치_ K마트 바로 옆에 있는 게스트하우스
전화_ 023-511-210
요금_ 더블 10~12만낍
　　　더블(에어컨) 11~15만낍

인티라 호텔
Inthira Hotel

현대적인 시설로 2층의 건물로 중심가에 있어 아름다운 풍경은 볼 수 없다. 스탠더드는 1층에 위치하고 디럭스 룸은 2층에 위치하는데 1층은 햇빛이 잘 들지 않아 어두워보인다. 밤에 인근의 소음이 심해

불편하다. 아침식사는 계란과 바게뜨 커피, 과일이 제공된다.

홈페이지_ www.inthira.com
위치_ 말라니호텔에서 왼쪽으로 약 20m
전화_ 023-511-070
요금_ 싱글 25$ / 더블32~39$ / 더블디럭스 39~45$
　　　　(에어컨, 화장실과 욕실, TV와 냉장고가 있다)

말라니 호텔
Malany Hotel

고풍적인 2층 건물로 역시 중심가에 있어 아름다운 풍경은 볼 수 없다. 스탠더드는 1층, 디럭스 룸은 2층에 위치하는데 건물 앞 뜰이 넓어 방비엥에서는 고급스러운 호텔에 속한다. 아침식사는 베이컨, 계란과 바게뜨 커피, 과일이 제공된다.

홈페이지_ www.malanyhotel.com
위치_ 도로 중심부에 있음
전화_ 023-511-633
요금_ 더블 35~40$ / 더블 디럭스 40~55$
　　　　(에어컨, 화장실과 욕실,TV와 냉장고가 있다)

리버사이드 부티크 리조트
Riverside Boutique Resort

방비엥에서 가장 최근에 현대식 리조트로 쏭 강을 바라보며 수영을 즐길 수 있고 아침을 근사하게 아름다운 풍경과 먹을 수도 있다. 현재 방비엥에서는 가장 좋은 시설을 가진 유일한 호텔이다. 특히 리조트에서만 있어도 좋은 곳이다.

홈페이지_ www.riversidevangvieng.com
위치_ 블루라군을 가는 다리의 통행료를 받는 다리 앞
전화_ 023-511-726
요금_ 클래식 더블 100~110$
　　　　디럭스 더블(리버뷰)110~129$

태국

| 끄라비 |

Thailand

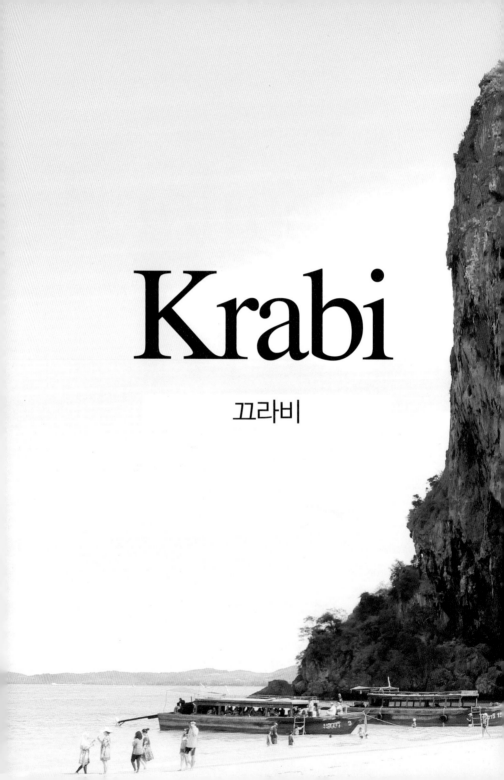

Krabi

끄라비

끄라비(Krabi)에서 한 달 살기

태국의 치앙마이Chiang Mai와 방콕Bangkok이 한 달 살기로 떠오르고 있지만 깨끗한 환경과 재미있는 해양스포츠와 아름다운 풍경, 저렴한 물가를 생각하여 추천한다면 태국에서는 끄라비Krabi이다. 안다만해의 아름다운 해안선은 남쪽의 말레이시아인 랑카위Langkawi와 페낭Penang부터 태국의 푸켓Phuket, 피피 섬Pipi Island, 끄라비Krabi까지 이어진다. 푸켓Phuket 여행을 하면 짧은 기간에 신혼여행이나 휴양을 즐기는 단기여행이 대세였던 것에, 비해 최근에는 오랜 기간, 한 곳에 지내며 여유를 가지고 지내는 끄라비krabi에서의 한 달 살기가 인기를 끌고 있다. 태국의 방콕, 치앙마이나 발리의 우붓Ubud이 한 달 살기의 원조로 인기를 끌었다면 최근에는 동남아시아의 다양한 지역으로 확대되고 있다.

태국은 한 달 살기의 원조답게 한 달 살기를 하는 여행자가 많이 늘어나고 있다. 태국의 수도인 방콕Bangkok이나 북부의 치앙마이Chiangmai, 빠이Pai 등에서 한 달 살기를 머무는 여행자가 많이 늘었고 점차 다른 도시로 확대되고 있다. 시대가 변하면서 짧은 시간의 많은 경험보다 한가하게 여유를 가지고 생각하는 한 달 살기의 여행방식은 많은 여행자가 경험하고 있는 새로운 여행방식이다.

내가 좋아하는 도시에서 머무르며 하고 싶은 것을 무한정할 수 있는 장점이 한 달 살기의 최대 장점이지만 그만큼 머무르는 도시가 다양한 활동이 가능해야 한다. 한 달 살기 동안 재미있게 지내려면 해양스포츠와 인근의 유적지와 관광지가 풍부해야 가능하다.

여행지를 알아가면서 현지인과 친구를 사귀고 그곳이 사는 장소로 바뀌면서 새로운 현지인의 삶을 알아갈 수 있는 한 달 살기지만 인근에 활동을 할 수 있는 곳이 제한된다면 점차 지루해지는 것은 어쩔 수 없는 일이다. 저자도 태국의 치앙마이Chiang Mai, 방콕Bangkok, 빠이Pai에 한 달 이상을 머무르면서 그들과 같이 이야기하고 지내면서 한 달 살기에 대해 확실히 경험하게 되었다.

끄라비Krabi의 한 달 살기는 바쁘게 지내는 것이 아닌 여유를 가지고 지낸다는 생각과 저렴한 물가로 돈이 부족해도 걱정이 없어진다. 끄라비Krabi는 규모가 큰 도시가 아니고 해안에 위치하고 한 달 살기를 하면서 다양한 해양스포츠와 아름다운 해변에서 지내기 좋은 도시이다. 해안에 있지만 카르스트 지형의 아름다운 절벽을 오르내리는 록 클라이밍Rock Climbing도 끄라비Krabi의 한 달을 짧게 만든다.

끄라비Krabi에서 모든 레스토랑과 식당에서 음식을 먹어보며 내 입맛에 맞는 단골집이 생기고 단골 팟타이와 해산물 전용 레스토랑에서 만나 사람들과 짧게 이야기를 나누다가 점점 대화의 시간이 늘어났다. 끄라비Krabi가 지루해질 때면 가까이 있는 아오낭Ao Nang 비치로 나가 탁 트인 해변에서, 수영도 하고 선베드에 누워 낮잠을 즐기기도 했다. 여유를 즐기면 즐길수록 마음은 편해지고 행복감은 늘어났다.

끄라비Krabi은 1년 내내 화창한 날씨를 가진 도시이다. 그래서 비가 오는 날이면 커피 한 잔의 여유를 즐기는 순간이 즐겁다. 바쁘게 사는 대한민국에서는 비가 오면 신발이 젖은 채로 사무실로 들어오는 순간 짜증이 생기지만 바로 일을 할 해야 하는 내가 싫은 순간이 많다. 끄라비Krabi에서의 비는 매일같이 내려도 짧고 강하게 오기 때문에 일상생활에 크게 지장을 주지 않았다. 바쁘게 무엇을 해야 하는 것이 아니기에 신발에 빗물이 들어가도 돌아가는 길이 짜증나지 않고 슬리퍼를 신고 빗물이 발가락 사이를 타고 살살 들어오는 간지러움을 느끼며 우산을 쓰고 돌아다녔다. 어린 시절의 느낌을 다시 가지게 되는 순간이었다.

장 점

1. 저렴한 물가

끄라비Krabi의 물가가 저렴하다는 것은 '사실이 아니다'라는 말이 있지만 관광객을 상대로 영업을 하는 레스토랑으로 먹으러 가는 횟수가 줄어들면 주머니가 두둑해진다.
관광객의 물가는 높을 수 있지만, 매일같이 고급 레스토랑에서 해산물 요리를 먹지 않는 한 끄라비Krabi물가는 저렴하다. 팟타이는 50∼100B(약 1,800∼3,800원)이며, 똠양꿍도 비슷하다. 특히 오랜 기간을 같은 지역의 음식을 먹기 때문에 나의 입맛에 맞는 팟타이와 똠양꿍을 찾아 맛있게 먹었다는 만족도도 높다.

2. 풍부한 관광 인프라

끄라비Krabi는 곳곳에 해변이 있고 인근에는 아름다운 작은 섬들이 많다. 그래서 4섬 투어나, 7섬 투어 같은 투어 상품으로 즐길 수 있다. 바닷물 속이 훤히 들여다보이는 해변은 끄라비Krabi 인근 어디서든 볼 수 있는 풍경이다.
해양스포츠만이 아닌 록 클라이밍Rock Climbing 같은 활달한 활동이나 사원을 오르내리는 일도 하루가 금방 가도록 만들어준다. 또 온천도 있고 자연 풀장도 있어서 관광 인프라가 풍부하다.

여유를 즐긴다고 해도 매일 같은 것을 즐기는 것이 지루해지지만 끄라비Krabi는 지루해질 틈이 없다. 만약 인접한 지역으로 시야를 넓히면 야시장부터 인근 도시인 뜨랑Trang까지 2∼3시간이면 여행을 다녀오기도 좋다.

3. 쇼핑의 편리함

끄라비krabi 인근에 빅씨 마트Bic C Mart와 테스코Tesco가 있고, 타운에는 보그 쇼핑센터Vogue shopping center가 있고, 아오낭Ao Nang에는 작은 테스코Tesco매장도 있다. 한 달 살기를 하려면 필요한 물건들이 수시로 발생한다. 가장 저렴한 쇼핑을 하려면 공항 가는 길에 있는 테스코Tesco를 가야 하지만 많은 물품을 구입하는 것이 아니라면 걸어서 갈 수 있는 보그 쇼핑센터Vogue shopping center를 가장 많이 이용한다.

필요한 물건이 있을 때마다 힘들게 구매하거나 비싸게 구매하면 기분이 좋지 않아진다. 그런데 끄라비krabi에서는 쇼핑이 센터가 있어서 저렴하고 편리하게 구매할 수 있다. 근처에 상설 시장도 있어서 맛있는 열대과일을 저렴하게 사 먹을 수도 있다.

4. 문화적인 친화력

태국에서 TV를 보면 2~3개의 한국 드라마를 더빙한 드라마가 메인 시간에 방영된다. 그만큼 한국 문화에 익숙하고 한국에 대한 호감이 좋다. 태국은 동남아에서 한류가 가장 사랑받는 나라여서, 한국 드라마, 영화, 음악에 관심이 높으며, 한국 관광은 꼭 한 번은 가보고 싶어하는 사람이 많다. 태국 사람들은 대한민국 사람들을 친근하게 느끼고 대한민국이라면 무조건 좋아하는 효과까지 거두게 만든 게 한류이다.

일부 젊은 한류 팬들은 한류 공연을 보기 위해서 직접 한국으로 원정을 오기도 한다. 수도인 방콕에서는 한국가수의 콘서트가 자주 열린다. 대한민국의 제품들은 태국 어디에서든 최고의 제품으로 평가받고 친근하게 느끼고 있다. 중국 사람들과 중국 제품들이 태국에서 저평가를 받는 것과 대조적인 상황이다. 친밀도가 높아졌으므로 태국에서 친구를 사귀기도 쉽고 금방 친해지기 좋은 나라이다.

5. 한국 음식

끄라비Krabi에는 한국 음식을 하는 식당들이 있다. 끄라비Krabi에 있으면서 한식에 대한 필요성을 느끼지 못하지만 한 달을 살게 되면 가끔은 한국 음식을 먹고 싶을 때가 있다. 그럴 때 한식당을 찾기 힘들다면 음식 때문에 고생을 할 수 있지만 끄라비Krabi에는 한식당이 있어서 한식에 대한, 고민은 하지 못했다.

6. 다양한 국적의 요리와 바(Bar)

끄라비Krabi에는 유럽 사람들의 겨울 휴양지로 관광을 오기 시작했다. 그래서인지 끄라비타운krabi Twon과 아오낭Ao Nang 비치를 걷다 보면 다양한 언어를 들을 수 있고, 유럽인들부터 중동 사람들까지 볼 수 있다. 유럽의 배낭여행자와 말레이시아, 인도, 중동 관광객이 늘어나면서 여행자 거리에는 다양한 나라의 음식들을 먹을 수 있는 장점이 생겼다.
이탈리아 요리부터 이집트 요리까지 원하는 나라의 음식을 먹을 수 있으며, 최근에는 저렴한 펍Pub도 생겨서 소박하게 맥주 한 잔을 하면서 밤까지 즐길 수 있다. 루프탑 바Bar, 라이브 클럽Club등 다양한 가게가 생겨서 밤에도 지루하지 않다.

단 점

1. 정보가 많이 없음

한국 관광객들에게 아직은 생소한 지역이다. 근처 푸켓Phuket이나 피피섬Pipi Island은 관광지로 각광을 받고 있지만, 끄라비krabi는 잠시 들리는 곳, 투어로 잠깐 갔다 오는 곳으로 인식되어 있다. 끄라비krabi의 진정한 매력을 모르는 사람이 많다는 것이다. 하지만 끄라비는 푸켓Phuket이나 다른 섬에 비교해 물가도 저렴하고, 다양한 해양스포츠가 있다.

2. 직항 노선이 없음

한국에서 끄라비krabi까지 아직 직항 노선이 없다. 방콕Bangkok에서 국내선으로 환승을 하거나, 푸켓Phuket에서 배나 버스로 이동을 해야 해서 이동시간이 많이 걸리는 편이다. 짧은 휴가로 오기엔 쉽지 않아서, 많이 알려지지 않았지만, 오랜 기간 있을 수 있다면 충분히 매력적인 곳이다.

끄라비 여행코스

1일

리조트 조식 → 4섬 아일랜드 투어(전날에 투어 신청하면 리조트로 태우러 온다) → 점심 제공 → 오후 4~5시에 아오낭 비치에 도착 → 햇빛에 노출된 피부와 몸을 편안하게 마사지 받기 → 저녁부터 아오낭 비치 로드 둘러보기 → 아오낭 해산물 저녁 식사

2일

리조트 조식 → 에매랄드 풀 투어 → 점심 미제공(사전에 점심을 준비하거나 현지 음식점 이용) → 온천 풀(스프링 풀) → 오후 4~5시에 아오낭 비치에 도착 → 저녁부터 아오낭 비치 시장 둘러보기 → 아오낭 저녁 식사

3일

리조트 조식 → 라일라이 암벽 등반(반나절투어나 1일투어 신청 / 초보자는 대부분 반나절 투어를 한다) → 점심은 아오낭 비치의 식당에서 해결 → 햇빛에 노출된 피부와 몸을 편안 하게 마사지 받기 → 저녁에는 아오낭 비치 나이트 라이프 둘러보기

4일

리조트 조식 → 홍 섬 아일랜드 투어 → 점심 제공 → 오후 4~5시에 아오낭 비치에 도착 → 저녁부터 아오낭 비치 로드 둘러보기 → 아오낭 해산물 저녁 식사

5일

리조트 조식 → 카약킹 보르 투어 → 점심 제공 → 오후 4~5시에 아오낭 비치에 도착 → 햇빛에 노출된 피부와 몸을 편안하게 마사지 받기 → 저녁에는 끄라비 타운의 나이트 마켓 둘러보기(투어로도 운영)

끄라비 투어

프라낭 반도

> **이동방법**

라일레이는 반도 형태로 육지와 연결되어 있지만 연결부분이 우뚝 솟은 산이어서 육로로 출입이 불가능하다. 끄라비 타운이나 아오낭 비치에서 라일레이를 잇는 대표적인 교통수단은 보트로 롱테일 보트와 스피드 보트가 있다. 끄라비 시내 타운에서 동쪽의 라일레이 비치로 가는 배편이 매일 2편 이상 있다.(1인당 150~300B)

아오낭 비치에서 출발하면 1인당 100~150B 비용을 내고 서쪽의 라일레이 비치로 간다. 보트는 모두 8명 이상의 인원이 모여야 출발하기 때문에 가끔은 인원이 적어 출발시간을 한참 흐른 후에 출발한다. 인원이 적을 경우 최소 요금을 모두 지불하면 출발이 가능하니 적절한 협상이 필요할 수도 있다.

피피섬에서도 1인당 600B의 요금으로 서쪽의 라일레이 비치까지 오는 정기선이 있다. 대부분은 스노클링 투어와 연결이 되어 있다.(1인당 1500B) 피피섬에서는 비수기나 기상상태에 따라 운행하지 않을 경우가 있으니 미리 확인하자.

이동순서
끄라비 공항(공항버스 300B) → 끄라비 타운 → 아오낭 비치 → 라일레이 비치 → 아오낭 비치 선착장(롱테일 보트 거리에 따라 100~150B) → 라일레이 비치

라일레이 비치로 이동

라일레이 비치에서 롱테일 보트 외에 동력을 사용하는 교통수단은 없다. 이스트 라일레이 비치와 웨스트 라일레이 비치, 프라낭은 걸어서도 충분히 갈 수 있다. 웨스트 라일레이에서 이스트 라일레이 비치까지는 걸어서 약 10분 정도 걸린다.

웨스트 라일레이와 산 하나로 가로막혀 있는 돈사이 비치까지는 롱테일 보트를 이용해야 한다. 웨스트 라일레이에서 돈사이 비치까지 1인 50B, 최소 인원 6명이 되어야 출발한다.

태국에서 가장 아름다운 자연환경을 가지고 있는 라일레이 비치는 아오낭 비치에서 롱테일 보트로 약 5~10분 거리에 있다. 육지와 연결되어 있지만 솟아있는 봉우리 때문에 바다로만 들어 갈 수 있다. 그렇기 때문에 대부분의 사람들은 섬으로 알고 있기도 하다. 라일레이 비치는 3개로 나누어 다른 이름으로 부르고 있다.

남쪽의 비치는 프라낭 비치, 동쪽은 이스트 라일레이 비치, 서쪽은 웨스트 라일레이 비치로 부르고 있다. 남쪽의 프라낭 비치가 가장 아름다워 라일레이가 아닌 "프라낭"이라는 다른 이름으로 부르고 있는 것 같은 느낌이다.

라일레이 비치는 암벽등반의 성지로 유럽의 클라이머들이 자주 찾는 장소이다. 동쪽의 이스트 라일레이 비치는 직접적으로 바다의 파도가 세게 넘나들어 해수욕에는 어울리지 않고 다들 해변 옆에 석회암 절벽이 우뚝 솟아 있어 기가 막힌 풍경의 섬회암 절벽에서 락 클라이밍을 즐긴다.

서쪽의 웨스트 라일레이 비치에서 롱테일 보트를 타고 약 15㎞정도를 가면 끄라비를 소개하는 책자에 나오는 암벽 등반 사진을 볼 수 있는데 그 배경이 톤사이 비치다.

숙소의 숫자가 적고 가격은 비싸기 때문에 비치의 주변이 한적하여 비치에서 평화롭게 유유자적 힐링하는 느낌으로 있기에 아주 제격인 장소이다. 한가로운 비치의 풍경은 아오낭 비치와 비할 바가 아니어서 끄라비에서 휴양지로 가장 유명한 곳이다.

라일레이 비치 즐기기

1일차
리조트에서 하루 시작 → 라일레이 서쪽 비치에서 해안 즐기기 → 라일레이 비치에서 아름다운 해지는 장면을 보면서 식사하기

2일차
오전에 락 클라이밍 투어 신청 → 락 클라이밍 도전하기 → 피곤한 몸 마사지 받기 → 라일레이 비치 주변 바(Bar)에서 약간의 술과 아름다운 밤 즐기기

3일차
오전에 돌아갈 준비하기 → 아침에 한적한 해변 거닐기 → 아오낭으로 돌아가기

라일레이 비치 볼거리

프라낭 반도는 가운데가 움푹 들어간 라일레이 비치가 좌우로 길게 펼쳐져 있다. 1990년대 이후에 비치의 리조트와 등반지가 생겨나면서 발전하기 시작했다. 특히 미국의 클라이밍 잡지에 실리면서 태국의 프라낭은 북반국의 겨울에 등반을 할 수 있는 대체 등반지로 급부상하며 한층 더 발전하였다. 프라낭은 석회암이 해풍과 빗물에 부식되어 형성된 거대하고 기기한 형태의 바위들로 절벽이 만들어지며 반도이지만 섬처럼 배로만 이동하기 때문에 상대적으로 보호가 잘 되어 있다.

4섬 투어

4섬 투어, 5섬 투어, 7섬 투어까지 투어상품으로 나타났다. 4, 5, 7은 돌아다니는 섬의 숫자를 이용해 투어 이름을 만들었는데 대부분은 4 섬 투어를 한다. 투어를 해보면 섬을 돌아다니며 비치를 구경하거나 스노클링 등을 하기 때문에 너무 길면 오히려 재미가 반감되는 경우가 많다.

투어의 가격에는 4, 5, 7 등의 섬의 개수도 중요하지만 배의 종류에 따라 롱테일 보트와 스피드 보트로 나뉘어 투어상품 가격에 영향을 미친다. 투어 가격은 700~1,800B 수준이다.

```
투어 순서
```

대부분 오전 9시에 모여 인원을 확인하고 출발하여 오후 4시 정도에 투어를 마치고 돌아온다. 회사마다 들르는 섬과 코스가 같아서 시간대가 서로 조금씩만 달라 한꺼번에 모이는 경우에 대비하고 있다. 롱테일 보트의 선택은 신중할 필요가 있다.

9시에 투어인원이 다 왔는지 확인하고 나면 10시 정도가 된다. 다 같이 롱테일 보트와 스피드 보트를 타고 순서대로 출발을 한다. 이때 롱테일 보트를 선택한 관광객들은 자신의 선택에 실망을 하기도 한다. 롱테일 보트가 가격이 저렴하지만 시설이 나쁘고 불편하기 때문이다. 투어를 선택할 때는 스피드 보트를 우선 선택하라고 조언하고 싶다. 섬을 돌아다니는 순서는 바뀔 수 있다.

① 포다 섬(Koh Poda)

'끄라비의 하이라이트'라고 부르지만 다른 섬들과 큰 차이는 없다. 포다 섬은 아오낭과 라일레이 비치와 가까워서 가장 먼저 들르는 섬이다. 그리고 해변이 내륙과 반대쪽으로 발달되어 있어 파도가 심하지 않아 투어로서는 안성맞춤이다.

② 툽 섬(Koh Tup)

작은 2개의 섬이 가깝게 위치해 섬 사이의 파도가 잔잔하고 깊지 않아서 가족여행객들이 특히 좋아한다. 썰물 때, 바다가 갈라져서 육지(길)가 드러나는 것처럼 현상이 일어나기도 하지만 매번 볼 수 있지는 않다. 툽 섬은 포다 섬과 까이 섬 사이에 위치해 대부분 2번째로 방문하는 섬이다.

③ 까이 섬(Koh Kai)

일명 치킨 아일랜드(Chicken Island)라는 별명을 부르는데 섬에 내리지 않고 닭의 머리 형상을 한 바위 옆에서 스노클링을 주로 즐긴다. 앞의 2섬은 비치에서 즐긴다면 스노클링은 대부분 까이 섬에서 하게 된다. 태국어로 '까이'는 닭이라는 뜻으로 닭 모양을 형상화한 섬이라는 데에서 그 명칭이 지어졌다. 포다 섬이나 툽 섬처럼 비치에서 휴식은 취하지 않으니 배에서 있어야 하는데 롱테일 보트는 시설이 낡아서 불편하다. 스노클링 후에 샤워하는 것도 롱테일은 불가능하다.

④ 홍 섬(Koh Hong)

홍 섬 투어의 홍 섬하고는 다른 섬으로서, 착각하지 말자. 종유석이 발달되어 안으로 깊숙이 들어간 만에 아름다운 비치가 마지막을 장식한다. 카약킹과 스노클링에 적합한 곳으로 어린아이들이 얕은 바다에서 스노클링을 하기 때문에 특히 아이들의 호응이 높다.
홍 섬까지 이용하면 투어 회사에서는 다시 아오낭 비치로 롱테일 보트나 스피드 보트를 동일하게 탑승하여 돌아오는데 대부분 4~5시에 도착하게 된다. 끄라비에서 가장 높은 이용률을 자랑하는 투어이다.

에매랄드 풀 투어
(사 모라코트 Sa Morakot)

끄라비에서 내륙으로 들어가면 있는 아름다운 자연 풀장과 온천을 즐기는 투어로 만족도가 높은 내륙 투어이다. 현지에서는 에매랄드 풀투어 Emerald Pool나 사 마라코트 Sa Morakot라고 부른다. 위치상 개인적인 이동은 렌터카를 이용하는 것인데 힘들기 때문에 핫 스트림 워터폴과 같이 묶어서 투어로 매일 인원을 모집하여 판매하고 있다. 호텔 픽업, 입장료, 교통비를 포함하여 1,300~1,500B이다. 하지만 점심식사를 포함하는 투어는 조금 더 비싸다.

대부분은 점심을 싸가지고 가기 때문에 점심은 포함하지 않는 것이 일반적이다. 투어는 아주 간단하게 진행된다. 먼저 에매랄드 풀의 주차장에 내려주면 10분 정도 이동을 하면 에매랄드 풀이 나온다. 이때 미리 화장실을 먼저 다녀오는 것이 좋다. 시간은 약 1시간 30분~2시간 정도의 시간을 주기 때문에 시간이 부족하지는 않다.

① 크리스탈 라군 투어(Cristal Lagoon Tour)
끄라비 시내에서 서쪽으로 1시간 정도 가면 나오는 자연풀장으로 인공풀장보다 더 깨끗하

고 아름다워 가족여행객이 반드시 신청하는 투어다. 개인적으로 들어가려면 입장료는 1인 400B이다. 에메랄드 풀에서 놀다가 나무 데크로 만들어진 레일 길을 따라 걸으면 맑은 인공 수영장 같은 조그맣고 새파란 색의 작은 풀장을 보게 되는데 바로 블루 풀Blue Pool이라고 부르는 곳이다. 자연적인 연못에 물이 햇빛에 반사되면서 연못 속을 다 볼 수 있다.
여기서 한 가지 특이한 행동을 보게 되는데, 다 같이 박수를 치면 물의 표면에서 물방울이 올라오는 것을 보게 된다. 신기한 현상으로 다 같이 박수를 치고 있다면 물의 상태를 직접 잘 관찰하기를 바란다.

블루 풀(Blue Pool)

② 핫 스트림 워터폴(Hot Stream Waterfall)
에메랄드 풀과 크리스탈 라군을 묶어 크리스
탈 라군 투어라고 부르는데, 함께 진행하는 투
어상품으로 판매하고 있다. 온천수에 미네랄
이 풍부한 계단식 온천인 이곳은 해외 관광뿐
만 아니라 태국의 겨울철(건기)에 내국인인 태
국인들에게도 인기가 높다.

석회암 지형이 온천물에 녹으면서 자연적으
로 형성된 계단 형태의 온천탕이 만들어져 있
고 5명 정도가 들어가는 조그만 웅덩이가
7~8개 정도가 있다. 반드시 미리 사전에 수영
복이나 해변 비치 복장을 미리 입고 가야 편리
하다. 여자들은 화장실에서 갈아입고 남자들
은 미리 수영복을 입고 있어서 바로 벗고 옆에
자신의 짐을 놓고 들어간다.
자연 온천이라 안 좋을 거라는 생각이 들겠지
만 노천탕에 들어가면 마음의 평화가 오는 것
처럼 심신이 편안해져 웬만하면 나오고 싶지

않다. 이렇게 간단하지만 투어로 묶여있는 크리스탈 라군 투어는 한곳에서 즐기는 시간이
많아 5시 정도가 되어야 아오낭으로 돌아온다.

맹그로브 투어

끄라비에서 아주 특이한 기암괴석과 종유석, 물과 같이 사는 밀림에서 자라는 맹그로브 나무가 만들어 놓은 지형을 카약킹으로 즐기고 고대인들이 사는 동굴을 탐사하는 투어로 아이들과 어른들에게 고대의 동굴을 가까이서 볼 수 있어 유럽인들에게 더욱 사랑받고 있다.

태국 정부에서 맹그로브 나무를 보호하면서 끄라비 강과 쌓이고 있는 토사가 넓게 분포하면서 위에서는 넓은 숲처럼 보인다.

카약은 석회암이 침식되어 아름다운 지형 밑으로 통과하기도 하여 여자와 어린이들이 특히 재미있어 한다. 카약킹 중간에는 큰머리 동굴을 둘러본다.

선사시대 유적은 다른 나라에서는 보기 힘든 고대 유적지로 특히 사람의 형상과 알기 힘든 그림들이 그려져 있다. 두개골을 분석해 본 결과 이 곳의 해골은 인간 두상보다는 더 커서 "큰 머리 동굴"이라고 이름을 붙였다. 그림을 보면 마치 누군가에게 이야기를 하고 싶은 듯한 그림이다.

롱테일 보트나 카약킹을 이용하고 끄라비 타운에서 숙박을 한다면 끄라비 타운 차오파 선착장에서 출발하는 것이 일반적이다. 끄라비 강을 따라 카오 캅 남과 아름다운 맹그로브 숲을 볼 수 있다. 수상가옥과 양식장도 가는데 아이들이 좋아한다. 투어 시간은 보통 3시간 내외이다.

투어 순서

① 선착장에 도착하면 장비와 카약을 보고 선택한다.

② 카약킹을 타는 방법을 강사가 설명한다.

③ 약 2시간 정도 아름다운 배경을 무대로 즐긴다.

라일레이 비치

라일레이 비치는 깎아진 듯 험한 산세와 절벽, 맑고 푸른 물빛으로 끄라비에서도 아름답기로 손꼽히는 곳이다. 섬은 아니지만 워낙 산세가 험해 배를 이용해야만 접근이 가능한데 아오낭이나 끄라비 타운에서 롱테일 보트를 이용해 갈 수 있다.
다양한 가격대의 호텔들이 해변에 들어서 있으며 비치를 따라 레스토랑, 바 등도 자리하고 있지만 다른 지역보다 여행자의 발길이 뜸해 여유롭고 평화로운 분위기를 느낄 수 있다.

엑티비티

홈페이지_ www.railayadventure.com
전화_ 075-662-245

록 클라이밍(Rock Climbing)
1990년대 이후에 시작된 동쪽의 이스트 라일레이 비치와 톤사이 비치는 록 클라이밍의 세계적인 메카가 되었다. 12~2월까지 라일레이 비치는 태국 땅이 아니라 유럽이나 미국에

온 것 같다. 그만큼 많은 클라이머들이 라일레이 비치를 점령하고 록 클라이밍을 즐긴다. 겨울철이지만 따뜻한 기후와 저렴한 물가는 전 세계 클라이머들을 끌어들이고 있다.

처음 경험하는 클라이밍도 기초부터 알려주고 쉬운 코스부터 시작하기 때문에 무리해서 무조건 도전할 필요는 없지만 한번은 해볼 만하다. 온몸의 힘을 주고 힘, 평행력, 모험심을 가지고 해보고 싶다면 가격도 저렴하고 안전하게 최적의 조건으로 클라이밍을 즐길 수 있다.

킹 클리프스 맨King Cliffs에는 트레이닝 할 수 있는 코스별 클라이밍 절벽이 있다. 자신의 실력에 따라 원하는 코스를 즐기면 되고, 초보자라면 전문 강사가 장비를 빌려주고 착용법과 같이 쉬운 코스부터 하나씩 코스를 올리며 모험을 즐길 수 있다.

반나절 코스(4시간)는 1,200B(점심 불포함)로, 매일 오전 9시와 오후 2시에 두 차례 투어상품이 있다. 하루 코스 1,900B(점심 포함)로 하루 8시간 동안 2곳의 장소를 옮겨다니면서 강습을 받고 절벽을 올라간다. 자녀와 함께 클라이밍을 해도 초보 어른과 같이 시작하지만 코스만 조절을 시켜주기 때문에 어린이도 충분히 즐길 수 있다.

▶락 클라이밍 순서

1 사무실에서 신청하기
2 클라이밍 신청서 작성
3 장비를 받고 직접 착용해 보기
4 신발을 착용할 때 자신의 발에 꼭 맞는 신발 찾기(가장 중요)
5 강사가 설명한 착용법에 맞추어 직접 착용하면서 준비하기
6 코스별로 체험하면서 락 클라이밍 즐기기

▶밧줄 착용순서

① 한 팔을 벌려 다른 손으로 두 번 돌려
   8자를 만든다.

② 아래의 구멍부터 위로 넣어 올린다.

③ 위의 구멍까지 넣어 올리고 다시 나온 줄을 8자에 맞추어 2겹의 줄 상태를 만든다.

▶ 코스 소개

▲초급자 코스

▲중급자 코스

▶ 다양한 락 클라이밍 모습

인도네시아

| 족자카르타 |

Indonesia

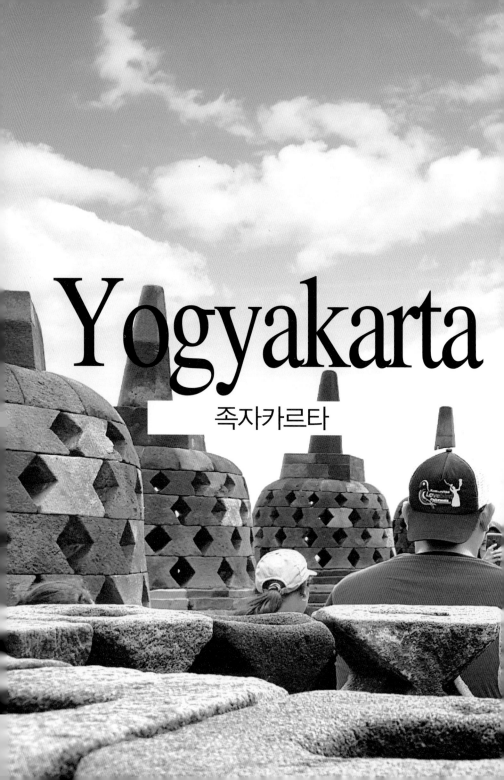

Yogyakarta

족자카르타

About 족자카르타(Yogyakarta)

자바 문화유산의 중심지인 족야카르타^{Yogyakarta}에서 고대 사원과 전통 밀랍 염색품인 '바탐^{Batam}'을 구경하고 그림자 인형극과 가믈란 음악을 보고 듣는 것이 일반적인 코스이다. 족야카르타^{Yogyakarta}는 자바의 풍부한 전통과 문화를 즐기기에 좋은 곳이다. 현지 유산과 관습을 보전하기 위해 많은 노력을 기울이는 곳으로 잘 알려진 족야카르타^{Yogyakarta}는 수준 높은 자바 미술과 음악, 시, 춤 문화를 비롯한 공예품, 인형극의 중심지이다. 보로부두르^{Borobudur}와 프람바난^{Prambanan}의 수준 높은 사원을 둘러보고 불교와 힌두교, 자바 문화가 한곳에 모인 다채로운 문화를 알 수 있는 곳으로 최근에 유럽의 배낭 여행자들이 찾는 대표적인 장소로 바뀌고 있다.

족야카르타Yogyakarta는 인도네시아에서 가장 유서 깊은 도시 중 하나로 역사 지구 주변을 거닐면 커다란 정원과 회교사원, 박물관이 한데 모여 있는 술탄 궁전Kraton Ngayogyakarta을 지나게 된다. 중앙우편국Kantor Pos Besar과 투구 기념탑을 보고 길거리 음식가판대에서 구입한 먹거리를 들고, 크라톤 단지로 가서 현지 주민들이 체스를 즐기는 모습을 볼 수 있는 이색적인 도시이다.

자바 문화와 역사를 알아보고 싶다면 소노부도요 박물관이나 바틱 박물관, 포트 프레데부

르크로 발걸음을 옮겨 밀랍 염색 제품과 인형극, 가면, 가믈란 악기 같은 유서 깊은 문화유산과 전통 수공예품을 살펴볼 수 있다. 아판디 박물관과 세메티 아트 하우스에서 번성하는 족야카르타Yogyakarta의 미술 문화를 볼 수 있다.

숨이 멎을 듯 아름다운 족야카르타Yogyakarta의 고대 사원을 찾아가면 현지인들이 '짠디'라고 부르는 사원은 정교하게 장식된 돔 지붕이 덮인 높다란 모습의 힌두교 사원을 볼 수 있다. 많은 프람바난에서 다양한 신전과 기념비는 9세기경에 지은 멋진 보로부두르 불교 사찰은 족야카르타Yogyakarta에서 자동차로 1시간 거리인 마겔랑Magelang에 있다.

족자카르타Yogyakarta에 유럽의 배낭 여행자들이 모이는 이유는 마사지를 받거나 아침의 요가와 명상 수업을 들으면서 몸의 긴장을 풀어보고 머라피 산을 바라보며 골프를 즐길 수도 있는 장면을 보면 이해할 수 있다. 이곳에 머무는 동안에는 잭푸르트와 종려당, 코코넛 우유, 닭을 넣고 만든 달콤한 커리Curry 같은 현지 음식의 매력에 빠지게 될 것이다. 1월이 되면 자바의 회교 문화를 기념하는 전통 세카텐 축제Sekaten Festival가 열린다.

역사의 도시
족자카르타Yogyakarta는 역사와 문화의 도시로 우리나라의 경주처럼 역사 유적이 많은 도시이다. 이 도시는 중부 자바 섬의 중심지이며, 이 지역을 중심으로 일어났던 고대 왕조들의 유물이 많이 남아 있다. 족자카르타Yogyakarta 주변에는 세계 최대의 불교 유적 보로부두르와 힌두교 유적 프람바난이 있다. 족자카르타Yogyakarta는 이러한 고대 유적과 전통문화가 잘 보존되어 있어 해마다 많은 관광객들이 이곳을 찾는다.

족야카르타 IN

아디수시프토 국제공항Adisutjipto International
Airport으로 가는 항공편이나 시외버스, 열
차를 이용해야 한다. 도시에서는 택시나
버스, 세발 인력거인 릭샤Rickshaw를 타고
이동할 수도 있다. 릭샤Rickshaw를 탈 때에
는 미리 요금을 협상하고 탑승해야 한다.

아디수시프토 국제공항Adisutjipto International Airport 공항의 모습

국제공항이라고 하지만 작은 규모이기
때문에 공항은 항상 복잡하다. 입국심사
를 거쳐 나오면 짐을 찾는 곳은 단 2곳에
불과하기 때문에 여러 항공사의 짐이 한
꺼번에 나오기도 하고 도착하는 시간차
가 있으면 이어서 나오기도 한다. 때로는
짐이 한참을 나오지 않아 오랜 시간을 기
다릴 수도 있다.

환전소

기다리는 시간동안 바로 옆에는 ATM과
환전소Money Changer가 있으므로 빨리
환전을 하는 것이 시간을 단축시키는 방
법이 될 수도 있다. 환전은 달러를 가지고
와서 교환을 하는 것이 가장 좋은 방법이
다. 발리를 거쳐 들어오는 유럽 배낭 여행
자가 늘어나고 있어서 유로에 대한 환전
율도 좋아지고 있지만 달러만 못하다.

여행자거리에 숙소를 예약했다면 환전을 안하고 가도 되지만 숙소까지 이동하는 데까지 사용해야할 현금이 필요하기 때문에 환전은 해야 하는 경우가 대부분이다. 공항과 여행자거리의 환전을 비교해 보았더니 차이가 크지 않으므로 어디서 하든 상관은 없다. 굳이 비교한다면 여행자거리의 환전이 더욱 이익이기는 하다.

스타벅스와 KFC
공항에서 나오면 택시가 서있는 공간과 주차장 사이에 다양한 상점과 레스토랑이 있다. 우리에게 가장 친숙한 브랜드는 스타벅스와 KFC이다. 스타벅스는 입구에서 왼쪽으로 한적하게 떨어져 있고 입구에서 직진하면 KFC가 있다.

소매치기 조심
공항은 항상 붐비고 택시를 외치는 택시기사들과 환전을 하라는 사람들까지 혼잡하다. 이때를 노려 소매치기를 당하는 여행자도 발생하고 있다. 경찰이 있지만 어느새 훔쳐 버리기 때문에 잡기는 쉽지 않다. 귀중품은 가방에 넣어서 확실하게 잠가놓는지 확인하는 것이 좋다.

공항에서 시내 IN

공항에서 시내로 들어가려면 버스나 지하철을 이용하는 것이 아니라 택시를 이용해야 한다. 최근에는 공유서비스인 그랩Grab이 인기를 끌면서 공항에서 짐을 찾으면서 미리 그랩Grab 자동차를 잡아서 나오는 장면도 자주 볼 수 있다.

공항에서 그랩 자동차 타기

동남아시아를 여행하려면 그랩(Grab)만큼 편한 공유 차량 서비스도 없다. 다만 그랩 자동차는 어느 나라, 어느 도시의 공항을 가도 공항 내에는 들어올 수 없기 때문에 공항 밖으로 나가 차량을 탈 수 있다. 공항에서 그랩을 탈 수 있는 주차장이나 밖으로 나가 탑승하도록 그랩 자동차가 한꺼번에 모여 있다는 사실을 먼저 알고 있는 것이 편리하다. 족자카르타(Yogyakarta)공항은 공항 정면으로 나가 왼쪽으로 걸어서 1km 정도를 이동해야 하는 불편함이 있다. 1km를 걸어가면 왼쪽 위에 마르타박 스텍타쿨라(Martabak Spektakular)이라고 써 있는데, 못 찾아도 많은 기사들이 그랩(Grab)라고 씌여진 옷이나 헬맷을 쓰고 있어서 찾기는 어렵지 않다.

아디수시프토 국제공항^{Adisutjipto International Airport}의 모습

국제공항이라고 하지만 작은 규모이기 때문에 공항은 항상 복잡하다. 입국심사를 거쳐 나오면 짐을 찾는 곳은 단 2곳에 불과하기 때문에 여러 항공사의 짐이 한꺼번에 나오기도 하고 도착하는 시간차가 있으면 이어서 나오기도 한다. 때로는 짐이 한참을 나오지 않아 오랜 시간을 기다릴 수도 있다.

환전소

기다리는 시간동안 바로 옆에는 ATM과 환전소Money Changer가 있으므로 빨리 환전을 하는 것이 시간을 단축시키는 방법이 될 수도 있다. 환전은 달러를 가지고 와서 교환을 하는 것이 가장 좋은 방법이다. 발리를 거쳐 들어오는 유럽 배낭 여행자가 늘어나고 있어서 유로에 대한 환전율도 좋아지고 있지만 달러만 못하다.

여행자거리에 숙소를 예약했다면 환전을 안하고 가도 되지만 숙소까지 이동하는 데까지 사용해야할 현금이 필요하기 때문에 환전은 해야 하는 경우가 대부분이다. 공항과 여행자거리의 환전을 비교해 보았더니 차이가 크지 않으므로 어디서하든 상관은 없다. 굳이 비교한다면 여행자거리의 환전이 더욱 이익이기는 하다.

스타벅스와 KFC

공항에서 나오면 택시가 서있는 공간과 주차장 사이에 다양한 상점과 레스토랑이 있다. 우리에게 가장 친숙한 브랜드는 스타벅스와 KFC이다. 스타벅스는 입구에서 왼쪽으로 한적하게 떨어져 있고 입구에서 직진하면 KFC가 있다.

소매치기 조심
공항은 항상 붐비고 택시를 외치는 택시기사들과 환전을 하라는 사람들까지 혼잡하다. 이때를 노려 소매치기를 당하는 여행자도 발생하고 있다. 경찰이 있지만 어느새 훔쳐가 버리기 때문에 잡기는 쉽지 않다. 귀중품은 가방에 넣어서 확실하게 잠가놓았는지 확인하는 것이 좋다.

말리오보로 거리
Malioboro

족야카르타^{Yogyakarta}에서 가장 활기 넘치는 상업 지구는 바틱 염색 의류점, 길거리 음식, 유서 깊은 랜드마크이다. 즐겁고 신나는 말리오보로^{Malioboro} 거리는 수많은 상점과 카페 및 레스토랑이 밀집된 지역이다. 족야카르타^{Yogyakarta}의 시내 중심을 이등분하는 말리오보로^{Yogyakarta} 거리는 인접한 골목마다 안으로 들어가면 현지 사람들을 대상으로 영업하는 더 많은 상점과 식당이 들어서 있다. 말리오보로^{Malioboro} 거리는 매일 24시간 사람들로 북적인다. 인파를 피하려면 아침에 가야하며 저녁에는 사람들이 가장 많이 모여들 때이다.

식민지 시절에 말리오보로^{Malioboro} 거리는 네덜란드 정부의 중심지였다. 이후 족야카르타 술탄국의 의식이 치러지는 대로로 사용되었다. 거리의 이름은 인도네시아가 영국의 지배를 받던 시절 유명한 인물이었던 '말보로 공작^{Duke Malboro}'의 이름에서 유래했다고 한다.

현지인들의 번화가이므로 인도네시아 기념품을 흥정하면서 저렴하게 구입하기에 좋은 곳이다. 식민지 시대 건물과 현대적인 건물이 혼재하는 거리의 수많은 상점을 둘러보면 길가에 늘어선 장인과 아티스트들의 작품을 구경하는 재미가 쏠쏠하다. 인기 품목으로는 바틱 염색천, 수제 샌들, 가죽 제품, 사롱 등이 있다. 브링하르조 시장은 기념품, 보석, 신선한 농산물, 허브, 향신료 등을 쇼핑하기에 안성맞춤인 곳이다.

레세한^{Resehan}이라 불리는 길거리 음식점에서 맛있는 인도네시아 음식을 맛보고 신발을 벗고 돗자리에 앉아 먹는 현지 별미가 일품이다. '베벡 고렝'이라는 튀긴 오리고

기와 나시 구득이라는 카레라이스는 현지인들이 매일 먹는 음식이다. 바나나와 베리 및 초콜렛 등으로 채운 바삭한 팬케익은 달콤한 디저트로 인기가 많다.

거리 이름이 바뀌는 브랑하르조 시장을 지나 계속 남쪽으로 가면 도시의 여러 랜드마크가 나온다. 인도네시아의 독립을 위한 전투를 기록하고 있는 브레데부그 요새 박물관이 있다. 박물관은 네덜란드 동인도 회사가 지은 18세기 요새 안에 자리하고 있다. 반대편에는 인도네시아의 대통령궁 중의 하나인 '게둥 아궁'이 있다.

왕실 거주지이자 자바 건축의 훌륭한 작품 중 하나인 케라톤 족야카르타^{Yogyakarta}는 인기 관광지이다. 자바 악기는 물론 불교, 이슬람교, 힌두교 동상들을 볼 수 있다. 인도네시아 전통 음악 연주단인 가믈란 음악과 전통 춤, 와양 인형극도 볼 수 있다.

숙소 예약 주의 사항!

말리오보로(Malioboro) 거리가 번화가이지만 배낭 여행자가 모이는 대표적인 여행자거리인 프라비로타만(Prabirotaman)과는 거리가 상당히 떨어져 있다는 사실은 알고 있어야 한다. 그러므로 여행자의 숙소는 말라오보로(Malioboro) 거리에 있기보다 인도네시아 인 여행자가 주로 머무는 숙소가 말리오보로(Malioboro) 거리이다.

여행자에게 필요한 여행 정보와 현지 여행사는 대부분 프라비로타만(Prabirotaman)에 몰려 있기 때문에 당연히 여행의 편리성은 프라비로타만(Prabirotaman)에서 얼마나 떨어져 있느냐가 관건이다. 말리오보로 거리에서 프라비로타만(Prabirotaman)과 가까운 도로로 숙소를 예약한다면 여행하기에 나쁘지 않을 것이다.

족자카르타 대통령궁
Yogyakarta Presidential Palace

현재 대통령이 살고 있는 장소로 족자카르타의 왕이 살았던 크라톤 궁전^{Kraton} Palace과는 다른 곳이다. 대통령궁에서는 아트 갤러리를 둘러보고 네덜란드 정착민에 대한 저항과 관련하여 어떤 결정이 내려졌는지 살펴볼 수 있다.

족야카르타 대통령궁^{Yogyakarta Presidential Palace}은 거대한 19세기 건축물로서, 웅장하고 정교한 여러 동상들로 꾸며진 마당과 26개의 건물로 구성되어 있다.

이곳에는 건물과 도시의 역사를 연대순으로 소개하는 전시가 종종 열린다. 가이드가 안내하는 투어를 통해 궁전과 주변 건물들을 둘러보고 족야카르타의 문화와

역사를 이해하기에 쉬워진다.

대통령궁에는 네덜란드 식 민지 개척자들에 맞서 싸운 이전 사령관과 전투를 기리는 공간이 있다. 이곳에서 사령관은 대통령에게 네덜란드를 겨냥한 게릴라 전투를 시작하도록 허락을 요청했다.

디포네고로 방에는 디포네고로 왕자의 그림이 걸려 있다. 대표 건물의 남쪽으로 가면 대통령과 가족들의 침실이 나온다. 부통령과 가족들은 건물의 반대편에서 숙식한다고 한다.

///

주소_ Ngupasan, Gondomanan Sub District
위치_ 족야카르타 대통령궁은 시내 중심의 곤도마난 지구에 위치
교통_ 트랜스 족자(Trans Jogja) 버스 타고 이동
전화_ 553-8140

외관 & 내부

게동 인둑이라고 알려진 대표 건물은 우아하고 세련된 건축미가 일품이다. 안으로 들어가면 국빈을 맞이하는 환영 장소로 쓰였던 방이 나온다. 이곳에서 있었던 수많은 국가 원수들 간의 중요한 회의가 열렸던 장소이다. 대표 건물 안에는 정기적으로 미술 전시를 개최하는 소노 아트 건물이 있다. 문화 공연도 구경하고 전시된 예술 작품도 감상할 수 있다.

내부 정원을 거닐면 힌두교, 불교, 자바 문화에서 인기 있는 수호 전사 드와라팔라의 2m 동상들을 보게 된다. 다른 조각상도 살펴보며 각각의 상징적이고 종교적인 중요성을 구분할 수 있다. 정원의 쾌적한 마당에는 울창한 나무가 시원한 그늘을 만들어 준다.

크라톤 왕궁
Kraton Palace

크라톤 왕궁Kraton Palace은 욕야카르타 술탄을 위한 웅장한 궁전이다. 박물관과 이슬람 모스크는 물론 여러 정원으로 구성되어 있다.

족야카르타Yogyakarta에서 문화와 정치의 중심지인 이곳은 현재 인형극도 보고 인도네시아 전통 음악도 감상할 수 있는 곳으로 바뀌었다. 가이드가 안내하는 투어를 통해 이 도시의 왕실 역사에 대해 잘 이해할 수 있다. 반얀 트리가 심어져 있는 북쪽과 남쪽의 광장은 느긋하게 휴식을 만끽하기 좋다. 현지 젊은이들 중에는 눈을 가리고 나무 사이를 걸으려는 사람들이 쉽게 눈에 띄는데, 행운을 가져다준다고 믿기 때문이다.

주소_ Jalan Malioboro **시간**_ 9~13시
요금_ 카메라를 사용은 추가 요금(가이드는 팁 요망)

크라톤 궁전
마당을 지나면 나오는 궁전은 역사가 18세기로 거슬러 올라간다. 전형적인 자바 문화스타일로 건축된 궁전은 정교한 장식의 홀과 넓은 정원과 파빌리온으로 구성되어 있다. 골든 파빌리온은 대리석 바닥에 네덜란드 스테인드글라스 창문과 바로크식 지붕으로 꾸며져 있다.

하이라이트
여러 술탄을 연대기 순으로 보여주고 있는 박물관이 핵심 볼거리이다. 유럽 군주들로부터 받은 선물과 신성한 가보, 인도네시아 전통 악기 등 다양한 보물들이 전시되어 있다. 특히 인기 많았던 술탄 하멩쿠부워노 4세의 여러 사진과 개인 소지품은 인기가 많다.

문화 행사
매주 수요일 아침에 열리는 골렉 메낙 인형극은 아이들이 정말 좋아한다. 매주 목요일에는 댄스 공연을 볼 수 있고 월요일과 화요일에는 가멜란이라 불리는 자바 전통 음악을 감상할 수 있다. 주중 나머지 기간에는 다른 춤과 음악 공연이 열린다.

보로부두르(Borobudur)

보로부두르 사원Borobudur Temple은 중부 자바의 족자카르타Yogyakarta에서 북서쪽으로 40㎞ 정도 떨어진 곳에 위치해 있다. 족자카르타Yogyakarta 시내에서 차로 이동하면 약 60~75분이 걸린다. 또한 좀보르 버스 터미널에서 버스를 타거나 트랜스 족자 버스를 이용해 갈 수도 있다.

대부분의 관광객은 보루부두르 사원Borobudur Temple과 프람바난 사원Prambanan Temple을 1일에 같이 보는 투어를 이용해 가기 때문에 차량으로 이동하게 된다. 버스를 타고 보루부두르 사원Borobudur Temple을 보고 다시 프람바난 사원을 이동하는 것은 매우 힘든 방법이라서 거의 선택하는 여행자는 없다.

한눈에 보루부두르(Borobudur) 지역 파악하기

보로부두르 지역Borobudur은 세계 최대 규모의 불교 사원이 있다. 옛 불교 유적과 건축물이 가득한 보로부두르Borobudur는 자바 섬에서 빼놓을 수 없는 관광 명소이다.
보로부두르Borobudur는 큰 규모의 불교 사원뿐만 아니라 엄청난 크기의 불상으로도 유명하다. 여러 층으로 된 발코니를 걸으면서 여러 돌 조각과 불상을 직접 느낄 수 있다. 유네스코 세계 문화유산으로 등재된 사원의 규모와 세부적인 사항을 보려면 직접 둘러보는 것만큼 좋은 방법이 없다. 사진만으로는 규모와 세세한 장식을 제대로 파악하기 힘들다.
자바 섬의 유명한 사원들과 마찬가지로 보로부두르에는 8~9세기에 건축된 건물과 조각

이 많아서, 이를 통해 당시의 시대적 분위기도 알 수 있다 하지만 대다수 자바인들이 이슬람교로 개종하면서 유적지는 수백 년 동안 방치되었다가, 19세기 초가 되어서야 다시 대중적 관심을 끌게 되었다.

근처 셋툼부 언덕^{Setumbu Hill}에서 보로부두르 위로 떠오르는 태양을 볼 수 있는 선 라이즈^{Sun Rise}는 더 장관이다. 자바 섬을 여행하는 동안 잊을 수 없는 순간이 될 것이다. 이어서 닭 모양의 교회로 많이 알려진 그레자 아얌도 둘러보면 좋다. 이름 그대로 교회 건물이 닭 모양이라서 붙여진 이름이다.

만약에 먼저 작은 교회를 둘러본 후 보로부두르를 방문하면 상대적으로 규모가 더 크게 느껴질 것이다. 언덕을 내려가 가까이에서 사원을 보고, 가파른 계단을 따라 위쪽으로도 올라가면 계단식 피라미드를 시계 방향으로 올라가고 마침내 꼭대기에 이르게 된다. 360도에서 멋진 풍경이 파노라마처럼 펼쳐진다.

일정에 여유가 있다면 칸디레조 마을도 방문해 보면 좋다. 보로부두르에서 마을까지 택시를 타고 20분 정도면 갈 수 있다. 아니면 투어 여행사에서 제공하는 보로부두르 사원이나 전통 자바인 마을 투어 프로그램을 이용할 수 있다.

셀로그리요 사원은 규모는 작지만 아름다운 경치를 보며 걸을 수 있는 하이킹 코스 덕분에 많은 관광객이 찾는 곳이다. 보로부두르에서 1시간 정도 오르막길을 올라가야 하므로 편한 신발을 준비하는게 좋다.

보로부두르 사원
Borobudur Temple

종교적 색채와 뛰어난 건축물로 유명한 세계 최대 규모의 불교 사원, 보로부두르 사원Borobudur Temple은 내세를 기리는 대승 불교의 사원이다. 9층의 사원과 여러 형태의 기념물로 구성된 사원은 유네스코 세계 문화유산으로도 지정되었다. 웅장하고 다양한 건축물과 장식, 불상은 장관이다. 사원에 입장할 때, 너무 화려한 복장은 피하는 것이 좋다.

사원 주변에는 화산 등 여러 산이 포함된 케두 평원의 울창한 나무와 숲이 펼쳐져 있다. 약 2,672개의 석판과 504개 정도의 불상은 너무 많아서 나중에는 모든 것이 같아 보일 정도이다. 사원의 규모는 가로와 세로 각각 118m라고 하니 정말 엄청난 규모라 할 수 있다. 짙은 회색의 돌이 층

층이 쌓인 탑을 올라가다 보면, 종 모양의 스투파 안에 72개의 불상이 안치되어 있는 것을 볼 수 있다.

사원을 내려오고 나면 이동하는 통로가 있다. 왜 이 통로가 있나 봤더니 사원 밖 가판대에서 음식과 현지 공예품을 구입하도록 유도하는 것이었다. 물건을 흥정하여 구입이 가능하지만 조악한 물건을 구입하는 관광객이 상대적으로 작다. 반드시 구입할 때에는 가격 흥정이 필요하다. 내려오고 나면 사원 근처의 조용한 잔디밭 주변을 산책하거나 휴식하는 데 너무 더워서 이마저도 쉽지는 않다.

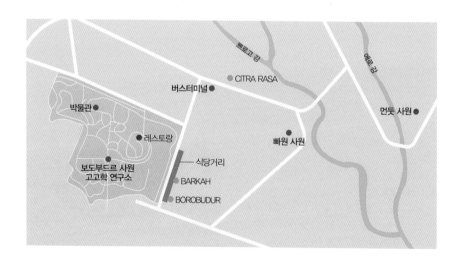

외국인에게만 비싼 입장료

족야카르타(Yogyakarta)에서 보로부두르까지 택시나 투어회사의 차량을 타고 가면 약 1시간이 걸린다. 힘들게 가야 하는 사원을 갈까말까를 고민하는 첫 번째 이유는 비싼 입장료 때문이다. 사원의 입장료는 내국인과 외국인의 금액이 다른데 외국인의 입장료가 7배가 비싸다. 내국인은 50,000루피아이지만 외국인의 입장료는 350,000루피아이다.

안볼 수 없으니 비싸지만 지불하고 보게 된다. 근처의 프람바난 사원까지 같이 보는 입장티켓의 가격은 560,000루피아로 조금 저렴하게 책정하여 같이 구입해 입장하는 것이 대부분의 관광객이다. 개인적으로는 가기가 힘든 곳이라서 대부분의 여행자는 다양한 투어를 이용해 다른 관광객과 같이 투어로 가게 된다.

프람바난 사원
Prambanan Temple

프람바난 사원Prambanan Temple은 족야카르타Yogyakarta 북동쪽으로 약 17km 떨어져 있는데, 자바Jaba 중부와 족야카르타Yogyakarta의 특별 지역을 나누는 주 경계선에 자리하고 있다. 지금으로부터 약 1,000여 년 전에 지어진 신비로운 힌두 사원은 보로부두르 사원Borobudur Temple과 함께 핵심 유적지로 유네스코 세계문화유산으로 지정되었다.

프람바난 사원Prambanan Temple은 인도네시아의 족자카르타Yogyakarta에 있는 힌두교 사원으로 9~10세기경에 세워졌다. 사원에는 힌두교의 신들을 위한 신전들이 있는데, 시바 신전, 비슈누 신전, 브라흐마 신전이 대표적이다. 신전의 벽에는 인도의 대서사시 라마야나의 이야기가 섬세하게 새겨져 있다. 이곳의 대표적 사원 3개는 힌두 신인 시바Siba, 비슈누Binusu, 브라마Brama에게 바치는 것이다.

힌두교 건축물 중 최고의 걸작으로 평가받는 프람바난 사원Prambanan Temple은 정교한 장식이 돋보이며 마치 전혀 다른 세상에 온 것 같은 신비한 느낌을 준다. 뾰족하고 삐죽삐죽한 회색 건물이 마치 땅에서 솟아오른 듯 이색적이다. 중앙의 높이가 47m에 이르는 높다란 탑은 수많은 사원들의 중심부에 세워져 있으며 주변의 작은 여러 사당으로 둘러싸여 있다. 거대한 사원 안으로 들어가면 다양한 시바 동상을 모신 4개의 방이 나온다.

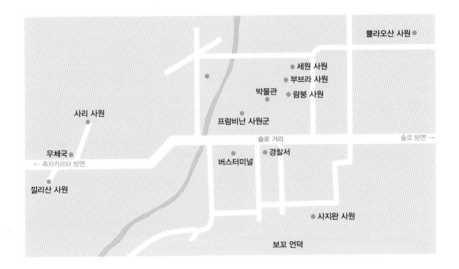

언제 가장 아름다울까?

밤에는 사원 건물에 조명이 켜져 더욱 신비한 느낌을 자아낸다. 해가 질 무렵에는 땅거미가 지는 하늘을 배경으로 탑 건물의 실루엣이 아름다운 풍경을 연출하기 때문이다. 날씨가 좋다면 사원 주변을 둘러싸고 있는 공원 잔디밭에 앉아 소풍을 즐겨도 좋다. 지금으로부터 약 1,000년 전에 이 놀라운 건축물을 짓느라 얼마나 많은 사람이 애썼는지 상상하면 슬퍼지기도 한다.

힌두교 전설

사랑에 빠진 남자가 사랑하는 여인이 제시한 도전 과제를 이루기 위해 이곳을 하룻저녁에 다 지었다. 그런데 그 여인이 불을 이용해 해가 뜬 것처럼 속였고 남자는 벌로 사랑하는 연인을 동상으로 만들었다는 이야기가 전해온다.

준비물

11월부터 3월까지는 비가 자주 오는 우기인데 사전에 우산을 준비하는 것이 좋다. 비가 언제 내릴지 모른다.

자세히 알아보자. 보로부두르 사원(Borobudur Temple)

자바 섬, 중부 족자카르타^{Yogyakarta}에 위치한 보로부두르 사원^{Borobudur Temple}은 이슬람 속의 불교유적이다. 동남아시아의 불교는 소승 불교인데, 보로부두르 사원^{Borobudur Temple}은 동남 아시아에 있으면서도 대승 불교의 가르침을 담고 있다는 점이 다른 동남아시아 불교 유적 과 다른 점이다.

보로부두르 사원^{Borobudur Temple}은 캄보디아의 앙코르 와트와 함께 동남아시아에서 손꼽히 는 불교유적이다. 다른 동남아시아 나라 사람들 대부분이 불교를 믿는 데 비해, 인도네시 아 인들은 거의 모두 이슬람교를 믿는다. 그런 인도네시아에 거대한 불교 유적이 있다는 게 이상하다고 생각이 들 것이다. 하지만 보로부두르 사원^{Borobudur Temple}이 만들어진 8세기 무렵에는 인도네시아에도 힌두교와 불교가 널리 퍼져 있었다.

보로부두르 사원^{Borobudur Temple}을 언제 처음 만들었는지는 정확히 알 수 없지만 8세기 무렵 의 불교 왕조인 샤일렌드라 왕조가 만들었을 것으로 생각한다. 그런데 10세기 중반쯤 샤일 렌드라 왕조가 약해지면서 보로부두르 사원^{Borobudur Temple}도 사람들의 기억에서 점점 멀어졌다. 게다가 화산까지 폭발해 오랫동안 화산재 속에 묻혀 있다가 영국의 식민지 시절인 1814년에 식민지 관리가 발견했다. 그 뒤 몇 차례 발굴이 이루어지다가 1970년대와 1980년대에 유네스코의 도움으로 완전히 복원되어 예전의 모습을 되찾았다.

보도부두르 사원Borobudur Temple은 가장 아래쪽이 120m, 높이가 31.5m나 되는 9층의 탑인데 무려 100만 개나 되는 돌로 만들었다. 그래서 '높은 언덕의 사원'을 뜻하는 '보로부두르Borobudur'라는 이름이 붙었다. 보로부두르 사원Borobudur Temple은 모양새가 매우 독특하다. 크게 보면 낮은 원뿔 모양을 얹은 피라미드처럼 보이지만, 자세히 보면 수많은 작은 탑들이 모여 있는 거대한 탑이다. 이런 모양의 건축물은 이 세상 어디에도 없다.

받침이 되는 널찍한 기단 위에 네모난 층이 5개, 동그란 층이 3개 있고 맨 위에는 커다란 종 모양의 탑이 있다. 맨 아래에는 인간이 살아가는 모습을, 위의 5층에는 석가모니의 일생을 새겼다. 그리고 그 위의 3층에는 불상을 안에 모신 작은 탑들을 늘어세웠다. 아래에서 위로 올라가면서 차츰 깨달음의 단계가 높아져 결국 불교의 최고 경지인 열반에 오르는 것을 나타냈다고 한다.

스투파
스투파라는 불탑이 있는데 불탑 안에는 불상이 들어 있다.

보로부두르 불탑의 전경
석가모니의 깨달음과 불교의 세계를 나타내는 만다라 형식이다. 아래에서 위로 갈수록 네모에서 둥근 모양으로 바뀌는 것을 알 수 있다.

벽에 새긴 부조
각 층의 벽마다 수많은 부조를 새겼다. 이 부조는 보로부두르 사원의 꼭대기까지 장장 5㎞나 이어져 있다.

불교의 세계를 나타내는 회랑
층마다 긴 복도 모양의 회랑을 오른쪽으로 돌아 위로 올라가게 되어 있다. 걸어가는 동안 불교의 가르침을 새긴 부조를 바라보며 깨달음이 높아진다.

준비물

보로부두르 사원을 보는 것은 일어나기가 힘들어서 일출투어가 힘든 것 같지만 실제로는 따가운 햇볕 때문이다. 그래서 차라리 일출투어가 더 쉽게 보로부두르 사원을 보는 방법이다. 햇볕이 힘들게 하는 데 무더운 습도가 관광객을 괴롭힌다. 사전에 얼음 물, 목을 두를 수 있는 수건, 햇볕을 막을 수 있는 양산이나 우산, 아니면 모자가 필요하다.

일출투어

일출을 보려면 투어를 신청해 새벽 4시부터 출발해 미리 언덕에 올라 기다리고 있어야 한다. 그러나 힘들게 기다리고 있어 지쳤다가도 장엄한 일출을 보면 힘들게 오른 보상을 충분히 받을 수 있다. 일출 때, 넓은 하늘을 배경으로 높게 솟은 사원의 모습을 볼 수 있다.

아이와 함께라면?

아이들은 보로부두르 사원을 보는 것이 쉽지 않다. 입장하여 사원까지 걸어가고 많은 계단을 올라가야 한다. 올라가도 곤혹스러운 것은 특히 햇볕을 피할 수 있는 그늘이 없어서 더욱 힘들다. 대비책은 입장해서 입장하여 근처를 돌아 사원 앞까지 이동하는 미니 열차를 이용해 보는 방법과 사전에 물과 우산을 준비하는 것이다. 더운 날씨와 강렬한 햇볕은 어른도 구경하다가 내려오기 때문에 아이와 함께 갔다면 사전 준비물이 필수이다.

가이드 투어

불상에 담긴 의미를 더 자세히 알고 싶다면 가이드를 이용해야 한다. 올라가다보면 가이드를 신청하라고 하는 사람들이 관광객 옆에 붙어 이야기하지만 가이드투어로 보는 사람들은 많지 않다. 가이드투어를 이용하면 좋은 점은 사무드라락사 박물관, 카르마위방가 박물관과 같이 지역의 역사를 알아볼 수 있는 설명을 같이 들을 수 있기 때문인데 영어로 이루어지기 때문에 이해가 쉽지 않아서 신청자는 영어권 관광객이 대부분이다.

사원과 마을 주변을 돌아보고 싶다면

미니 열차를 타고 이동하거나 자전거를 대여하는 방법도 있다.

조대현

63개국, 298개 도시 이상을 여행하면서 강의와 여행 컨설팅, 잡지 등의 칼럼을 쓰고 있다. KBC 토크 콘서트 화통, MBC TV 특강 2회 출연(새로운 나를 찾아가는 여행, 자녀와 함께 하는 여행)과 꽃보다 청춘 아이슬란드에 아이슬란드 링로드가 나오면서 인기를 얻었고, 다양한 여행 강의로 인기를 높이고 있으며 '해시태그 트래블' 여행시리즈를 집필하고 있다. 저서로 블라디보스토크, 크로아티아, 모로코, 나트랑, 푸꾸옥, 아이슬란드, 가고시마, 몰타, 오스트리아, 족자카르타 등이 출간되었고 북유럽, 독일, 이탈리아 등이 발간될 예정이다.

폴라 http://naver.me/xPEdID2t

한 달 살기 가이드북, 동남아시아

인쇄 ㅣ 2024년 1월 17일
발행 ㅣ 2024년 2월 7일

글 · 사진 ㅣ 조대현
펴낸곳 ㅣ 해시태그출판사
편집 · 교정 ㅣ 박수미
디자인 ㅣ 서희정

주소 ㅣ 서울시 강서구 허준로 175
이메일 ㅣ mlove9@naver.com

979-11-985989-4-3(03920)